制度型开放问题研究

李大伟 等◎著

中国言实出版社

图书在版编目（CIP）数据

制度型开放问题研究 / 李大伟等著. -- 北京：
中国言实出版社，2023.1
ISBN 978-7-5171-4182-2

Ⅰ.①制… Ⅱ.①李… ②杜… Ⅲ.①对外开放—研
究—中国 Ⅳ.①F125

中国国家版本馆CIP数据核字（2023）第017055号

制度型开放问题研究

责任编辑：代青霞
责任校对：邱　耿

出版发行：中国言实出版社
　　　　　地　址：北京市朝阳区北苑路180号加利大厦5号楼105室
　　　　　邮　编：100101
　　　　　编辑部：北京市海淀区花园路6号院B座6层
　　　　　邮　编：100088
　　　　　电　话：010-64924853（总编室）　010-64924716（发行部）
　　　　　网　址：www.zgyscbs.cn　　电子邮箱：zgyscbs@263.net

经　　销：新华书店
印　　刷：北京虎彩文化传播有限公司
版　　次：2023年6月第1版　　2023年6月第1次印刷
规　　格：710毫米×1000毫米　　1/16　　16.75印张
字　　数：258千字

定　　价：58.00元
书　　号：ISBN 978-7-5171-4182-2

目 录

专题报告一

专题报告二

专题报告三

专题报告四

专题报告五

专题报告六

专题报告七

综述报告

制度型开放问题研究

在中国特色社会主义政治经济学理论中，制度型开放是一个比较新的概念。最早提出制度型开放概念的是 2018 年底中央经济工作会议，此次会议指出："推动全方位对外开放。要适应新形势、把握新特点，推动由商品和要素流动型开放向规则等制度型开放转变。"2019 年《政府工作报告》则提出，"继续推动商品和要素流动型开放，更加注重规则等制度型开放，以高水平开放带动改革全面深化"。2019 年 11 月 5 日，党的十九届四中全会通过的《中共中央关于坚持和完善中国特色社会主义制度推进国家治理体系和治理能力现代化若干重大问题的决定》在建设更高水平开放型经济新体制部分提出，"健全外商投资准入前国民待遇加负面清单管理制度，推动规则、规制、管理、标准等制度型开放"。而在 2020 年 5 月 11 日发布的《中共中央 国务院关于新时代加快完善社会主义市场经济体制的意见》（以下简称《意见》）再次强调了"推动由商品和要素流动型开放向规则等制度型开放转变，吸收借鉴国际成熟市场经济制度经验和人类文明有益成果，加快国内制度规则与国际接轨，以高水平开放促进深层次市场化改革"，并再次提出"健全外商投资准入前国民待遇加负面清单管理制度，推动规则、规制、管理、标准等制度型开放"。2020 年 10 月 29 日，党的十九届五中全会通过的《中共中央关于制定国民经济和社会发展第十四个五年规划和 2035 年远景目标的建议》虽然并未明确提出制度型开放的概念，但习近平总书记在深圳经济特区建立 40 周年庆祝大会以及浦东开发开放 30 周年庆祝大会上的两次重要讲话均突出强调制度型开放，特别是在浦东的重要讲话中明确提出"深入推进高水平制度型开放""浦东要着力推动规则、规制、管理、标准等制度型开放，提供高水平制度供给、高质量产品供给、高效率资金供给，更好参与国际合作和竞争"等重要论述。《中华人民共和国国民经济和社会发展第十四个五年规划和2035年远景目标纲要》也明确提出，"稳步拓展规则、规制、管理、标准等制度型开放"。党的二十大报告更是在"推进高水平对外开放"部分明确指出，"稳步扩大规则、规制、管理、标准等制度型开放"。因此，制度型开放是未来我国对外开放的重要方向和内容。

然而，由于制度型开放的概念刚刚提出，相关研究仍然处于相对初始阶段，从理论上和实践中均有大量的问题有待回答，如制度型开放的内涵究竟如何界定，制度型开放和要素流动型开放之间的关系如何，制度型开放成为未来我国对外开放重要内容的深层次原因，我国推进制度型开放迫切需要解决的问题，我国未来推进制度型开放的目标、重点任务，等等。本报告将在理论上构建一个制度型开放的分析框架，并以当前国内外形势变化以及其他经济体对外开放发展历程为切入点，论证我国制度型开放内在的客观必然性，在此基础上对我国制度型开放的现实水平进行客观评价，最终给出未来我国推进制度型开放的指导思想、基本原则、主要目标和重点任务。

一、制度型开放的内涵分析

从中央文件的表述中可以看出，制度型开放一直和以下几个关键词有着密切的联系：要素流动型开放、规则、规制、管理、标准、市场化改革等等。因此，制度型开放的内涵也和这些概念有着密切的关系，即首先需要回答以下几个方面的问题：一是从字面含义理解，开放是和封闭相对应的，显然强调的是"出"和"入"的自由。过去40多年间，我国对外开放的重点在于商品、服务、要素等的出入境自由化，那么规则、规制、管理、标准等领域制度型开放的重点是否也是输出或输入规则、规制、管理或标准？二是制度型开放的提出是在对比商品要素流动型开放的前提下提出的。

改革开放的实践表明，任何促进商品要素自由流动的开放政策均会涉及开放制度的设计，那么制度型开放和商品要素流动型开放的区别是什么？三是《意见》明确将制度型开放和加快国内制度规则和国际接轨、促进深层次市场化改革紧密结合起来，制度型开放和市场化改革之间的关系究竟如何？本部分将在回答上述问题的基础上，对制度型开放的内涵予以明确界定。

（一）从历史维度看，制度型开放注重解决"重政策设计、轻制度体系设计"的问题，确保我国对外开放大战略的稳定性和系统性

中华文明在人类文明史上处于非常重要的地位，为人类社会的进步和发展作出了巨大的贡献。但是，和其他文明特别是西方文明相比，古代中华文明也存在诸多不足。如在科学技术领域，中华文明相对强调实用主义，而缺乏以严密的逻辑推理构建一套科学规律的能力，这也成为"李约瑟之谜"的一种解释。改革开放以来我国对外开放的实践同样存在这一特点。40多年来，我国围绕获取外汇、吸引先进技术、融入全球价值链等诸多目标，设计了加工贸易管理政策、外商投资促进政策、出口退税政策、"走出去"政策等诸多对外开放领域的政策体系，取得了举世瞩目的伟大成就，但这些领域的政策设计仍然是典型的以局部目标为导向的，彼此之间相互独立甚至存在冲突，未能形成一套有机的整体。更为重要的是，这些政策体系和国内的产业政策体系、国有企业管理政策体系等也是相对独立的，彼此之间也未能形成有机的整体。因此，在"开放带来进步，封闭必然落后"的理念已经深入人心的当下，我国有必要构建一套完善的、系统的开放型经济制度体系，以保证我国始终坚持对外开放的大方向，这构成了制度型开放的历史内涵。

（二）从现实维度看，相较商品和要素流动型开放，制度型开放突出强调对相关经济领域进行全方位系统性的制度设计

从本质上看，制度型开放与商品和要素流动型开放一直都是密不可分的。商品和要素流动型开放需要制度设计来实现，而制度型开放必然会影

响商品、服务和要素在不同国家之间的跨境流动和优化配置，因此，将制度型开放与商品和要素流动型开放割裂起来的认识显然是不确切的。这两者有着十分密切的联系，均贯穿于我国改革开放的始终。

但制度型开放与商品和要素流动型开放仍存在着明显差异性。这一差异主要体现在两者之间的因果关系上：是从促进某类商品和要素自由流动的目的出发去设计体制机制，还是从更为宏观、更为全局的角度出发，设计系统性体制机制以促进商品和要素自由流动。过去 40 多年来，我国对外开放主要是按照前者的理念进行的，如针对商品流动的开放多次调整关税、技术壁垒等商品出入境所面临的各种管理措施；针对资本流动的开放多次调整直接投资和证券投资相关的资金出入境管理措施。目前来看，随着我国对外合作的广度和深度持续提升，逐渐由单独的扩大贸易、引进外资和"走出去"转向构建多元化、多维度、全方位的对外合作网络时，传统的、针对某个具体问题的对外开放模式已显得"力不从心"，这就要求我国对外开放从根本理念上进行转变，推动我国开放型经济体制和世界现行体制、未来理想化体制相互包容和融合。这就构成了制度型开放的现实内涵。

需要特别说明的是，制度型开放、商品和要素流动型开放所包含的具体制度是存在重合和交叉的。特别是对于关税、非关税壁垒、外资准入等直接与商品、要素流动密切相关的具体制度，一直是我国对外开放的重点制度设计范畴，在未来的制度型开放中仍然要扮演重要角色。但在商品和要素流动型开放中，对这类制度的设计重点在于更好发挥对商品和要素流动的促进作用；而在制度型开放的框架下，则是从整个开放型经济体制对接国际高标准经贸规则的视角，将其作为开放型经济体制的一部分进行分析。

（三）从国际维度看，制度型开放是我国参与构建国际高标准经贸规则的重要桥梁

在全球化迅速发展之前的数千年间，各国之间的经济联系并不紧密，因此各国的经济运行制度基本上不存在对其他国家经济的外溢效应。随着大航海时代以来经济全球化的逐步发展，商品、服务乃至资本、自然人

的跨境流动规模持续上升，各国的经济运行制度开始不断对其他国家产生影响，以世界贸易组织（WTO）为代表的多边经贸规则体系也随之逐渐形成。但在这一阶段，各国经济制度对其他国家的影响更多集中于对商品、服务、资本、自然人跨境流动的直接管理方式，一般称之为"边境"政策。如关税政策直接影响在本国市场内部本国商品和其他国家商品的相对竞争力，对外商直接投资的限制程度直接影响对本国相关产业的保护水平，等等。

随着各国之间经贸合作的深入发展，特别是各种商品和要素跨境流动壁垒的逐渐降低，影响商品和要素在各国范围内配置的制度正在逐渐由"边境"政策拓展到各国的国内政策范畴。如各国国内的产业政策、竞争政策、知识产权保护政策等均会直接影响到各国的微观主体，进而通过微观主体的活动对其他国家的经济发展产生影响。因此，WTO 成立以来，其涉及的相关议题一直在不断拓展，诸如知识产权保护、竞争政策、政府采购乃至国有企业等议题一直是近年来 WTO 改革的热点。因此，构建一个涵盖诸多外溢效应具体政策领域的开放型经济制度体系，是有效参与国际经贸规则的制定，为世界经济和本国经济创造一个相对良好的规则环境的前提条件，这就构成了制度型开放的国际内涵。

（四）从国内维度看，制度型开放有助于促进相关领域深化改革和扩大开放的有机融合

改革开放 40 多年来，深化改革和扩大开放一直是相辅相成、相互促进的，即深化改革有效地促进了生产要素的优化配置，释放了需求潜力，为我国对外开放合作创造了良好的条件；而对外开放既引进了各种先进的生产要素，也引进了现代市场经济体系中的各种管理制度，有效促进了改革。但整体上看，改革和开放仍然是相对独立的，国有企业改革、金融体制改革、投资管理体制改革等重大改革任务主要还是从实现一系列国内具体改革目标出发，并未将其和对外开放制度创新的协同作为改革的重点，也并未充分考虑对其他国家的外溢影响。而对外开放的重心一直集中于"边境"领域，主要关注的是商品和要素如何跨境自由流动的问题，而并未关注商

品和要素人境或出境后的运行机理。

然而，随着开放型经济新体制的逐渐完善，改革和开放的有机融合已经是大势所趋。特别是在边境上对商品、服务和资本跨境流动的直接限制已经大幅度减弱的情况下，当前真正影响我国集聚全球高端要素，提升在全球价值链中地位的体制机制约束更多的是在国内层面。如现行体制对于人才从事各种创新活动仍然存在诸多约束，客观上导致即便在边境上放开自然人限制，但在吸引全球优秀人才来华创业方面仍然存在诸多障碍；国内部分行业依旧存在一定程度的行政垄断，国有企业相对民营企业在市场准入、融资成本等方面的特殊待遇仍然客观存在，这也导致引进的技术等高端要素未能在市场机制上得以全面优化配置。知识产权保护水平相对偏低也严重影响了我国企业引进先进技术。因此，从经济高质量发展的目标出发，从全球视野而非局部视野将国内各个领域的重大改革任务和构建开放型经济新体制实现有机统一，是未来我国对外开放的重点之一，也构成了制度型开放的本土内涵。

基于上述的分析，将制度型开放的内涵定义如下：在具有较强外溢效应的相关体制机制领域将本国相关规则和国际通行规则，特别是高标准规则进行对标对表，在此基础上实施一系列系统性的制度创新措施，有效促进我国和世界经济高质量安全有序融合的对外开放战略。

这一内涵基本上明确了制度型开放的范围、战略路径、战略方向和特征。从范围上看，制度型开放主要针对的是具有较强外溢效应的体制机制，也就是相关领域的制度对于我国和其他经济体的经贸合作，乃至其他经济体的制度设计会产生较大的影响。显然，传统的进出口贸易制度、服务贸易管理制度、外资管理制度、对外投资管理制度必然属于制度型开放的范畴；近年来新兴的数字贸易、跨境研发合作等新型跨境经贸合作的相关管理制度也属于制度型开放的范畴；国内的竞争政策实施机制、环境保护制度、知识产权保护制度、劳工保护制度、科技管理制度、国有企业制度、补贴制度、国家安全维护制度等均已在高标准自贸协定中被认为是和对外贸易合作具有紧密联系的相关制度，因此也属于制度型开放的范畴；各个行业内部的具体规则和标准如果显著影响了相关行业的跨境经贸合作，也应纳入制度型开放的范畴；财税体制、社会保障体制等客观上也会对我国的税收成本、劳动力成本产生影响，进而影响对外开放合作，尽管上述制度或存在单独的国际协调机制，或其影响程度尚未导致各方普遍要求建立新的协调机制，因此暂未归入制度型开放的范畴，但未来有可能被归入；刑法、交通管理规则等国内规制从目前看对跨境经贸合作的影响很小[①]，因此不会被纳入制度型开放的相关范畴。

从战略方向上看，制度型开放必须服务于我国和世界经济的高质量安全有序融合这一大方向。在相当多的领域，我国和国际通行规则，特别是和高标准规则客观上存在显著差异。制度型开放处理这种差异的一个重要原则就是要有利于推动我国和世界经济的高质量安全有序融合发展。高质量融合的含义是既有利于我国在全球经济地位的提升，也有利于我国经济的高质量发展，即对我国的正效应要显著大于负效应；安全融合的含义是有利于维护国家安全，而非损害国家安全；有序融合的含义是注重规则的一致性和稳定性，而不是实施诸多短期的，甚至带有一定"朝令夕改"特征的政策。这也决定了不同领域制度型开放的方式不同。在一些领域，为实现高质量融合发展，必须推动我国相关规则向国际通行规则，特别是高标准规则靠拢；在另一些领域，很可能尚未形成一致的国际通行规则，这就要求我国和其他经济体，包括发达经济体共同制定有利于我国和世界经济融合的国际通行规则；还有少数领域，我国客观上需要保持自身规则的特殊性，但要建立和国际通行规则的对接机制，减少产生的负外溢效应；等等。

从战略路径上看，制度型开放的主要路径在于与相关领域的国际通行规则，特别是国际高标准规则进行对标对表。当然，当前的国际通行规则，特别是高标准规则大部分是由美国等发达国家制定的，其中部分规则并不一定符合全球化的深入发展方向，甚至过度维护美国等少数发达国家的利益；相当一部分规则也在不断的演变和进化之中。更为重要的是，我国作为深入参与全球经贸合作的第二大经济体，参与制定规则的能力正在持续

[①] 事实上，刑法对于某些特殊行业（如博彩）也有较大影响，但这些领域的特殊性非常强，不具备普遍意义。

提升，这决定了这种对标和对表绝不是单纯的借鉴和照搬，而是创造性的学习和修正。

从特征上看，制度型开放有以下几个特征。一是具体方式的开放性。由于制度型开放的领域大部分属于传统的国内经济体制管理，即所谓的"边境后"规则，而这类规则对全球化深入发展的影响机制往往缺乏科学的、规范的分析，因此在对标国际通行规则基础上，如何创新这类规则的方向往往事先并无明确的答案，从某种意义上是真正的"摸着石头过河"。二是影响机制的双向性。长期以来，在研究对外开放时，主要从对外开放对本国经济发展的作用出发设计相关领域的体制机制。但制度型开放的理念表明，作为大国，对外开放政策的调整有可能产生较强的外溢效应，且这种外溢效应有可能产生负反馈机制。以贸易政策为例，如果我国仅仅小幅度开放市场，必然导致其他国家相应政策的调整，最终导致大家均小幅度开放市场，这种情况下，我国所获取的收益很可能要低于我国和其他国家均大幅度开放市场的情况。三是最优解的动态性。制度型开放有利于实现我国和其他经济体整体上的双赢，但不可能在每一个领域，对所有的参与者均实现双赢。以最简单的传统贸易理论为例，自由贸易虽然会使各国的整体福利最终得到改善，但势必导致部分比较优势偏弱的行业福利受损。而制度型开放涉及诸多的国内政策领域，各方之间的博弈机制更加复杂，甚至部分领域很可能将处于长期管控分歧的状态。这就决定了制度型开放的最优解和我国自身实力变化以及博弈方式具有一定的关系，若我国自身相对实力较强，那么参与规则博弈的能力也随之大幅度加强，完全可以实现那么一种情形：一方面，我国和其他国家通过合作实现双赢，共同创造出大规模的新增收益；另一方面，我国所获得的新增收益相较其他国家获取的新增收益更大。制度型开放的内涵以及其和国内改革、全球经济治理之间的关系如图 1 所示。

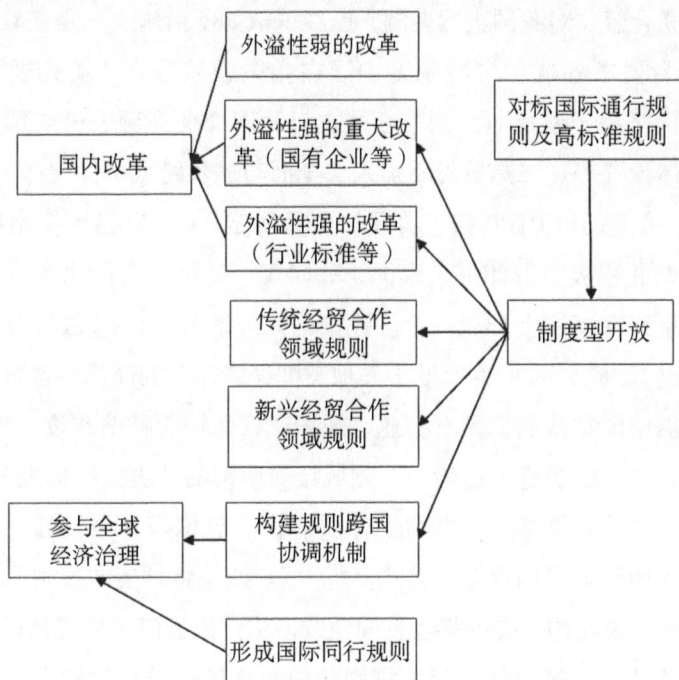

图1 制度型开放的内涵以及其和国内改革、全球经济治理之间的关系

二、最新形势变化要求我国将对外开放重心加速转向制度型开放

（一）国际形势

1. 中美两国在规则领域博弈日趋激烈，客观要求我国通过制度型开放拓展对外合作空间

特朗普执政期间，美国对华政策主要采取单边遏制的手段，先后采取了对我国出口的绝大部分产品加征关税，限制所谓"敏感领域"，比如对我国留学生赴美求学以及针对华为等我国科技龙头企业进行定点打压等措施，较少联合其传统盟友共同对我国施压。但从这一时期美日欧先后联合发布的七次部长级会议联合声明来看，美国和欧盟、日本等传统盟友在经贸规则上的立场较为一致，因此客观上具备联合盟友对我国施压的条件。拜登

上台后，联合盟友对我国进行遏制，已经采取如下措施。一是在 G20、WTO 等多边平台要求各成员国特别是中国在相关领域遵守"美式规则"的提案，若我国坚决予以反对，则联合盟友对我国加征高额关税或禁止我国赴相关经济体投资等。二是虽然不加入《全面与进步跨太平洋伙伴关系协定》（CPTPP），但基于 CPTPP 和《美墨加贸易协定》（USMCA）提出新的印太经济框架，并积极争取印尼、泰国、菲律宾、韩国、哥伦比亚等亚太经济体加入，最终在事实上形成一个"除中国以外的 RCEP（《区域全面经济伙伴关系协定》）成员国 + 美加墨 + 其他美洲经济体"的高标准自贸区，迫使我国在发展中国家待遇、国有企业、知识产权保护、补贴政策、数字贸易、环境保护、劳工保护等"边境后"领域接受所谓的"美式高标准"。三是发挥美国在盟友中的影响力，推动日本、韩国、英国等在中日韩、中英等自贸协定谈判中要求我国遵守"美式高标准"。四是将"美式规则"与"西式民主"等价值观挂钩，妄图将经贸问题政治化，以价值观为工具孤立我国。

鉴于美欧日等经济体在经贸规则领域的立场差异相对较小，相关经济体在一定程度上配合美方要求共同向我国在经贸规则领域施压的可能性相对较大，对我国在具有较强外溢效应的领域进行体制机制创新带来一定的外部压力。这就要求我国通过系统、全面的制度型开放，在深入了解美欧日各个领域具体规则的基础上，构建涵盖"边境"领域和大多数"边境后"领域的开放型经济规则体系，一方面借鉴西方发达国家相关规则中的有益因素推动自身相关规则体系的进一步完善，另一方面充分把握诸多领域的具体规则目前尚未达成广泛共识的时机，充分利用各个发达经济体在数据保护期、个人隐私保护等诸多具体规则领域的差异，积极和日本、英国、德国等发达经济体共同推动形成既符合全球化深入发展方向，又具有更强适用性的国际经贸规则体系，挫败美方运用规则工具孤立我国的"阳谋"，有效提升在全球经贸规则中的话语权。

2. 新冠肺炎疫情导致全球经贸合作壁垒持续提升，客观要求我国通过制度型开放对冲"逆全球化"的负面影响

疫情暴发之前，上一轮跨国公司主导的全球化的不足之处已经逐步显现，发达经济体与发展中国家之间、发达经济体内部不同阶层之间围绕利

益分配问题产生的矛盾逐步激化，逆全球化风潮已有抬头趋势。而此次新冠肺炎疫情暴发客观上表明了在商品、服务、资本、人员高度自由流动背景下，控制疫情难度较大。同时，不同阶层应对疫情的能力和条件差异巨大，发达经济体内部阶层的分化与对立也可能加剧，反全球化的右翼势力将得到更多支持。从国家层面看，美欧等主要经济体受逆全球化风潮影响，加之自身提供全球公共品能力下降，为免在全球危机中受制于人，日益倾向于构建能够独立应对外部风险的经济体系，内顾倾向显著上升。从企业层面看，广大跨国公司在布局全球供应链时也会更多考虑供应链的安全性，选择在各个主要市场布局全产业链集群以防范风险。从民众层面看，相当一部分民众对境外的商品、服务和资本的排斥乃至敌视心理可能上升，甚至实施一定程度的暴力活动进行抵制。

改革开放 40 多年来，我国深度参与全球化，已成为全球制造业第一大国，也是全球供应链的重要枢纽。因此"逆全球化"在很多领域不可避免地会导致实际上的"去中国化"，对我国引进高质量外资、扩大对外贸易乃至参与全球价值链分工产生严重的负面影响。为对冲这一影响，我国必须进一步提升对全球高端要素的吸引力，继续降低高端要素在我国境内优化配置的制度成本，以巩固乃至提升在全球分工网络中的地位。从目前看，我国吸引高端要素，集聚大型跨国公司的关键点已经不仅仅在于关税、外资准入水平等传统对外开放领域，更多是市场公平竞争程度有待提升、企业和个人开展业务面临诸多隐性壁垒以及知识产权保护水平不高等内部深层次体制机制性因素。因此，只有通过制度型开放，在对接国际高标准经贸规则的同时破除阻碍高端要素优化配置的体制机制障碍，才能在"逆全球化"风潮中依托本国市场更好参与全球分工合作，为世界经济包容可持续发展作出更大的贡献。

3. 新技术革命推动新领域规则、标准不断出台，要求我国参与甚至引领相关领域全球性制度设计

从历史经验看，每一轮新技术革命都会产生巨大的生产力变革，从而推动生产关系发生重大变化，最终推动相关规则、标准、理念的持续创新，如第二次工业革命引发关于知识产权保护制度的大讨论，最终构建了现行

的专利保护体系。当前，第五代移动通信技术（5G）、人工智能等新领域的前沿关键技术正在多点突破、交叉汇聚、群体跃进，推动以工业互联网装备、人工智能服务、大数据服务等为代表的新产业迅速发展，共享经济、网上购物、定制生产等新商业模式加速涌现，为全球经济增长提供中长期动力。这些新产业、新业态、新模式的迅速涌现，必然要求综合经济发展、公共利益、国家安全、个人权利等多方面的诉求，构建新型的规则和标准。如随着新一代互联网技术的迅速发展，数据作为重要的生产要素在经济发展中的作用将日趋重要，如何对数据这一要素的跨境流动进行管理成为各国规则博弈的焦点之一；随着生物技术的发展，生物技术应用的伦理限制、生物产品的跨境流动等问题也将成为未来规则制定的重点。

与前几次工业革命不同，我国在此轮工业革命中具备巨大市场空间优势、新型举国体制优势和高素质人力资本优势，有望在5G、量子通信等新一代通信技术领域成为"领跑者"，在新一代人工智能、新能源等新技术领域成为"并跑者"，在生物医药、航空航天等领域和美国等发达经济体的差距也将显著缩小。因此，我国完全有能力，也有必要在更高水平上参与甚至引领这些领域的国际规则设计。显然，这种规则设计不可能在封闭的环境下完成，我国必须通过和其他国家在基础研发、应用研发乃至产业化等领域开展深入合作，在上述新兴领域深入推进制度型开放，和其他国家在规则上进行互相学习借鉴乃至激烈博弈，才能够真正融入乃至引领相关领域的规则制定，从而有效构建有利于我国生产力创新发展的新型规则体系。

（二）国内形势

1.我国供给结构亟待升级，要求各种商品要素在境内外实现更高水平的优化配置

当前，我国供需存在结构性失衡，迫切要求加速升级供给结构，促进经济高质量发展，更好满足人民日益增长的美好生活需要。而决定供给结构的主要因素包括生产要素的结构和生产要素的优化配置程度。改革开放初期相当长一段时间内，我国的生产要素比较优势主要集中于土地、普通

劳动力、资源等一般生产要素，而在高素质人才、先进技术等优质生产要素领域整体处于相对比较劣势，因此供给集中于劳动密集型产品、低端服务等低层次环节。为实现供给结构的持续跃升，既要全面提升劳动力、资本、数据、技术等要素的质量并优化其结构，也要推动相关要素在市场的决定性作用下优化配置，实现更高层次的优化组合。

制度型开放是实现生产要素优化配置的必要条件。一方面，虽然我国的劳动力、技术、资本等质量正在显著提升之中，要素结构持续优化，但尖端人才、核心技术、新型营销管理模式等关键生产要素在相当一段时间内仍将保持相对短缺状态，因此需要集聚全球优质资源以实现生产要素结构的优化。另一方面，我国无论是在直接影响商品和要素流动的"边境政策"层面，还是在间接影响国内要素优化配置和微观主体决策的"边境后政策"层面，均有着很大的制度创新空间。当前我国在"边境"层面实施的开放政策的效力往往受制于国内相关制度而大打折扣。如我国对于高端服务业人才引进的开放政策往往由于国内医疗、教育、专业服务等行业自身管理体制和国际通行规则存在较大差异，导致相关境外人才难以开展相关业务。因此，只有通过深化制度型开放，在行业管理、市场体系、商事制度、金融体系等领域逐步消除制约各类生产要素优化配置的显性或隐性障碍，才能有效促进各类高端要素在我国境内集聚，实现供给层次的持续跃升。

2.我国加速构建新发展格局，要求通过制度型开放以实现国内国际双循环相互促进

对于国内国际双循环之间的关系，学术界已经有很多讨论。作为经济大国，国内大循环在我国供给、需求中的比重均高于国际循环，同时，国内大循环的逐步升级，要求我们高水平参与国际循环。从供给侧看，境外在高素质人才、先进技术、成功管理经验、新型运营模式等生产要素方面的禀赋仍然优于境内，我国需要引进优质生产要素以直接提升或通过良性竞争的方式间接提升国内供给层级，推动国内大循环持续升级。同时，我国国内大循环顺利稳定运行所必需的诸多资源也必须在一定程度上依赖境外供应。从需求侧看，以发达国家市场为代表的国际市场需求质量仍然处

于全球的"塔尖"位置，积极满足外部需求对于提升我国企业核心竞争力进而引领国内需求升级意义重大。

制度型开放是国内大循环和国际循环之间形成正反馈机制的关键所在。推进制度型开放，必须打破国内循环体系和国际循环体系之间所存在的各种不合理的、人为设置的藩篱和壁垒，使得境内外的微观主体可以自由在国内大循环和国际循环之间进行灵活的变换组合。只有在相关制度壁垒显著降低的情况下，国际循环中的优质要素才能够顺利进入国内大循环，国际循环对国内大循环在供给侧的各种正向溢出效应才能充分显现，从而实现引导国内大循环向更高层次跃升的目标。

3.经济治理能力现代化加速，要求我国对其他经济体相关规则进行合理扬弃

目前，我国即将进入实现第二个百年奋斗目标的关键时期，即在2035年基本实现社会主义现代化。这就迫切要求我国全面提升经济治理能力，尽快建成现代化的中国特色社会主义经济管理体制。可以想象，在未来的十五年间，甚至在本世纪中叶之前，我国的经济基础相较过去四十年将实现层级上的飞跃，经济系统的复杂性将远超以往。这意味着现行的金融管理制度、商事管理制度、投资管理制度、市场管理制度、国有企业管理制度等体制机制均需要进一步深化改革，以适应生产力迅速发展的需要。

其他主要经济体，特别是欧美发达国家的市场经济体系已经发展了很长一段时间，其诸多规则值得我国学习和借鉴。与此同时，也要认识到，欧美发达国家的相关规则中也有一部分规则是立足自身利益，甚至某个阶层利益的"权宜之策"，其负面效应很可能大于正面效应；另外一些规则和欧美发达国家的意识形态、政治制度密切相关，并不符合中国特色社会主义制度。这就迫切要求我国深化制度型开放，吸收欧美发达国家现行规则体系中的有益因素，改进其不合理或不适用因素，形成既符合全球化发展长远方向，又适应我国高质量发展要求的开放型经济规则体系。

三、历史经验表明，制度协调是以 WTO 为代表的多边经贸框架发展到一定阶段的必然选择

广泛参与全球性经贸框架下的制度协调，提升自身在全球制度和规则谈判中的话语权是各国对外开放发展到一定阶段的必然结果。从历史经验看，以 WTO 为代表的全球性经贸框架和机制在全球规则体系重构中发挥着重要的引领和标杆作用。从这类多边框架和机制的历史演变看，大致经历了以边境规则谈判到边境后议题谈判的发展进程，其未来制度协调的推进将在很大程度上影响全球规则体系的重构，而各国制度型开放水平的高低决定了其在多边谈判和规则构建中的影响力和话语权。各国往往基于自身的发展需要，相对独立地制定与对外开放相关的各类制度体系。然而，随着各经济体经济发展水平的大幅度上升以及对其他经济体外溢效应的增强，各经济体均强调提升自身制度体系和其他国家制度体系的相容性。无论是依靠自身优势主导建设全球经贸规则的美国，还是由"出口导向"战略向融入全球经贸规则体系转变的日本和韩国，均体现出了上述特点。因此，一国制度型开放水平的高低决定了其在全球性规则框架演变中的谈判和博弈能力。本部分以 WTO 为例，对其谈判进程和议题演变以及各国在 WTO 规则下的谈判博弈情况进行梳理，以对我国深化制度型开放、广泛参与国际规则协调的一般性规律予以借鉴。

（一）WTO 成立初期规则谈判进程

1986 年开始的乌拉圭回合已经涉及服务贸易、知识产权等领域的规则谈判，最终在货物领域、服务贸易以及与贸易相关的知识产权方面都达成不同程度的协议，在多边贸易方面建立了 WTO。并且由于发展中国家积极参与，达成了许多针对发展中国家特殊和差别待遇的协议。

1999 年 WTO 第三次部长级会议正式启动新一轮多边贸易谈判，发达国家希望将有关劳工标准、环境等方面新议题纳入谈判之中；发展中国家则认为在开放市场准入方面发达国家并没有及时履行承诺，在乌拉圭回合中

规定发展中国家应享有的利益也没有兑现，认为谈判的重点应是妥善解决乌拉圭回合的遗留问题，反对将新议题纳入谈判之中。

由于全球经济一体化不断深入发展，多边贸易规则体系对各国经济影响已经渗透到不同领域，2001年卡塔尔会议启动的多哈回合谈判中包含的主要议题有农业问题、服务贸易、非农产品的市场准入和贸易便利化问题等。其中，一些议题较多地涉及边境后制度协调，如贸易和竞争政策、贸易与环境、电子商务、小型经济体、债务与金融、贸易与技术转让、技术合作与能力建设、发展中成员、特殊与差别待遇等，但成员方在此类议题上具有较大分歧，多哈回合进入无限期中止状态。直到2013年的巴厘岛会议达成了"巴厘一揽子协定"，内容涉及贸易便利化、农业、棉花、发展四项议题，涵盖海关及口岸通关程序的简化、在粮食安全问题上允许发展中国家有更多的选择以及帮助发展最不发达国家的贸易等内容。

这一阶段，经济全球化在贸易投资领域的迅猛发展更多地要求WTO发挥降低贸易投资等边境壁垒方面的作用，多哈回合的宗旨也是帮助各成员之间削减贸易壁垒，提供更公平的贸易环境来促进全球范围内特别是较为贫穷国家的经济发展。广大发展中国家的要求在于发达国家可以加强农业及农产品的市场准入原则，取消农产品方面的补贴；而发达国家则希望在多边协定中提高服务贸易、知识产权、劳工标准等方面的准则，逐渐将边境后规则等纳入谈判。但随着发展中国家在WTO多边贸易体制中的地位不断增强，而发展中国家对于将过多的边境后规则纳入多边贸易框架较为谨慎，各成员之间的分歧难以弥合，导致谈判陷入停滞。

（二）国际金融危机后WTO多边规则调整范畴扩大和分化阶段

随着经济全球化的迅猛发展，各成员方之间的经贸联系日益加强，原有的多边贸易体制已经不能完全满足引导各成员方开展互利共赢合作的需要，不仅在成员方之间造成了利益分歧，同时在机构自身内部层面也陷入困境。成员方对WTO在制度开放领域的需求日益增加，新一轮技术革命也使得全球贸易模式发生深刻变化，其中最大的改变就是服务贸易和数字贸易正在成为全球贸易的增长点，研发与创新开始成为全球价值链的重要组成因素，贸易不再仅仅是传统的货物贸易，而开始纳入技术、金融、服务等要素。作为全球价值链的重要组成部分，制造业服务化与服务业数字化的倾向也引领传统贸易模式发生改变，服务贸易不断深化带来更多关于国际经贸规则改革的诉求。多边贸易框架中对各种制度措施的需求就不局限于产品本身的跨境流动，而是不断扩大到边境后的生产经营活动中，并囊括对技术、数据、人才等诸多要素跨境流动以及边境后的管理，这就要求相关国家能够提供公平的市场环境、合理的政府补贴、平等的市场开放等，这也是在全球经济一体化背景下对于更高水平制度开放的需求。然而这些诉求大部分都超出原有 WTO 可协调的范畴，需要在未来谈判中纳入更多劳工、环境、知识产权、产业政策、政府采购、数字贸易等新议题。

由于新纳入的议题更多地属于一个国家经济主权范畴内的事务，涉及一国的经济体制、规制与政策，各成员方对 WTO 框架下规则协调的需求和路径产生了分化。国际金融危机后，对 WTO 相关制度和规则进行改革的呼声越来越高。发达国家和发展中国家关于发展中国家的待遇问题分歧愈发严重。同时，美、欧、日等发达国家和广大发展中国家均针对 WTO 改革提出了各自的方案。

美国极力宣扬"美国优先"政策。2019 年 3 月 1 日，由美国贸易代表办公室（USTR）公布的《2019 贸易政策议程及 2018 年度报告》首次较为完整地提出了针对 WTO 现代化改革的建议，重点关注非市场经济导向及发展中国家特殊与差别待遇问题，该报告认为 WTO 必须解决关于非市场经济国家地位的问题。

欧盟和日本的改革方案相对温和，仍然坚持以 WTO 体制的公平性、有效性为基础，并以此为条件来对 WTO 体系进行现代化改革，其改革主张涉及其他国家非市场主导的政策、国有企业补贴、发展中国家身份与待遇等问题；其次，是针对 WTO 运行机制、数字贸易及电子商务等议题的改革诉求。

发展中国家主张对现行规则进行调整，通过修订相关的规则协议来改变发展中国家在贸易规则中的劣势局面，认为 WTO 的规则体系以及争端解决机制的问题应该在现代化改革中得以强化，使其能够对贸易保护主义及单边主义构成有效制约，提升 WTO 多边贸易机制的权威性。

尽管主要经济体对 WTO 未来规则改革和制度开放路径的意见存在分歧，甚至各国制度开放路径的分化导致以 WTO 为核心的传统贸易体系面临被"边缘化"的风险，但将更多"边境后"规则纳入国际经贸规则框架的方向仍是 WTO 未来的大势所趋。

四、我国制度型开放现状的客观评价

根据第一部分的分析，制度型开放涉及的范围非常广，既包括传统的商品贸易、利用外资、对外投资等"边境"领域的制度，也包括以数字贸易管理制度为代表的新型经贸合作领域的制度；既包括环境保护制度、劳工保护制度、知识产权保护制度等涉及"边境后"议题的制度，也包括行业标准、行业规则等虽然未被纳入多边经贸规则体系，但对各个领域对外开放合作影响较大的具体制度。本部分将主要运用比较分析的方法，对各个领域的制度型开放现状进行客观评价，部分较为复杂的比较结果见附录一和附录二。

（一）传统的商品贸易、服务贸易、投资等对外开放合作领域制度体系已经基本和国际接轨，但自由化便利化水平仍有待提升

直接关系商品、服务和要素流动的"边境"政策是传统对外开放的重点，主要包括关税、非关税等商品贸易管理制度、服务贸易管理制度、外资管理制度和自然人流动的相关管理制度等。经历了 40 多年的改革开放，我国在相关领域已经基本建立了完善的管理体系，且和国际通行规则基本接轨。需要特别指出的是，相关领域无论是学术研究，还是制度设计，国际社会已经基本形成了较为成熟的理论体系。二战以来全球化深入发展的实践以及诸多理论研究表明，在主要考虑经济效益，特别是静态经济效益最大化的基础上，逐步消除"边境"壁垒，促进商品、服务和技术、自然人等要素自由流动，提升对外开放水平是各国的优选项。尽管近年来美国等少数发达国

家频繁实施大规模贸易保护主义政策以保护本国部分产业并实现政治目标，但从中长期看全球化的大趋势不会逆转，在"边境"领域进一步推动自由化便利化仍然是既符合全球化大方向，也符合我国经济高质量发展的选择。因此，本部分仍然选择关税、外商投资准入负面清单等普遍公认的判断标准对我国和发达国家的贸易投资自由化便利化水平进行对比。

1. 在对外贸易领域，我国商品进口的关税税率有待进一步降低

一是入世以来我国多次自主降低关税，主动扩大开放，关税总水平从2001 年的 15.9% 大幅下降至 2019 年的 7.6%，为推动经济全球化作出了巨大贡献。但是需要特别注意的是，根据所有商品 MFN 计算的简单平均值并不能反映真实关税水平，需要用真实贸易数据结合各类商品关税税率测算经贸易额加权的最惠国税率。在这一核算口径下，我国实际关税水平远低于名义关税水平，2018 年我国以贸易额加权后的最惠国关税税率只有4.4%，比简单平均的关税税率低 3.2 个百分点，非农产品税率仅为 3.9%，远低于农产品的 12.5%。（见表 1）

表 1   2019 年主要经济体最惠国关税税率对比（%）

MFN_simple average_2019	所有商品	农产品	非农产品
中国	7.6	13.9	6.5
澳大利亚	2.4	1.2	2.6
欧盟	5.1	11.4	4.2
美国	3.3	4.7	3.1
日本	4.3	15.5	2.5
中国	4.4	12.5	3.9
澳大利亚	2.6	2.4	2.6
欧盟	3	9.2	2.6
美国	2.3	4.6	2.2
日本	2.3	14.3	1.2

数据来源：WTO，其中，"MFN_simple average_2019"是指 2019 年各国最惠国关税税率的简单平均值，"Trade weighted average_2018"是指 2018 年以贸易额加权后的关税平均值。

二是与美日欧等发达经济体相比，我国关税税率尤其是工业制成品等非农产品领域，仍有较大下调空间。2019 年美国和澳大利亚的关税总水平分别为 3.3% 和 2.4%，比我国低 4.3 和 5.2 个百分点，欧盟和日本关税水平

也明显低于我国。在非农产品领域，我国非农产品最惠国关税平均税率比美日澳分别高出3.4、4.0和3.9个百分点，其中工业制成品的关税税率为7.1%，而同期美欧只有2.2%，日本和澳大利亚则更低，为1.2%和1.3%。同时，我国非农产品出口面临进口国征收的关税税率整体较低，2018年我国非农产品出口至日本、美国、欧盟以贸易额加权的关税税率分别为1.9%、2.7%和2.9%。综合来看，随着各国参与全球价值链的逐步深入，对非农产品尤其是工业制成品和中间品的关税基本降至非常低的水平，我国非农产品的关税税率下调空间较大。在农产品领域，美国、澳大利亚作为全球主要农产品的出口国，其自身对农产品进口税率控制在较低水平；日本是粮食净进口国，其农产品的平均关税税率为15.5%，高于我国当前水平；作为全球三大粮食进口国之一的韩国，其农产品的最惠国关税平均税率则高达57.0%；欧盟、澳大利亚等经济体也对相关商品设置了不同程度的较高保护税率，这不仅与粮食净进口国制定的农业保护政策有关，同时也与各国粮食进口配额制度有一定关系。虽然我国与美国税率在棉花、谷物等农产品领域税率差异比较大，但作为全球最大的粮食进口国，我国目前对农产品设置的最惠国关税与日本和欧盟水平相当，并不属于特别高的水平，考虑到未来对本国农业发展的保护，我国农产品最惠国关税税率下调空间有限。（见表2）

表2　主要经济体部分商品最惠国关税税率对比（%）

商品类别	中国	澳大利亚	欧盟	美国	日本	与美国的差异
棉花	22	0	0	4.8	0	17.2
谷物类	19.5	1.1	13.9	3.1	35.5	16.4
糖果糕点	28.7	1.8	24.5	14.9	23.7	13.8
动物产品	13.3	0.4	16.3	2.2	11.7	11.1
其他农产品	11.8	0.3	3.1	1.1	3.7	10.7
咖啡和茶	12.3	1	5.9	3	15	9.3
水果蔬菜	12.2	1.4	10.9	4.7	10.7	7.5
皮革鞋类	10.6	4.1	4.1	3.9	10	6.7
运输设备	9.6	3.4	4.7	2.9	0	6.7
鱼类	7.2	0	11.6	0.7	5.7	6.5
油菜籽等油类商品	10.9	1.5	5.3	4.9	7.8	6

续表

商品类别	中国	澳大利亚	欧盟	美国	日本	与美国的差异
非电力机械设备	6.8	2.7	1.8	1.2	0	5.6
工业制成品	7.1	1.3	2.2	2.2	1.2	4.9
饮料和烟草	18.2	3.6	19.3	13.6	14.7	4.6
矿物金属原料	6.3	2.7	2	1.7	1	4.6
电力机械	6	2.4	2.3	1.4	0.1	4.6
石油	5.3	0	2.5	1.5	0.7	3.8
化学品	6	1.7	4.5	2.8	2.1	3.2
木材纸张	3.2	3.3	0.9	0.5	0.9	2.7
纺织品	7	4.2	6.5	8	5.3	−1
服装	6.8	4.6	11.5	11.6	9	−4.8
奶制品	12.3	3.2	37.5	19	102.3	−6.7

数据来源：WTO。

三是我国高技术产品关税和发达国家差距仍然较大。从我国主要进口商品来看，电机电器设备及其零件、机械器具及其零件、光学设备医疗设备及精密仪器、车辆及其零附件、珍珠宝石贵金属类商品的平均最惠国关税税率均高出美欧5%以上。2018年以来我国下调了以信息技术产品为主的部分商品进口税率，但从《中华人民共和国进出口税则（2020）》最新规定来看，这些商品与美欧相比关税税率仍较高。随着我国逐步进入工业化后期，创新驱动和技术水平的提升对我国经济转向高质量发展作用更为突出，因此，考虑将上述五大类商品列入我国"十四五"时期降低关税的重点商品清单。（见表3）

表3　我国主要进口商品最惠国关税税率与美欧的对比（%）

HS 章别	商品名称	中国 MFN_AVG	美国 MFN_AVG	欧盟 MFN_AVG	与美国关税差	与欧盟关税差
85	电机电器设备及其零件	8.7	1.4	2.4	7.3	6.3
27	矿物燃料等	5.3	0.5	0.8	4.8	4.5
84	机械器具及其零件	8.0	1.2	1.8	6.7	6.2
26	矿砂、矿渣及矿灰	1.4	0.1	0.0	1.4	1.4
90	光学、医疗设备等	6.5	0.9	1.4	5.6	5.1
87	车辆及其零附件	16.8	3.1	6.2	13.7	10.6

续表

HS 章别	商品名称	中国 MFN_AVG	美国 MFN_AVG	欧盟 MFN_AVG	与美国 关税差	与欧盟 关税差
39	塑料及其制品	8.0	4.2	5.9	3.8	2.1
71	珍珠宝石贵金属类	9.9	2.1	0.6	7.8	9.3
29	有机化学品	5.7	2.8	4.5	3.0	1.2
74	铜及其制品	6.3	1.9	3.3	4.4	3.0

数据来源：WTO，Tariff Download Facility。其中，MFN_AVG 为最惠国关税的平均值，按照商品进口额由大到小排序。

　　需要特别说明的是，2018 年以来的中美经贸摩擦在一定程度上提升了两国对对方国家商品的进口关税税率，但中美经贸争端是美在单边主义和贸易保护主义思潮的推动下采取的对华遏制策略，是违背全球化大势的举措，且仅在一定范围内提升了对中国商品的关税税率（中方的反制同理），而非改变其覆盖 WTO 成员方甚至全球所有经济体的常态化关税政策。因此，本节对于关税的分析和国际对比并未将中美经贸摩擦所引起的关税变化放入其中，而是在国际经贸合作常态化发展大背景下，对比分析了我国与各国关税政策的异同。

　　2. 我国对服务贸易和外资的管理体制和发达经济体基本相似，但开放程度仍有提升空间

　　由于商业存在是服务贸易中最为重要的形式之一，而外商直接投资中也有相当一部分属于服务业，加之各国政府对服务贸易和外商直接投资的管理具有一定的相似性①，因此在本部分予以统一论述。从发达经济体推动的《国际服务贸易协定》（TISA）的进展来看，绝大多数经济体，包括欧盟等发达经济体仍然支持服务贸易关税减让表采用"正面清单"的方式，只有美国等少数发达经济体采用"负面清单"的模式。而在外商直接投资中，大多数发达经济体已经基本上倾向于采用准入前国民待遇加负面清单的模式，但从 CPTPP 等较能代表发达经济体统一立场的《自由贸易协定》（FTA）已经对服务贸易和投资均采用"负面清单"的管理模式来看，未来服务贸易和投资均采用"负面清单"进行管理将是大势所趋。

―――――――――

① 即重点在于"正面清单"和"负面清单"的应用问题。

我国的现行制度和国际通行制度基本一致。在 2020 年 1 月份《外商投资法》正式实施之后，我国已全面实现对于外商直接投资的准入前国民待遇加负面清单的管理模式。在服务贸易方面，虽然我国整体上仍然按照当初加入 WTO 的承诺减让表（即"正面清单"）的方式，但在《市场准入负面清单》中实际上已经列出了绝大部分需要对各类服务实施准入许可的法律法规，为制定服务贸易的负面清单奠定了基础。① 但需要指出的是，无论是用经济合作与发展组织（OECD）服务贸易限制性指数，还是直接对比我国和其他经济体的外商投资准入负面清单②，均可以判断出我国服务业的开放程度仍然明显逊色于发达国家，特别是在电信（互联网）、教育、医疗、专业服务、文化等领域的开放水平相较发达国家的差距仍然偏大。此外，在对外直接投资领域，我国同样对敏感行业、敏感地区以及一定规模以上的投资实施核准管理而非备案管理，同样带有负面清单管理的性质，但敏感行业、敏感地区的核准规则透明度有待提升，对外直接投资的核准或备案程序也有优化空间。相关对比分析见附录一所示。

我国现行的外资准入限制措施很大程度上和维护国家安全有密切关系。具体而言，在农业中，对新品种选育的限制，特别是限制特有珍贵优良品种的选育是为了保护珍贵的种业资源以维护种业安全。在采矿业中，对稀土等矿产资源开采的限制也是由于这类资源属于战略资源。在制造业中，广播接收设施之所以限制外资准入，原因也在于这类设施和文化安全乃至军事密切相关。在服务业中，核电站、烟草零售等行业也均属于和国家公共利益密切相关的行业，邮政、互联网、基础电信、法律、社会调查、人文社会科学研究机构、测量测绘、教育、新闻、出版、电影制作、广播、文物拍卖等领域均是文化安全、信息安全乃至意识形态安全的重点敏感领域。医疗行业和运输行业对外资的限制也主要是考虑这两个行业带有公共服务的性质。出于维护国家安全的目的，对外资实施一定的限制措施是非

①《市场准入负面清单》指的是根据法律法规政府要对市场准入进行管理的内容，包括服务业企业从事各种业务。这和 CPTPP 中明确列入对境外服务提供者的各种限制是有很大区别的。

② 不同国家的外商投资准入负面清单内容不同。印尼等部分经济体的外商投资准入负面清单也包括一部分对企业从事业务的限制。

常必要的，但也要看到，仅仅以外资股比来决定是否会危害国家安全并不是最精确有效的，并不能说外资控股的企业损害国家安全的风险就一定大于本国企业。未来对内外资企业损害国家安全的行为给予更为严格高效监管的前提下，在市场准入环节进一步放开外资限制是完全可行的。

此外，外资企业所感受到的准入限制的重点已经逐步转向在开展业务方面面临的各种许可。特别在金融、电信、专业服务、文化、教育、医疗等服务业领域，虽然在企业设立这一市场准入环节已经大幅度放宽了对外资企业的限制，金融领域甚至已经没有对外资的特别管理措施，但外资企业在开展业务时仍然面临各个行业主管部门的业务许可。这类许可属于《市场准入负面清单》的范畴，原则上本土企业也需要面临同样的业务许可，并不存在非国民待遇的问题。但在实践中，一方面相当一部分行业（如保险、银行等）本土企业和外资企业面临的业务许可程序存在差异，且外资企业的一些业务许可往往按规定无法给予批准（如申请开展新的险种业务），形成了事实上的差异化待遇。另一方面，很多行业许可程序的透明度及规范性仍有提升空间，客观上存在部分部门自由裁量权过大的现象。

造成这一差距的原因是十分复杂的，其中最值得重视的是以下两方面的原因。一方面，电信、文化等领域开放程度偏低的关键原因在于缺乏开放条件下的国家安全维护机制，客观上要求通过限制外资准入、外资开展业务的方式来维护国家安全。另一方面，很多领域之所以存在实际上非国民待遇的业务准入许可，问题在于相关行业的具体管理体制在设计过程中主要从行业自身管理最优化的单目标进行决策，没有考虑到促进内外资公平竞争、引入高端要素等其他决策因素，更没有考虑可能产生的外部溢出效应，导致了大量"玻璃门""弹簧门"的存在。

（二）我国在数字贸易、跨境人才流动等对外开放合作领域的规则和欧美发达经济体存在较大差异，已经成为双方博弈的焦点

当前，高素质人才和数据两大生产要素在经济发展中的作用日益突出。因此，针对这两类要素跨境自由流动和优化配置的相关规则也是国际经贸规则的热点问题。客观上看，这两类要素，特别是数据要素跨境流动的相

关规则，也是我国在对外开放合作中和美国等发达经济体差异最大的规则，甚至成为双方经贸争端的重要导火索之一。

1. 在跨境人才流动方面，我国的现行管理制度存在较为严重的"次国民待遇"和"超国民待遇"并存的现象，和发达经济体存在显著区别

一是从服务贸易项下短期自然人流动的角度看，在某些专业服务业领域我国对于自然人流动的限制程度较高。在服务贸易理论体系下，自然人流动是服务贸易的"第四类模式"（Mode 4），世界贸易组织《服务贸易总协定》（GATS）定义自然人流动为"一成员的服务提供者以自然人的存在在任何其他成员境内提供服务"，在《GATS 下提供服务的自然人流动附录》进一步明确该种自然人流动限于短期服务，不涉及公民资格、永久居留和长期就业。自然人流动的壁垒主要包括母国有关跨国服务贸易经营者资格的限制性规定，东道国对自然人类型、数量、停留期限和所需资格等设定的市场准入条件，以签证为代表的入境限制以及进入东道国后的待遇和生活环境限制。根据 OECD 服务贸易限制指数（STRI）数据库，从规章制度来看，整体上我国对于自然人流动的限制程度并不高，22 个子行业分类中只有 5 个行业我国的限制程度超过平均数（有统计数据的国家为 46 个），只有 6 个行业超过美国、9 个行业超过日本。但是在某些专业服务业领域，例如会计、法律、快递、录音、动画等，无论是从绝对值还是全球排名看，我国对自然人流动限制程度均较高，主要是停留期限短、资格证要求高、业务范围限制多且要求经济需求测试（即国内人才供给达不到要求才能雇用外籍人士）。例如，在律师行业，我国 2001 年出台《外国律师事务所驻华代表机构管理条例》，规定外国律师事务所、外国其他组织或者个人不得以咨询公司或者其他名义在中国境内从事法律服务活动，必须申请在华设置代表机构和派驻代表，且只能从事不包括中国法律事务的部分活动，例如提供该外国律师事务所律师已获准从事律师执业业务的国家法律的咨询、办理在该外国律师事务所律师已获准从事律师执业业务的国家法律事务等。此外，外国律师事务所代表机构不得聘用中国执业律师，聘用的中国辅助人员不得提供法律服务。

二是从外籍人士就业的角度看，外籍人士面临较高的显性和隐性壁垒，

存在"次国民待遇"现象。我国对于外籍人士在华就业原则上限于"特殊需要",对学历等有较高要求,实行严格配额制。外籍人士在我国就业适用《外籍人士在中国就业管理规定》,其中明确了"用人单位聘用外籍人士从事的岗位应是有特殊需要,国内暂缺适当人选,且不违反国家有关规定的岗位"。无论是吸引外籍毕业生在华就业,还是引进外国高层次人才,都有较高要求。例如根据 2017 年发布的《关于允许优秀外籍高校毕业生在华就业有关事项的通知》,外籍毕业生在华就业需要在中国境内高校或者境外知名高校取得硕士及以上学位,且薪酬不低于城镇职工平均工资。此外,各省市并无自主权,仅能向人社部报送相关需求,由人社部统一确定各地配额。国外高层次人才引进则适用外国专家局出台的《外籍人士来华工作许可服务指南(暂行)》《外籍人士来华工作分类标准(试行)》《积分要素计分赋值表(暂行版)》,主要面向国家经济社会发展需要的外国高层次人才和急需紧缺人才、符合"高精尖缺"和市场需求导向的科学家、科技领军人才、国际企业家、专门人才和高技能人才等。符合条件的外籍人士需要向各地或者各主管部门提出申请,各地或各主管部门汇总后统一由人社部审核、发放许可证,执行严格的配额制。但配额的分配机制和决策过程又缺乏透明度,外籍人士和用人单位在申请过程中都面临较大的不确定性,这在客观上降低了外籍人士在华寻找工作和用人单位招聘外籍人士的意愿。同时,目前我国政府与其他国家签订的执业资格证书互认协议较少,大多数行业外籍人士在华工作需要持有中国执业资格证书,而外籍人士在境内参加执业资格鉴定考试需要特殊申请且只能用中文应试,这显著加大了外籍人士在华就业的难度。在这一意义上,外籍人士申请在华就业的难度甚至超过申请在美国、欧盟就业。

三是从外籍人才评价机制的角度看,我国对外籍人才本身素质的评价体系以及对用人单位和地方政府引才工作的评价体系均不完善。一方面,对外籍人才本身素质的评价体系不健全,引进外籍人才往往以学位、职称、论文、荣誉称号等作为评价指标,存在"五唯"倾向(唯学历、唯资历、唯"帽子"、唯论文、唯项目),导致人才引进中存在"重表面业绩,轻实际贡献"的现象,进而导致对人才信息掌握不全面、人才与产业结合度不高、知识产权规范监督不严等问题，对本地经济社会发展的实际需求和人才价值贡献潜力考虑不充分，引才实际效果打了折扣。另一方面，部分用人单位和地方政府往往将吸引外籍人才和诸多具体指标盲目挂钩，例如高校将招收留学生和外籍教师作为本校国际化水平的指标，地方政府将引进外籍专家作为本地国际化创新能力的指标，商业活动将邀请外籍人士参加作为项目组织方国际化视野的指标等，甚至出现了部分外籍人士享受"超国民待遇"的现象，打击了中国本土人才的士气和动力。

四是从申请永久居留的角度看，我国立法工作刚刚启动，尚未形成完善的外籍人士永居管理体系。2020 年 2 月，我国发布《中华人民共和国外国人永久居留管理条例（征求意见稿）》，引发国内争议。据此稿，可以申请永居的外籍人士主要包括七类：一是对中国经济社会发展作出突出贡献的；二是在经济、科技、教育、文化、卫生、体育等领域取得国际公认杰出成就的；三是因国家经济社会发展需要引进的；四是已经依法在中国境内工作，且达到一定条件的；五是以自然人身份或者作为控股股东的企业投资，且达到一定条件的；六是外籍人士有家庭团聚需要的；七是其他正当理由。但是，这一体系缺乏清晰、透明的标准和落地机制。例如，征求意见稿中规定"国家移民管理部门会同科技、人力资源社会保障部门适时制定积分评估制度"，但是从 2017 年北京市率先启动实施外籍人才申请永久居留积分评估制度以来，进展较为缓慢。且外籍人士永居相关规定容易引发国内争议。《中华人民共和国外籍人士永久居留管理条例（征求意见稿）》发布后，舆论上曾出现"崇洋媚外论"乃至"卖国论"，在我国城乡和区域发展不平衡、进城务工农民工公民化程度滞后、户口问题导致公民待遇不平等等问题尚未得到妥善解决的情况下，部分民众对外籍人士取得永居权后挤占国内就业岗位和社会公共福利资源甚至在中国社会中享受"超国民待遇"等存在担忧，司法部和国家移民管理局已经表示，将高度关注群众关切，在充分吸纳相关意见、进一步修改完善之前不会仓促出台正式条例。

五是从实际生活的角度看，除北上广深等特大城市外，我国大部分地区缺乏为外籍人士提供国际化生活环境的能力。在少数外籍人士享受"超国民待遇"的同时，相当一部分在华就业的外籍人士享受"准国民待遇"尚有较大提升空间。在不考虑各级政府或企业为实现具体目标提供的"超国民待遇"的前提下,目前外籍人士在公共服务(包括在公立医院就医、子女义务教育等)和商业服务(包括申请信用卡、申请住房贷款等)等方面面临若干歧视性规定,同时在日常生活中有较多不便利。外籍人士使用护照就医、高铁取票以及入住酒店等尚存在较多不便,例如部分地区综合性医院尚不支持外籍人士线上预约就诊、酒店接待外籍人士必须具备涉外资格等。

2. 由于管理模式存在显著差异,以数据自由流动为代表的数字贸易自由化已经成为我国和发达经济体分歧最大的领域之一

一是对数字贸易的范围界定有显著差异。我国更倾向于采用电子商务的概念定义数字贸易,在《中华人民共和国电子商务法》中所规定的电子商务是指"通过互联网等信息网络销售商品或者提供服务的经营活动"。《全面与进步跨太平洋伙伴关系协定》(CPTPP)将数字贸易定义为"数字产品"的跨境流动。所谓数字产品,即可以通过电子方式传输的计算机程序、文本、视频、图像、录音等数字编码产品。由此可见,数字贸易在CPTPP框架下专指以电子方式提供和交付的服务,不包括基于网络的货物跨境流动。而美国国际贸易委员会(USITC)则更倾向于运用数字贸易的概念,并将其定义为数字化交付内容、社交媒体、搜索引擎和其他数字化产品,基本上将实体商品中的电子商品排除出了数字贸易范畴。欧盟迄今并未明确提出数字贸易的内涵,其提出的"单一数字市场"计划虽然也涉及商品贸易的数字化形态,但更为强调数据的跨境自由流动,其立场位于WTO和美国之间。

二是有关数据自由流动的规则差异较大。CPTPP要求各成员国允许跨境信息自由传输,并特别说明跨境信息既包括企业、政府信息,也包括个人信息。但CPTPP在一定程度上也认可各国有制定自己监管规则的权力,当信息跨境自由传输与实现合理公共政策目标相冲突,可适度突破跨境信息自由传输相应规则的限制,但采取的措施不应对贸易构成变相限制,且限制的力度未超过必要。需要注意的是,跨境信息自由流动规则和非歧视待遇规则共同适用,在事实上禁止了政府任意屏蔽网站、限制网络接入的行为。2017年4月,国家网信办出台《个人信息和重要数据出境安全评估

办法（征求意见稿）》（以下简称《评估办法》），根据《评估办法》，数量超过1000GB、关键信息基础设施的相关信息等六类出境数据应报请监管部门组织安全评估，评估通过后方可出境。2019年6月，国家网信办出台《个人信息出境安全评估办法（征求意见稿）》，规定出境评估的内容侧重于网络运营者与境外信息接收者之间签订的合同内容审核、过往履行情况审查，并要求省委网信办在数据出境后定期对合同履行情况进行检查。可以看出，我国个人信息出境的管理方式和CPTPP的规则存在较大的冲突。

三是有关设备本地存储的规则差异较大。在设备本地存储方面，CPTPP要求各成员国不得以强制使用本国境内的存储设施作为准入、准营的条件，意味着供应商无须在其每一个服务市场设置数据中心。但CPTPP同样也对数据本地化存储设定了例外条款，认可各国有制定自己监管规则的权力以保障通信的安全和保密的需求，允许当"自由存储"与实现合理公共政策目标相冲突时，强制指定存储位置，前提是采取的措施不对贸易构成变相限制，且限制的力度未超过必要。根据《中华人民共和国网络安全法》，"关键信息基础设施"（CII）的运营者在我国境内收集和产生的个人信息和重要数据必须在境内存储。当前，CII的认定依据主要是国家网信办制定的《关键信息基础设施确定指南（试行）》。该文将CII分成网站类、平台类、生产业务类三种类型，并采用了"特定行业的关键业务＋支撑关键业务的关键设备＋严重危害后果"三步法对CII进行认定，其覆盖范围较大。因此，在现行规定下，我国大部分商业电子商务活动均需按照"关键信息基础设施"进行管理，实行非常严格的本地存储要求，与CPTPP规则存在较大冲突。

四是在网络的自由接入和使用方面差异较大。CPTPP规定在遵守一定限度的网络管理的前提下，消费者可以自由选择接入或者使用任意网络服务。在终端设备不损害网络公共安全的条件下，消费者可任意使用终端设备接入网络。相关规则结合消费者隐私保护条款，是为了破除不必要的接入障碍，确保个人信息得到充分保障的同时，消费者可以进入更开放的互联网，有助于增强消费者使用互联网的信心，从而促进电子商务的发展。而我国在网络接入和境外服务器使用方面仍存在较大限制。2017年工信部出台的《互联网域名管理办法》规定，在境内进行网络接入的域名应当由境内域名注册服务机构提供服务，在境内进行网络接入、但不属于境内域名注册服务机构管理的域名，互联网接入服务提供者不得为其提供网络接入服务。可以看出，我国在境外数据使用和境外设备接入方面仍存在较大限制，与 CPTPP 规则差距较大。

由于和发达国家在规则上存在差异，所以按照发达国家的评价体系，我国数据流动的得分偏低。如根据美国信息技术和创新基金会发布的报告①，我国数据跨境流动限制指数得分为 3.88（1—6 分，6 分为限制性最高），低于俄罗斯的 4.82，略高于韩国的 3.82 和欧盟的 3.18。根据 OECD 公布的数据，2022 年我国数字贸易限制指数为 0.35（1 为限制性最高），远高于美国的 0.061 和日本的 0.082。从各分项看，我国在基础设施互联互通领域的限制仍较多，限制指数为 0.159，远高于美国、日本、墨西哥、越南的 0.04（四国指数相同）。同时，我国电子交易限制指数为 0.043，与日本持平，高于美国的 0.021。

（三）国有企业、补贴政策、知识产权保护等重大"边境后"政策领域与发达经济体主导的规则差异较大，亟待进一步协调和对接

与"边境"领域的管理体制不同，二战以来的全球化虽然也对"边境后"相关体制进行了一定的规范，如 WTO 针对补贴政策出台了《补贴和反补贴措施协议》，针对知识产权保护出台了《与贸易有关的知识产权协定》（TRIPS 协定）等，但受"边境后"政策对国际经贸合作的影响机制缺乏科学依据、各方在"边境后"政策的立场分歧过大等因素影响，相关规则体系整体上偏于原则性，且存在诸多"空白地带"。以《补贴和反补贴措施协议》为例，其中关于"禁止的补贴"和"不可申诉的补贴"的范围很小，大多数补贴均属于"可申诉的补贴"范畴，客观上造成了规则空白。再如，TRIPS 协定虽然是目前国际上得到认可程度最高的知识产权保护协定，但受制于发达国家和发展中国家的立场分歧等因素，以及新产业新业态迅速

---

①*Cross-Border Data Flows：Where Are the Barriers，and What Do They Cost？*

发展带来诸多新的知识产权保护问题，该协议在强制许可、专利权延伸保护等方面的规则仅是原则性的，对数字知识产权保护的规范也达不到当前数字经济发展的要求。因此，在这些领域事实上并不存在一个"理想状态"的规则和模式。但需要特别指出的是，由于西方发达国家的经济制度具有较强的相似性，因此虽然各国的具体规则存在一定差异，但在一些重大问题上共识多于分歧，而我国的社会主义市场经济制度和西方的相关制度存在较大的分歧。本部分以目前的国有企业、政府采购、知识产权保护和补贴政策四大关键领域为重点，系统论述我国和发达国家相关规则体系的差异。由于不同发达国家的规则也存在区别，本章以亚太地区具有一定典型性的FTA—CPTPP、USMCA的相关规则为重点进行比较分析，详细比较结果见附录二。

1. 国有企业的相关规则

一是我国国有企业的内涵、定义和发达经济体存在差异。我国目前尚未对国有企业作出明确界定，当前的诸多混合所有制企业是否应被定义为国有企业尚无定论。而从CPTPP到USMCA的趋势看，国际高标准规则对于国有企业的定义日益明确，且范围呈现逐步扩大的趋势，特别是随着USMCA确立了股权、投票权、任命权、决策权四项标准，受其规则规制的国有企业范围进一步扩大。

二是国有企业的功能存在明显差异。以发达经济体为代表的国际规则对于国有企业的业务范围有着明确的界定，要求国有企业主要提供公共服务而非从事商业活动。若国有企业从事商业活动，则必须严格遵守公平竞争原则，不得享受任何额外待遇。但我国国有企业往往同时参与重大战略任务、提供公共服务和从事商业活动，很难在具体实践中界定是否对"国有企业从事商业活动"给予特殊支持。

三是受上述因素影响，发达经济体的竞争中立原则和我国现行的实践存在一定差异。发达经济体基于自身对国有企业的界定，基于市场经济的理念，提出"竞争中立"的原则。这一概念最初起源于澳大利亚的国内法律体系，后来被经合组织乃至美国等发达经济体引用。目前整体上被美国等发达国家基本认可的竞争中立原则来自 2012 年 OECD 竞争委员会与工作组秘书处共同形成的《竞争中性：维持国有与私人企业公平竞争的环境》，其中将竞争中性原则归纳为八个要素：企业组织合理化、成本确认、商业回报率、公共服务义务、税收中性、监管中性、债务中性和补贴约束、政府采购。显然，对于我国同时承担商业活动、重大战略任务和公共服务的国有企业，在实践中严格遵守 OECD 的竞争中性原则存在一定难度。首先，《中华人民共和国反垄断法》（以下简称《反垄断法》）客观上允许国有企业在关系国民经济命脉和国家安全的行业的控制地位，而国民经济命脉的定义并不清晰，在实践中涉及诸多发达经济体认为应进行商业化竞争的领域，因此这和 OECD 的竞争中性基本原则有可能存在矛盾。其次，在监管中性方面，很多国有企业涉及国计民生和重大国家战略，导致在现行政策框架下不可能完全按照民营企业的方式进行监管。再次，在债务中性与补贴约束方面，我国目前存在着相当一部分直接针对国有企业的财政金融支持政策（如国有企业转型升级基金），相当一部分金融机构，特别是开发性金融机构和政策性金融机构对于国有企业的融资支持和民营企业也存在一定差别，因此在实践中未能严格符合债务中性和补贴约束原则。最后，在采购义务中性方面，由于国有企业担负的职能和民营企业不同，我国当前在所有领域都实现国有企业和民营企业采购无倾向性也存在一定挑战。

四是国有企业的信息披露原则也有很大差异。我国国有企业的信息披露主体为国资委和企业，但以企业为主体的信息披露制度仍待规范和完善。而发达经济体则普遍要求全面披露股权、人事、经营、财务、非商业援助和股权注资情况。

2. 政府采购的相关规则

在政府采购领域，由于大多数发达经济体已经加入了 WTO《政府采购协议》（下简称 GPA），因此我国和发达经济体之间的分歧主要体现在我国加入 GPA 中的出价和发达经济体存在分歧。

一是政府采购实体的范围不同。政府采购实体范围说明了哪些主体的采购需要按照政府采购进行管理。GPA 文本（2012 年版本，下同）第一条定义中的采购实体为每一参与方附录一中附件一至三所列的实体，包括中央政府实体、次中央政府实体以及全部其他实体，且在被涵盖采购的界定中强调为了政府目的而进行，实际上涵盖了国有企业。《中华人民共和国政府采购法》（以下简称《政府采购法》）中规定，政府采购"是指各级国家机关、事业单位和团体组织，使用财政性资金采购依法制定的集中采购目录以内的或者采购限额标准以上的货物、工程和服务的行为"。由此可看出，GPA 的政府采购实体范围明显大于我国《政府采购法》认定的范围，特别是其他实体方面。

二是政府采购规则存在差异。GPA 对于政府采购方式的分类较为笼统，包括公开招标、选择性招标和限制性招标，并规定了采购方式的适用情况和采购的基本程序，同时还有谈判和电子反拍等辅助方式，和我国《政府采购法》规定存在差异，如表 4 所示。

表4 GPA 采购方式与我国采购方式对比

GPA 采购方式	我国采购方式
公开招标：所有感兴趣的供应商都可以提交投标的采购方式 选择性招标：只有符合参加条件的供应商才能被采购实体邀请参加投标的采购方式（可设供应商常用清单） 限制性招标：采购实体与其选择的一个或数个供应商接触的采购方式。（GPA 文本中规定了具体的 6 种适用情形）	公开招标：数额标准以上 邀请招标：①具有特殊性，只能从有限范围的供应商处采购的；②采用公开招标方式的费用占政府采购项目总价值的比例过大的 竞争性谈判：①招标后没有供应商投标或者没有合格标的或者重新招标未能成立的；②技术复杂或者性质特殊，不能确定详细规格或者具体要求的；③采用招标所需时间不能满足用户紧急需要的；④不能事先计算出价格总额的 单一来源采购：①只能从唯一供应商处采购的；②发生了不可预见的紧急情况不能从其他供应商处采购的；③必须保证原有采购项目一致性或者服务配套的要求，需要继续从原供应商处添购，且添购资金总额不超过原合同采购金额百分之十的 询价：采购的货物规格、标准统一、现货货源充足且价格变化幅度小的政府采购项目 国务院政府采购监督管理部门认定的其他采购方式

资料来源：GPA 文本及《政府采购法》。

三是争端解决机制存在差异。GPA 的争端解决机制与 WTO 有一致的部分，也有独特的部分，主要体现在国内 ① 审查程序。GPA 在国内审查程序中倾向于供应商产生怀疑后与采购人之间的磋商，然后是供应商向第三方机构（独立于采购实体的公正的行政或司法主管机关）提出投诉，同时磋商并不是投诉的前置程序。我国目前的质疑与投诉程序与 GPA 存在差异。我国《政府采购法》中的质疑，更多是供应商提出后由采购人答复，并没有很好地体现磋商这一双向沟通过程。同时，我国目前对采购人的质疑程序是供应商对政府采购监管机构提出投诉的前置程序，与 GPA 存在差异。

需要特别说明的是，我国目前是以发展中国家身份参与 GPA 谈判，因此应享受特殊和优惠待遇。但目前美国等发达经济体在推动 WTO 改革时，直接对我国的发展中国家身份予以发难，因此也不可能认可我国在 GPA 谈判中享受特殊和优惠待遇的权利，这无疑加大了我国和发达经济体在政府采购规则上的分歧。

3. 知识产权保护的相关规则

TRIPS 协议是 WTO 成员方处理知识产权纠纷的重要法律依据，也是现行国际贸易中知识产权保护的基础。我国作为 TRIPS 协议的签约方，完全遵守这一规则体系。但是，发达经济体由于自身的知识产权保护水平较高，在与其他国家签订自由贸易协定时会加入高于 TRIPs 保护义务的条款，也称 TRIPs-plus。从总体上看，CPTPP 是目前涉及知识产权领域内容最为丰富、保护水平最高的国际协定，而 USMCA 在知识产权领域体现了更严格的要求，尽管其中不乏美国特色。我国现行规则体系和这些反映发达国家利益诉求的规则体系相比，在传统知识产权保护程度、知识产权保护范围以及执法程序和法律责任等方面均有一定差异（见表 5）。

一是从传统知识产权保护看，高标准 FTA 的保护水平明显高于我国。在版权领域，延长了作品、表演或录音制品的版权和相关保护期 ②；重视网络环境下的版权保护问题，明确了版权人享有以电子复制权、无线的方

①注：GPA 文本中的国家，包括作为协议参与方的任何独立关税区。本文提及 GPA 时表述的国内均为国（境）内。

②TPP 规定作品、表演或录音制品的保护期不得少于作者有生之年加死后 70 年或自作品、表演及录音制品首次授权发行后 70 年；USMCA 将不以自然人寿命为基础的版权及相关保护期延长至首次授权发行后 75 年；CPTPP 冻结了相关条款。

式向公众传播作品的权利。在商标领域，降低了商标注册限制，扩大了商标注册的范围，规定不得以可被视觉感知作为商标注册的条件，应对声音商标予以保护，尽可能允许登记气味商标；延长商标保护期至 10 年；加强了对域名和国名的保护，对国家顶级域名管理中的隐私与个人数据政策提供争端解决程序。在专利领域，扩大了可授予专利的客体范围，只要发明具有新颖性、包含创造性步骤、可供工业应用就可以授予专利，TPP 和 USMCA 还主张已知产品的新用途、使用已知产品的新方法或使用已知产品的新工艺可以授予专利。

二是从新增知识产权保护内容看，高标准 FTA 相较我国现行规则引入新的知识产权保护类别并明确其内涵。CPTPP 等协定专门规定"与药品有关的措施"，在传统药品专利保护之外增加药品试验数据保护、药品销售保护、药品专利期延长等有关制度，强调药品知识产权的重要性与特殊性。虽然 CPTPP 冻结了 TPP 中部分与药品有关的知识产权保护条款，但是 USMCA 继续推行药品试验数据保护和专利期延长制度，进一步将生物制剂纳入药品试验数据的保护范围，并将保护期从 8 年延长至 10 年。RCEP 的知识产权条款将遗传资源、传统知识和民间文艺纳入知识产权保护范围，体现了新兴经济体和发展中国家在国际知识产权规则重构中的重要主张。

三是从执法程序和法律责任看，高标准 FTA 相较我国现行规则更加明确和严格。一是对知识产权民事侵权标准和救济提出了明确的规定，涵盖具体的救济方式、赔偿数额的计算、诉讼费用的承担、侵权工具与货物的处理、法定赔偿等。特别是发达国家普遍实施惩罚性赔偿制度，并对被侵权方在出示相关证据方面给予更为宽松的评价标准。二是临时措施和边境措施更加严格，给予缔约方极其宽松的知识产权执法裁量自由，将边境措施覆盖进出口和过境的各个环节，强化了海关的知识产权执法力度。三是扩大执法范围，扩展著作权和商标权领域应纳入行政处罚范畴的违法行为，将侵犯商业秘密纳入刑事范围。

表5 高标准 FTA 知识产权条款中高于我国现行规则的内容

条款	TPP	CPTPP	USMCA
版权保护期限	延长	冻结部分	延长
版权网络保护措施	具体规定	冻结部分	具体规定
商标注册条件	减少限制	保留	减少限制
驰名商标	扩大保护	保留	扩大保护
域名和国名	明确保护	保留	明确保护
地理标志	具体规定	保留	具体规定
外观设计	符合 TRIPs	保留	非损害性信息的公开披露及相关期限，建立工业设计电子系统
可授予专利的客体	扩大范围	冻结部分	扩大范围
药品、农化产品保护	具体规定	冻结部分	具体规定
植物新品种	无	无	无
遗传资源、传统知识等	概括规定	保留	无

资料来源:《巨型自由贸易协定框架下国际知识产权规则分析及中国应对方案》,作者补充整理。

规则的差异性也影响了我国知识产权在全球范围内的排名。根据美国商会全球知识产权中心（GIPC）发布的《2020 年国际知识产权指数报告》,中国以 50.96 分在 53 个经济体中位居第二十八位,但和发达经济体的分值差距非常大。该报告中,美国知识产权指数排名第一位,为 95.28 分,英国、法国、德国、瑞典、日本五国得分也在 90 分以上,全球前十位的经济体平均得分 90.13 分,比我国高出 39.17 分。从知识产权的各项构成来看,我国在专利权的保护和限制领域为 66.94 分,是得分较高的领域之一,排名第二十三位;商标保护领域为 75 分,是表现最好的领域,排名第十三位;版权保护领域得分只有 36.14 分,排名第三十位,与排名第一的美国 96.43 形成鲜明对比;设计权保护领域表现最差,与阿尔及利亚等三个国家并列倒数第一位;商业秘密和信息保护领域为 45 分,该项德国、荷兰、西班牙、瑞典、瑞士等欧洲五国为满分;我国在知识产权商业化方面也亟待加强,目前排名第三十四位,只有 38.83 分。

4.补贴政策的相关规则

补贴政策必然会直接影响企业的生产研发成本,但对于后发国家而言,补贴又是实现某些产业迅速做大做强、推动经济腾飞的有效手段。这导致虽然 WTO《补贴与反补贴协议》已经明确规定了补贴应分为禁止性补贴、可诉性补贴和不可诉补贴三大类，但将大多数补贴模糊划入可诉性补贴范畴，实际上没有对补贴构建科学有效的国际规则。因此，补贴政策一直是各国在"边境后"规则博弈的焦点之一。与美国等发达国家的补贴政策相比，我国存在以下差异：

一是美西方发达国家认为我国普遍存在专项资金补贴等法律专向性补贴。美西方认为，专项资金补贴是我国各级政府扶持产业的常用方式，专项资金针对少数特定产业或领域，具有明显的法律专向性。美西方发达国家甚至举例称，各省份针对战略性新兴产业、文化产业的专项基金（相关材料均可公开获取）均是专项资金补贴的一部分。

二是美西方发达国家认为我国国有企业享有专向性补贴。《中国加入WTO 议定书》已明确规定，在国有企业是某类补贴的主要接受者或国有企业接受此类补贴的数量异常大的情况下，该补贴视为具有专向性。由于部分行业我国国有企业实力较强，往往在获取银行贷款等方面相较中小型民营企业更为便利，美西方发达国家均将这些现象归入专向性补贴的范畴。此外，美西方发达国家也将我国国有企业使用比重较高的一些支持资金定义为专向性补贴。

三是美西方发达国家普遍认定我国未履行补贴通知义务。2018 年 11月，美欧日向 WTO 提交《加强透明度和通告要求》提案，认为"解决成员国不遵守 WTO 透明度义务的问题，是提高 WTO 监测职能有效性和效率的当务之急"。三方提出的具体措施包括：对没有及时履行通报义务的成员限制其参与 WTO 运作的权利，提高反通告工具的效力，提供技术支持和激励机制，通过补贴通报的推定机制加强通报义务的执行等。

（四）在行业规则、行业标准等领域，我国和发达经济体存在诸多差异，已经成为跨国公司在我国开展业务的重要制约因素

1. 在行业标准方面，我国无论是输出还是输入标准的能力均有待提升

虽然西门子等外资企业很早就参与了我国部分领域的标准编制工作，但在法律层面上，国家标准委直到 2017 年才发布了相关文件，明确了外资企

业享有同等待遇，且不包括境外专家个人或企业代表，2020年1月正式施行的《外商投资法》再次明确了这一点。更为重要的是，诸多跨国公司反映，很难从公开渠道了解到相关标准的编制程序和参与方式，因此事实上很难参与到标准制定工作。而国际上通行的"个人意志"标准编制模式（即由各国专家以个人身份从技术层面参与标准编制）由于和我国现行管理模式存在一定冲突，目前基本不存在。在输出标准方面，目前的公开报道中，采用我国标准的海外项目几乎全部由我国企业施工或我国金融机构融资，没有中国资金参与的国外项目则不会采用我国制定的相关标准。依托中国自有标准所进行的认证认可和检验检疫目前尚未获得他国认可，除蒙古等极少数国家外，未有报道显示他国等同采用、修改采用、非等效采用中国标准。标准互认程度偏低，无论是技术标准，还是安全、环保、卫生标准，甚至是服务业的相关标准，基本上均未能够和其他主要经济体实现互认。

2. 行业规则之间的差异成为跨国公司开展业务的主要障碍

一是诸多行业规则和发达国家存在显著差异。改革开放以来，随着我国逐渐引进先进的技术、管理经验和营销模式，加之技术进步持续为新产业新业态的发展注入新动力，导致我国的产业结构和产业运行模式发生巨大变化。为适应这一变化，我国各个行业主管部门频繁出台多项针对行业运行中具体问题的管理规定，如金融业对于银行、基金公司、汽车金融公司的财务指标、从业人员资质审定具有明确规定；种植业对于转基因等具有一定争议技术运用的管理规定。由于我国和西方发达国家在经济发展阶段、文化传统、市场结构等方面均存在差异，这些管理规定不可能和西方发达国家的相关管理规定进行完全对接，在实践中往往表现为对习惯于东道国相关规定跨国公司的"限制"，这已成为美欧等经济体在华跨国公司的主要质疑点和双边经贸谈判的焦点。相当一部分规则差异客观上反映了我国行业规则建设方面的不足，应予以改善。例如，我国目前对于汽车金融公司的管理在实践中由于缺乏细则，很多时候只能按照银行的相关考核体系进行评价，这对于习惯遵守东道国汽车金融公司管理规定的跨国公司形成了隐性的壁垒。再如，我国整体的企业债券评级规则和西方发达国家存在显著差异，客观上存在着对企业债券等级的高估，因此西方发达国家的评级机构普遍声称由于所作出的评级低于我国机构的债券评级，很难进入我国国内市场。但也有部分规则差异是受我国和西方发达国家发展理念差异所导致的，只能通过价值判断的方式进行决策。如我国对于进口非转基因玉米等粮食中混有极少数转基因产品采取零容忍态度，而美国则认为即便合同中明确写明进口的是非转基因玉米，也应允许存在极少数的转基因玉米混入，这充分反映了中美两国在转基因产品上的立场差异。附录二对我国代表性行业存在的和发达经济体相关规则存在显著差异的内容进行了较为全面的梳理。

二是在实践中不同地区对规则的解释往往不一致。整体上看，我国的行业规则体系虽然已经较为完善，但大多数规则中仍然存在大量的模糊性表述，赋予了各个地方政府、各个行业管理部门较大的自由裁量权。在这种自由裁量权下，同样的规则在不同地方政府的决策中可能得到不同的结果。以关于国产化率的相关规则为例，目前如何计算某个产品、某个行业的国产化率，虽然有着以价值计算的粗略公式，但并无明确的测算细则。特别是外资企业在国内生产的产品是否应定义为国产化产品也缺乏明文规定。这导致部分地方政府在执行国产化率相关政策时，往往在事实上执行了对外资企业的歧视性政策。如我国已经出台了对于医疗器械国产化的相关文件，但该文件并未明确是否将外资企业生产的医疗器械认定为国产医疗器械。少数地方政府在政府采购中以此文件为依据，直接将跨国公司在我国生产的医疗器械排除在招标体系之外，从某种意义上违反了《中华人民共和国外商投资法》（以下简称《外商投资法》）中"政府采购依法对外商投资企业在中国境内生产的产品、提供的服务平等对待"的规定。这种规则的不一致性在实际操作中往往严重影响了外资企业的积极性，甚至被某些有偏见的人士作为"排斥、敌视外资企业"的理由和论据。

五、深入推进制度型开放的主要思路、基本原则和发展目标

（一）主要思路

根据前文的论述，深入推进制度型开放，对内主要是通过系统性的

"边境"制度体系和"边境后"制度体系的协同发力，消除制约高水平开放的一系列障碍；对外则是提升和诸多经济体，特别是大多数发达经济体经贸规则的相容性，为我国经济发展创造相对良好的外部环境，最终逐步形成有利于全球化深入发展的国际经贸规则体系。

具体而言，重点包括以下三个方面的内容。

1. 在对标国际高标准规则的基础上，以解决制约要素优化配置的重点问题为抓手，充分实现市场在资源配置中发挥决定性作用，并更好地发挥政府作用

改革开放40多年的历史表明，积极融入经济全球化，在全球大市场中促进各种商品服务要素在我国和世界之间自由流动和优化配置，是中国经济取得巨大成就的根本因素。当前，制约市场在资源配置中发挥决定性作用的，既有"边境"领域的制度因素，也有"边境后"领域的制度因素，但更重要的是两者之间的协调性不足。特别是在"边境后"领域，相当一部分的制度设计并未充分考虑要素配置的有效性，而是针对某个领域、某个行业甚至直接针对某个经济实体实现具体的目标，导致在实现具体目标的同时也产生了诸多负面效应，甚至出现"得不偿失"的现象。这就迫切要求在有效参考国际通行市场经济运行规则的基础上，结合我国的客观实际，推动各个具体领域的"边境"制度和"边境后"制度在理念上、体系上与符合全球化发展方向的开放型经济体制更加一致。在这一逻辑下，我国既强调贸易体制、外资管理体制等直接影响商品要素跨境流动的规则体系创新，更强调补贴政策、政府采购、知识产权保护、国有企业改革等间接影响商品要素流动的规则与直接影响商品要素流动规则的对接和协调，以有效提升市场在我国国内市场和国际市场之间优化配置各种生产要素资源的能力，从而集聚全球高端要素。

2. 有效提升我国开放相关领域规则的全球影响力，提升正外溢效应，减弱负外溢效应

虽然我国是最大发展中国家的定位没有变，但由于综合市场规模、产业完备性、创新能力、人才资源等因素，我国对全球经济的影响力是其他发

展中国家所不可比拟的。因此，无论是"边境"制度，还是"边境后"制度，我国对其他经济体所产生的外溢效应要远大于其他发展中经济体。这意味着，如果我国的相关制度符合全球化深入发展的大方向，能够有效促进各类生产要素、商品、服务在全球范围内优化配置，就会产生巨大的正外溢效应，实现高水平的互利共赢。但若我国的部分制度与全球化深入发展的大方向并不完全吻合，那么这些制度即便在短期内实现某些目标是非常有效的，也很可能产生巨大的负外溢效应，甚至导致"得不偿失"。以国家主权特征最为明显的税收政策为例，从吸引全球资本流入这一具体目标看，低税率特别是超低税率政策显然是最有效的，但若类似美国这样的大型经济体实施超低税率政策（如将所得税率全面降至 10% 以下），其对世界经济的负面外溢效应将达到最大，最终也必然会引起各种报复，从而对美国经济产生巨大的负面影响。特别要指出的是，整体方向上的吻合并不意味着要在每个领域、每个规则上都与发达经济体所遵循的规则理念保持一致，而是指在与其他经济体的合作和博弈过程中，逐步推动相应的规则体系进一步升级和完善。因此，这既要保持自身规则体系的独特性和差异性，以发挥中国特色社会主义市场经济制度的独特优势，也要保持与其他经济体规则体系的相合性和相容性，尽可能避免出现根本性的理念和原则冲突。正如在所得税政策上，大型经济体不实施超低税率政策，并不意味着大型经济体均要实施同一税制和税率，但全球税收政策需要建立完善的协调机制。

3. 构建要素自由流动前提下有效维护国家安全的体制

从实践中看，"制度型开放"—"商品服务要素优化配置"—"经济高质量发展"的逻辑在经济学的理论框架下是成立的，但现实决策必须考虑诸多非经济因素，其中最重要的是国家安全因素。从宏观战略上看，国家安全是经济高质量发展的保障，在推进制度型开放的同时，必须有效维护国家安全。但必须看到，在粮食安全、能源安全、信息安全、金融安全等领域，若仅仅基于各个具体的安全目标制定具体措施，则可能会影响开放型经济新体制的构建，最终未必能够有效维护国家安全。以粮食安全为例，假如我国简单地以所有粮食的自给率作为维护粮食安全的唯一目标，那么很可能无法发挥我国经济的比较优势，最终导致生产效率下降，对整个经济安全产生负面影响。因此，应在促进各类商品要素自由流动的大前提下，系统梳理其对各类安全带来的具体风险，构建对商品要素自由流动影响最小的机制以维护国家安全。

根据以上论述，"十四五"时期乃至 2035 年之前我国推进制度型开放的主要思路如下：

以习近平新时代中国特色社会主义思想为指导，深入贯彻党的二十大精神，紧紧把握市场在资源配置中发挥决定性作用和更好发挥政府作用的基本原则，以推动经济高质量发展和构建符合经济全球化深入发展方向的高标准经贸规则作为两大战略目标，对标对表并合理借鉴国际通行规则特别是高标准规则中的积极有益因素，全面提升传统经贸合作领域开放水平，基于要素流动自由化便利化的理念创新数字贸易、跨境人才流动等新兴经贸合作领域的具体规则，以政府采购、国有企业、补贴政策、知识产权保护为重点加速深化"边境后"规制改革以有效提升国内要素优化配置效率，积极构建与其他经济体特别是发达经济体的规则协调机制，加快完善商品要素高效自由流动下的高水平国家安全维护机制，有效提升我国规则体系的正向外溢效应，为推动国内国际双循环相互促进、不断健全和完善我国经济治理体系、有效集聚全球高端要素和提升我国在全球经贸规则中的话语权奠定基础。

（二）基本原则

解放思想和坚持底线并重。制度型开放必然要对多个领域的现行法律、法规乃至行业管理规定等进行较大幅度的调整。这些规则当初也是为了促进经济社会发展、保持社会稳定或维护国家安全等目标而制定的，客观上具有一定的合理性和必要性。制度型开放并不是要取消这些规则，而是要以更符合新时代要求、更促进要素优化配置、更符合国际惯例的新规则代替现有规则。这既要求政策设计者敢于解放思想，不能因为某些规则有一定的积极作用就将其奉为"金科玉律"；也要求政策设计者在设计新规则时必须坚持一些基本的底线和原则，不能把现有规则全盘否定。

借鉴学习和积极创新并重。发达经济体的规则体系确实对我国经济高质量发展具有较强的借鉴意义，仍应予以积极学习。但更要看到，发达经济体的相关规则客观上有过度维护其自身利益的一面，很多具体的规则其科学性和合理性有待商榷，也不适用我国国情。同时，数字贸易等新领域、新问题的规则正在不断形成和发展之中。因此，制度型开放既要学习借鉴发达经济体的相应规则体系，更要在借鉴的基础上勇于创新，构建更合理、更科学、更公平的新型规则体系。

系统设计和重点实施并重。制度型开放涉及国有企业改革、要素市场化改革、商事制度改革乃至各个行业内部改革等传统对外开放不涉及的领域，覆盖面非常广阔。因此，在推进制度型开放的过程中，必须进行高水平的系统性方案设计，将制度型开放和各个重点领域的深化改革进行有机结合，循序渐进地向前推进。但也需要在重点领域、重点区域针对关键问题进行攻关，在短期内大幅推进体制机制创新力度，尽快取得一系列高水平的成果，为各项重大任务的全面推进实施奠定良好基础。

内部收益和外部影响并重。制度型开放的首要目标是服务于我国高水平开放和经济高质量发展，因此具体的制度设计必须首先以对我国高水平开放和经济高质量发展的积极作用为首要前提。但也要注意到，制度型开放相关领域均会产生明显的外溢效应，导致其他经济体进行相应制度变革，而这种制度变革也会对我国产生影响。因此，制度型开放在进行制度设计时，也需要充分考虑对其他合作方经济发展的影响，尽可能实现既有利于我国高水平开放和经济高质量发展，也有利于深化互利共赢的开放合作。

经济发展和维护安全并重。制度型开放对于引进各类高端要素、促进国内企业和国际企业进行良性竞争合作具有重要意义，但也要看到，商品要素流动的自由化客观上会对我国经济安全、社会安全、文化安全、信息安全等带来新的挑战。因此，必须处理好经济发展和维护国家安全之间的关系，构建更高水平的安全维护制度，在实现高效商品要素自由流动基础上有效维护我国的国家安全。

（三）发展目标

建议设定制度型开放的目标如下：

到 2025 年，规则、规制、管理、标准等制度型开放取得显著进展，传统贸易投资领域的开放水平基本达到发达经济体的平均水平，人才、数据两大关键要素初步形成跨境自由安全流动的制度体系，在国有企业、补贴政策、政府采购、知识产权保护等领域基本形成和国际通行规则理念基本一致的特色规则体系，标准国际化水平大幅度提高，与国际通行规则体系基本相容、符合全球化深入发展需求的行业规则体系基本形成，国内不同地区的规则一致性显著提升，"一带一路"沿线国家对我国相关规则体系的接受程度显著增强，基本建成与以日、韩为代表的发达经济体的常态化规则协调机制以及高效科学的规则制定机制，对外开放对集聚高端要素、实现更高水平供需平衡的促进作用显著增强，成为全球经贸规则制定的核心参与者之一。

到 2035 年，在制度型开放水平大幅度提高的基础上全面形成常态化的制度型开放协同推进机制，传统贸易投资领域开放水平达到世界领先，数字贸易等新兴领域、"边境后"相关规则、行业标准和行业规则中的绝大部分规则与国际通行规则基本一致或相容，中国规则、中国标准在世界的知名度和影响力大幅度提升，建成与主要经济体的常态化规则协调机制，我国作为全球高端要素的主要集聚地、高品质商品服务的主要输出地和主要市场的地位进一步凸显，在全球供需中所处的地位大幅度提升，成为全球经贸规则的主要制定者之一。

六、推进制度型开放的主要任务

根据前文的分析，推进制度型开放的主要任务包括以下三个方面：一是自身的制度创新层面，在对标对表国际高标准规则的基础上对于传统贸易投资领域、新兴领域以及"边境后"领域进行大幅度的体制机制创新；二是跨国规则协调层面，主要是通过构建各种协调机制实现我国和其他经济体相关规则的相容，逐步提升我国在全球经贸规则中的影响力；三是构建有效的制度型开放保障机制和国家安全维护机制，为深入推进制度型开放提供保障。（见图2）

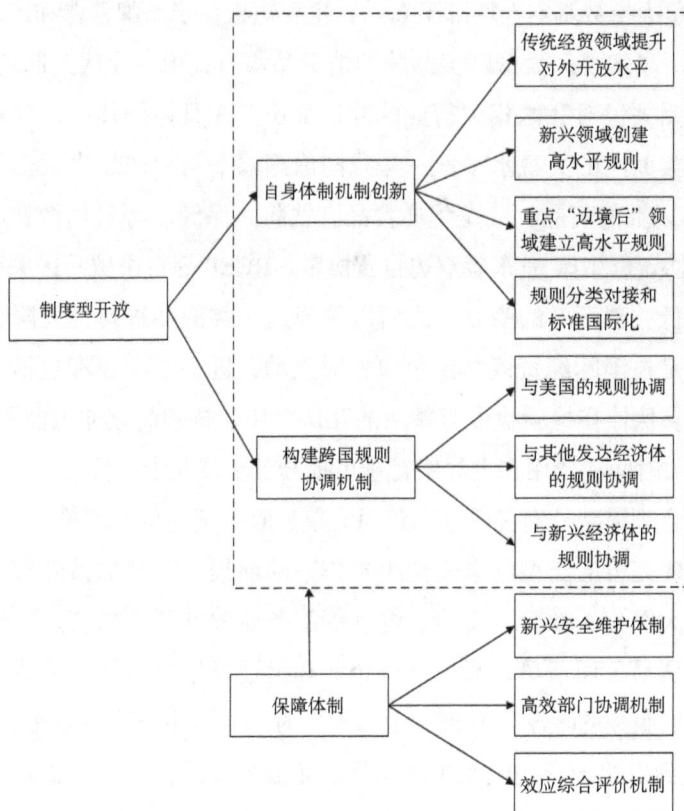

图2 制度型开放的具体任务

（一）"以我为主"积极推进制度型开放重点领域的体制机制创新

1. 在传统贸易投资领域继续完善现有规则并加速提升开放水平

我国在商品贸易、服务贸易、外商直接投资等传统贸易投资领域的规则和国际通行规则在理念上基本一致，未来主要是在对标国际通行规则的基础上进一步提升贸易投资自由化便利化水平，促进要素跨境自由流动。

（1）继续降低关税水平

以消费品为先、资本品为次、中间品最后的原则，继续降低制成品关税，最终实现除少数奢侈品之外的所有消费品零关税，最惠国平均关税水平在"十四五"末期降到 5% 左右，至 2035 年维持在 3.5% 左右。其原因在于，我国在服装、家电等消费品的制造环节已经具备了较强的国际竞争力，其贸易竞争力指数基本上均高于 0.5[①]，主要短板在于品牌营造和产品质量控制等环节。事实上，大量欧美品牌的消费品均由我国企业代工制造。因此，降低消费品关税对我国相关行业的冲击最小。在具体操作中，建议优先降低以下几类商品的关税水平：一是我国最惠国平均税率超出发达国家平均水平 10% 以上的商品；二是优质食品、饮料、保健品等日用消费品；三是中韩自贸协定、中国—东盟双边自贸协定、RCEP 等自由贸易区关税减让表中逐渐降低关税至 0 的商品。之所以选择这一类商品进行优先降税，一个重要目的是在国际经贸谈判中争取相对主动，进一步加强和包括美国在内的主要贸易伙伴在检验检疫等领域的互认合作，持续简化通关便利化程序，将进口通关时间和费用在世界银行排名提升至全球前十五位。

（2）合理缩减外商投资准入负面清单和服务贸易负面清单

在构建完善的新型国家安全维护体系的前提下合理缩减外贸准入负面清单，加大医疗、教育、文化、电信等服务业领域开放力度，尽快出台全国版服务贸易负面清单，减少外资企业在上述领域以跨境服务或商业存在等方式提供服务的限制，实现"十四五"时期外资市场准入水平超过韩国、2035 年达到发达国家先进水平的目标。拓展外商投资准入负面清单表述字段，增加行业编码、政府层级、涉及义务、涉及国内法律、行政法规等内容，完善负面清单格式。落实好"证照分离"改革，最大程度缩短企业开展业务所需核准时间。大幅缩减《市场准入负面清单》，除维护重大公共安全和公共利益为目的的行业部门许可外，其他各类业务准入许可逐步删除，全面改为事中事后监管。对于确实需要许可的相关事项，切实保证内外资在业务许可中享受平等待遇。全面落实《外商投资法》及相关实施条例，确保外资企业投诉机制生效，强化落实"政府及其有关部门不得阻挠和限制外商投资企业自由进入本地区和本行业的政府采购市场"的原则，对一

----

① 贸易竞争力指数计算方法为某种商品的（出口额减进口额）/（出口额＋进口额）。一般认为，该指标若大于 0，说明具有竞争力；越接近 1，则说明竞争力越强。

切违反《外商投资法》的行为加大处罚力度。

（3）以投资便利化为重点优化营商环境

在"一站式"服务平台、"多证联办""备案制""先照后证""多式联运""多规合一""综合执法""放管服"等创新措施的基础上，进一步探索"互联网＋政务服务"、商务人员流动等投资便利化安排。提升外籍人才来华工作和出入境便利度等。提升资金使用自由度和便利度，放宽外商设立投资性公司条件，便利内外资企业境内外资金运营管理，支持符合条件的企业发行境外债券和进行股票融资，开展证券投资，降低融资成本，提高资金周转效率和资金收益，增强经营稳健性。有效对照世界银行营商环境体系，针对破产、中小投资者保护等目前我国排名相对靠后的领域实施专项行动，尽快进入世界银行营商环境前十五名。

（4）进一步完善对外直接投资相关规则

进一步优化对外直接投资项目审批程序，原则上不以对外投资规模作为采取核准制还是备案制的判断标准，对非国有资本对外投资一律采取备案制。探索制定敏感行业、敏感国家和地区动态调整机制，对于非敏感行业、非敏感国家地区实施备案制管理。科学制定对敏感行业、敏感国家和地区投资的核准程序，积极推进相关规则标准透明化。优化相关项目备案程序，尽可能缩短对外投资备案时间。加快构建针对境外直接投资企业海外经营行为的跨境联合监管机制，大幅提升事中和事后监管能力。

2. 在外籍人员在华开展工作、数字贸易两大对经济高质量发展意义重大的新兴对外开放合作领域，以要素流动自由化理念为引领积极创设高水平规则

目前，人才和数据已经在一定程度上取代传统的劳动力、土地、资源等生产要素，成为经济高质量发展极为关键的要素。虽然人才和数据流动自由化由于涉及诸多非经济因素，设计相关规则的难度要明显大于其他要素，但仍应坚持自由化的理念，积极探索更高效、更安全的自由流动管理模式，实现对全球高素质人才和重要商业数据的集聚，为提升我国在全球经济合作中的层级奠定基础。

（1）构建既充分体现"国民待遇"原则，又有利于吸引全球高素质人才来华创业兴业的跨境人才流动规则体系

第一，进一步改革符合条件的外籍高校毕业生直接在华工作的机制。逐步推进外籍高校毕业生就业由审批制向积分制转换，按照外籍毕业生个人能力、毕业高校、工作岗位等具体情况给出打分，达到分数要求的外籍毕业生即可直接就业。第二，进一步推进外籍高层次人才"积分落户"的覆盖面。2017年，北京市率先启动实施外籍人才申请永久居留积分评估制度。外国专家局出台《外籍人士来华工作许可服务指南（暂行）》《外籍人士来华工作分类标准（试行）》《积分要素计分赋值表（暂行版）》。2020年，司法部发布《中华人民共和国外国人永久居留管理条例（征求意见稿）》，规定"国家移民管理部门会同科技、人力资源社会保障部门适时制定积分评估制度"。但是目前"积分落户"制度尚未正式落地。未来应逐步扩大外籍人士"积分落户"制度的覆盖面，为外籍人士在华申请永久居留提供稳定的、清晰的心理预期，吸引高层次人才在华长期投资、就业、居住。应推动主要城市"积分落户"体系的跨地区互认，实现"积分跟着人走"，当外籍人士跨市、跨省择业时，之前已有的积分在新的城市可获累计认可。第三，建立健全外籍人士从业资格审查制度，加强从业资格互认。应加强我国同主要经济体和国际组织的职业资格互认，同时加强国内各地职业资格互认，实现"一张证跨境走全国"。但是，这种职业资格互认应定期评估、严格把关，对于不符合质量要求的境外职业资格证书应及时清除，避免因为资格证"套利"而给予部分外籍人士"超国民待遇"。第四，借鉴CPTPP相关规则，在我新签署或者升级FTA时对高技术人才跨境流动作出更高水平承诺。在CPTPP各国提供的自然人流动相关承诺中，往往针对高技术人才和专业人才作出专门承诺，如日本允许五年居留、澳大利亚允许两年居留、加拿大和新西兰允许一年居留等等，且通常可延长、允许子女和配偶陪同。我国在新设或者升级FTA时应对高技术人才跨境流动作出更多承诺，在部分国际化程度较高、人才紧缺的领域，如资本市场改革涉及的金融和会计领域等，主动降低门槛，为相关人才提供更长的居留周期，且不要求与商业存在挂钩，以吸引外国专业人才来华服务。同时，对于一

般服务领域，为了在增强国际商务交流和技术交流的同时保护本国公民就业岗位，居留相关优惠措施可以要求与商业存在挂钩，且入境人员需要在专业知识或技能、学历及工作经验方面有较为明显的优势。第五，为在华外籍人士提供生活便利，包括教育、医疗、社会服务等。为在华就业创业的外籍人士提供准居民待遇，逐步实现外籍人士凭护照号或者居留证号可以享受与境内居民同等的公共服务（包括在公立医院就医、子女义务教育等）和商业服务（包括申请信用卡等），减少在操作环节的各种不便利。推动外籍人才融入本地工作环境，与本土人才密切合作，推动外籍人才与本地人才享受同样的福利待遇和激励政策，既不"穿小鞋"，也不"开小灶"。第六，进一步完善外籍人才的评价机制和地方政府吸引外籍人才的考核机制，保证外籍人才人尽其用。建立针对外籍人才的动态评价机制，破除吸引外籍人才的"五唯"（唯学历、唯资历、唯"帽子"、唯论文、唯项目）倾向，避免地方政府和用人单位将聘用外籍人才跟某些具体目标（例如提升国际化水平）盲目挂钩，吸引外籍人才的相关政策应重点强调为人才提供高质量服务而非为外籍人士提供"特权"，充分发挥各类市场主体吸引、利用外籍人才的主动性，从用人单位的实际需求出发，做好外籍人才的引进工作。

（2）以支持数据跨境自由安全流动为基本原则，创造性构建数字贸易的相关规则体系

第一，明确提出将数字贸易的内涵拓展到数据流相关的跨境商品流动和相应基础设施建设。数字贸易的运行实践表明，数字贸易既包括由数据跨境流动所产生的服务贸易，也包括由数据流动所衍生出的商品贸易，更包括以通信设备、工业互联网设备等为代表的数字贸易基础设施建设，三者是一个有机的整体，缺一不可。我国应基于这一客观实际，在加入 DEPA 谈判、WTO 电子商务谈判、G20 峰会等场合旗帜鲜明地提出数字贸易的多重内涵，并将其作为制定数字贸易规则体系的基础。第二，在数据跨境自由流动、本地化存储等敏感问题上逐步和大多数经济体，特别是发达经济体达成原则共识，并以此为基础优化现有管理规则。数据跨境自由流动和国家安全、个人隐私保护均具有合理性和正当性，两者并不是非此即彼的

关系，关键是如何在具体实践中取得平衡。建议我国明确在维护国家安全基础上支持数据跨境自由流动的原则，并在此基础上逐步对相关管理体制进行改革。如有效界定《中华人民共和国网络安全法》中"关键信息基础设施"的内涵，逐步将特定行业的认定范围集中在国防、军工、政务等关乎国家安全、重大公共利益的领域，并大幅缩小关键设备的认定范围，排除购物网站、社交媒体、企业运营管理系统、智能制造系统等设备设施，使其与国际通行规则相容；对个人信息和重要数据出境创新安全评估方式，对于商业数据不采取事前评估方式而采取事后监督模式，重点评估影响国家安全和社会公共利益的非商业数据；明确关键基础设施之外领域数据的定义，保护其知识产权，实施不强制披露产品源代码和不强制要求本地化存储的规定；借鉴欧盟经验，制定个人信息保护法，强化消费者隐私保护；等等。第三，力争提出跨境电商等数字化商品贸易的具体规划方案。制定以跨境电子商务便利化为代表的数字化商品贸易规则符合大多数国家的利益，各方较易达成一致。建议我国可在 WTO 改革、G20 峰会等多边场合立足跨境电子商务的具体实践，提出具有较强操作性的具体方案。如针对跨境电子商务设置统一的海关管理模式；对于不同海关管理模式下的跨境电商货物流动设立具体的税收管理标准；构建针对跨境电商相关产品的检验检疫国际规范；设置跨境电子商务的通关便利化提升方案；制定打击运用跨境电子商务进行违法犯罪的统一行动计划；等等。若相关原则以及具体方案得到 G20 大多数成员认可，则以联合声明的方式予以公布，以引领 WTO 改革。第四，积极建立数字贸易相关的基础设施建设规则。信息通信设备、工业互联网设备等是数字贸易的基本载体，直接关系到数字贸易的高效性、灵活性和安全性。因此，对于数字贸易相应的基础设施建设，应制定全球范围内的规则予以规范。我国可明确提出，原则上不得对数字贸易的跨境基础设施建设设置任何障碍；在全球范围内构建规范、透明、公正的数字贸易基础设施建设商业运作规范；对以国家安全为由的限制措施予以严格约束；等等。第五，争取提出各方广泛参与的数字贸易规则研讨机制。各国在数字贸易规则中立场的差异，根本上是由各国政府、跨国公司、中小企业、消费者、第三方主体等各个阶层利益诉求不同所导致的。

建议明确提出构建涵盖数字贸易利益相关方的常设性机制，并成立相应的办公室或专业小组，充分征求并协调各利益相关方立场，为构建有利于数字贸易健康可持续发展的全球性规则奠定良好基础。

3. 在知识产权保护、补贴政策、政府采购、国有企业等"边境后"领域，充分集成我国经济的独特优势和国际高标准规则的合理因素，形成高水平的新型规则体系

（1）在知识产权保护领域推动构建开放包容、平衡有效的知识产权国际规则

当前，我国在知识产权保护领域推进制度型开放面临的环境发生如下变化：其一，国际贸易投资中单边主义和霸权主义再次抬头，贸易摩擦加剧，知识产权保护规则与国际贸易投资规则交织，成为发达国家扩大自身利益、压制发展中国家的利器，发展中国家亟须提高知识产权领域的国际话语权。其二，我国正在深入实施科技兴国战略，亟须以科技创新为动能推动国民经济由高速度转为高质量发展，知识产权则为科技创新的重要激励。其三，以大数据、云计算、人工智能为代表的新一代科学技术革命推动知识产权国际规则改革创新。我国应抓住三大战略机遇期叠加的重大时机，树立规则意识，明确发展导向，推动创新发展，坚持合作共赢，推进我国知识产权规则与国际对接，积极参与知识产权全球治理。具体任务如下：

第一，完善国内知识产权保护的顶层设计，提升知识产权保护的法治化水平。统筹推进专利法、商标法、著作权法、反垄断法、科学技术进步法等修订工作，增强国内法之间的一致性。加强地理标志、商业秘密等领域立法，加快对互联网领域知识产权保护的立法。强化民事司法保护，探索建立惩罚性赔偿制度。但在推动建立高标准知识产权保护制度的同时，也应充分考虑我国当前的创新水平与治理能力，既要防止发达国家利用知识产权加强技术垄断，也要避免过高的知识产权保护标准阻碍合理的技术扩散。第二，积极构建更有效保护知识产权的新型规则体系。具体包括：尽快延长各类版权的保护期；扩大地理标志、商标等知识产权的覆盖范围；尽快全面推广惩罚性赔偿制度，并全面健全有利于产权所有方的证据披露

和证据妨碍排除规则；在互联网避风港制度中"知道标准"①等具体规则领域尽可能和国际通行规则接轨。第三，把握知识产权保护的国际发展趋势，提升国家知识产权战略的国际竞争力。我国应尊重国际知识产权的发展规律，完善中国特色知识产权制度，并密切跟踪我方缺席的 CPTPP、反仿冒贸易协议（ACTA）等的谈判进程，提前就相关条款开展知识产权保护水平压力测试，做好应对的政策储备。第四，依托双多边自由贸易协定，完善知识产权规则体系。明确知识产权相关定义，细化维护知识产权的执行标准，完善知识产权相关的法律法规，加强知识产权执法力度及透明度，并建立知识产权维权和争端解决机制。第五，加强在知识产权国际舞台上的发声，提升发展中国家在知识产权全球治理中的地位。在 WTO、WHO 以及联合国相关组织的框架下，推行符合发展中国家利益的知识产权议题。第六，构建知识产权国际合作协调机制，深化"一带一路"知识产权合作。打造"一带一路"知识产权国际合作平台，促进不同国家知识产权制度和文化的协调与融合。积极探索和构建在知识产权领域加强对话与合作的机制，努力建立良好的知识产权生态体系，营造有利于创新和可持续发展的环境。第七，发挥政府、行业协会、企业、智库等的优势，完善我国参与知识产权国际谈判的应对机制。充分发挥上述机构信息沟通、智力支持等支撑作用，共同形成我国知识产权对外谈判的合力，提升我国在知识产权全球治理中的谈判能力。

（2）在坚持原则的前提下推动和发达经济体国有企业相关规则的相容

应在国有企业这一焦点领域，立足我国的市场经济体制运行特点，以推进市场公平竞争为核心理念，以合理对接国际主流的竞争中立规则为目标，大力推进国有企业的制度型开放和深化改革。具体任务如下：

第一，依托海南自贸港及各自贸试验区的国有企业，按照"先行试点、逐步推进"的模式渐进实施竞争中立政策。尽快以国务院名义出台指导文件，明确竞争中立的政策内涵、意义、目标，以及落实竞争中立的重点举措和保障措施。进一步明确竞争中立原则适用范围、完善国有企业治理机

---

① 即网络提供商是否了解网络用户侵权的判定标准。

制、约束政府影响竞争的行为、建立相关的执行机制，使之成为法治化营商环境建设的重要内容。第二，积极主动参与国际国有企业规则制定，利用多边、区域及双边贸易谈判，提出符合中国利益的国有企业规则。坚持以多边贸易框架为基础逐步推进国有企业规则的制度建构，拒绝直接接受或移植发达国家范本。联合与我国有共同诉求的利益相关方，打造更加公平且符合中国及广大发展中国家利益的国有企业规则体系。第三，明确我国界定国有企业的标准。我国参与竞争中立谈判时，对于竞争中立政策适用主体应该从国有企业的所有权或企业与政府决策的密切程度进行解释，应主张国有企业的经营规模而不是政府持股比例，防止多数国有企业被竞争中立政策规制。第四，推动国内国有企业分类改革深化落地。以商业类国有企业和公益类国有企业的划分为基础，着重关注商业类国有企业相关政策中可能具有政策扶持导向的敏感规定，避免商业类国有企业在市场化经营中获得政府的不公平优惠待遇。将国有企业分为商业竞争一类、商业功能二类、公益类等三大类企业。第五，借鉴越南参加 CPTPP 的经验，在国际规则谈判中纳入不符措施等豁免条款。在国有企业相关的国际规则谈判中设置好谈判底线，对于关系国民经济发展、国家安全、国家战略的重要行业在谈判时争取行业整体豁免。系统研究契合本国发展程度的国有企业规则豁免制度，包括产业除外、职能行为除外、政府采购除外、基金除外、小型国有企业除外、临时紧急措施除外等，进而建构较为系统的、可以直接应用于谈判实践的国有企业不符措施制度列表。第六，完善国有企业信息披露制度，增强国有企业透明度，设定合理豁免。以法律法规形式明确国有企业信息披露的内容和形式。完善信息披露监管制度。借鉴上市公司的做法，引入外部的监督机制，如会计师事务所、审计事务所等第三方机构，对国有企业披露信息的内容和质量进行审核。第七，合理利用非商业性援助原则，着重避免对国有企业的交叉补贴。可借鉴欧盟经验，探索建立分账制度，设立不同的账户，将国有企业的商业活动和非商业活动区分开来，对于商业活动避免进行政府补贴，对于非商业活动的补贴不能超过实际支出及合理成本。对国有企业分别建账进行监督，采取政府监督和社会监督相结合的方式。

（3）以国内经济高质量发展为先逐步优化补贴政策体系

我国产业补贴规则对接国际通行规则，应秉持注重公平竞争、重视国际义务履行两大基本理念，加速推进补贴政策由差异化、选择性向普惠化、功能性转变。对于已经出台的有违规风险的产业补贴，本着保护受补贴企业信赖利益的考虑，允许有期限的补贴合同继续执行完毕，无期限的补贴合同设定过渡期并执行至过渡期满，建立政策出台前的公平竞争审查制度，加强政策制定的科学性、合理性，杜绝有违规风险的新补贴措施的出台。具体任务如下：

第一，对标WTO规则相关规定，加速清理各地以出口业绩或进口替代为目标的支持政策，严格避免采用新的禁止性补贴。新制定的补贴政策应尽量遵循WTO有关非专向性的要求，避免只针对部分企业和产业实施，明确规定获得补贴资格和补贴数量的客观标准和条件，任何企业只要达到条件即可自动获得补贴。在税收、信贷、基础研究资助、专利保护方面为产业发展提供更加优良的创新环境。第二，尽快建立公平竞争审查制度。根据《国务院关于在市场体系建设中建立公平竞争审查制度的意见》，国家发改委等五部委制定和印发了《公平竞争审查制度实施细则》，规范补贴政策的制定，防止在市场准入、产业发展等方面出台排斥性、限制竞争的政策措施，清理废除妨碍公平竞争的规定和做法。进一步完善细则，真正建立健全公平竞争审查制度，保证补贴政策促进竞争而非削弱或扭曲竞争。第三，强化补贴政策的可问责性，尽快建立健全补贴政策的问责机制，完善补贴政策的公共治理，保证补贴政策从制定、实施、评估到考核、追责全过程的公开透明。引入独立第三方的专业评估，包括对补贴政策本身的事前评估、实施过程中的中期评估和最终效果的事后评估，依托外部力量促进补贴政策的制定和实施不断完善。加强社会舆论监督，降低补贴政策的寻租风险。第四，创新补贴政策实施方式和路径。进一步完善补贴的方式，对充分竞争行业的商业类国有企业重塑"商业性"或"中性"身份，对其上下游的中小企业实施普惠型的补贴政策。将直接补贴生产端改为对研发与消费端的支持。建立符合公共需求的技术研发平台和人才培训机制。通过支持国防军工行业发展，带动民用产业发展。第五，回应补贴政策透明度要求。由国务院发布清理规范税收优惠政策的文件，对各地补贴政策进行全面梳理，组织人手，及时向 WTO 通报。对于已经出台的有违规风险的产业补贴，应在过渡期满后向 WTO 进行通报。将履行国际义务纳入地方政府政绩考核体系，提高地方政府对 WTO 规则和我国对外承诺的重视程度。

（4）推动政府采购规则和国际通行规则接轨，但不必急于追求加入 WTO《政府采购协议》

在政府采购领域，应重视以 GPA 为代表的国际通行规则在提升采购市场有效性、节约财政资本、减少道德风险等方面的优势，尽可能借鉴相关规则以构建国内的政府采购规则体系。但也要注意到，当前发达国家在 GPA 中向我国施压的根本目的是抢占以国有企业为代表的巨大采购市场，所以在当前逆全球化、传统冷战思维有所上升的背景下，不宜过度积极加入 GPA。具体任务如下：

第一，探索调整政府采购法律法规适用范围，专设政府采购管理机构。由财政部门、发展改革部门、国有资产监督管理部门等成立跨部门的全国性政府采购委员会，提高政府采购专设机构在财政部门中的重要性和独立性，更高效地出台针对性的政策、解决相关问题。第二，优化政府采购方式及流程，提升政府采购的电子化水平。根据 GPA 政府采购方式的适用条件和程序时间要求，结合我国多年的政府采购实践经验，简化合并政府采购方式，或是新增便利化的政府采购方式，在政府采购方式及程序上，进一步提高电子化的水平，并对已建立的政府采购管理交易系统进行相应的调整和优化。第三，制定合规合理的政府采购政策，实现多重经济社会目标。系统梳理正在执行的政府采购政策，与 GPA 规则对接，并借鉴其他国家经验，结合我国政府采购制度和实践特点，优化我国的政府采购政策，特别要注重政策的细化和落实，如针对中小企业的特点和需求，增加价格优惠（在评标时允许中小企业报价高出一定百分比）、合同执行后采购实体及时付款、采购实体承担中小企业救济费用等。第四，灵活调整投诉机制中的质疑程序。对于有质疑的磋商，应探索更为灵活、便捷和高效的方式。可考虑建立专门的政府采购司法救济机构，参考知识产权巡回法庭的方式，有效防止救济中出现地方保护主义。第五，灵活调整谈判时间，尽力争取特殊与差别待遇。在谈判中建议尽力争取更多的特殊与差别待遇，并做好长时间谈判的准备，在此过程中平衡好国内政府采购制度优化调整与国际规则对接。

4. 全面提升行业规则、行业标准与国际高标准规则接轨

（1）以标准应用国际化为重点推进标准国际化

探索提升境外个人专家、境外企业代表特别是外资企业代表参与制定中国强制性标准制度，通过试点工作逐步放开国家标准编制约束，让中国标准体现全球经济利益。以城市间、行业间跨国合作编制标准为重点，加强跨国标准编制合作。以技术标准为重点，加强在"一带一路"沿线国家推广应用中国的标准，积极推动构建中国标准示范基地。加强与港澳乃至欧美发达国家标准的互认工作，以服务业为重点，加大对发达经济体相关标准的引进力度。

（2）对行业规则进行系统性梳理并分类改革

从附表中可以看出，我国各行业规则和发达经济体的相关规则存在诸多差异。对于这些差异，应视情况的不同予以分类处理：对于客观上确实造成了内外资企业、本土服务和境外服务存在差异化待遇，形成了事实上的准入壁垒，且和国家安全并无明显关系的差异，应尽可能修改相关规则，消除准入壁垒。如我国关于证券投资基金机构的重要从业人员必须在国内有过一定工作年限的规定，客观上对在境外有过丰富工作经验的外籍人士来华参与基金工作产生了障碍，且在基金行业已经对外资开放的基础上，这一规定对维护金融安全的意义并不大，因此应及时修改规则，将境外从业年限和境内从业年限同等对待；对于虽然存在一定不足，但也在一定程度上反映了客观实际情况的规则，应在借鉴境外相关规则的基础上修正现有规则，但不宜照搬。如在企业债务评级方面，我国国内现有评级规则客观上存在不足，对企业债务的安全性存在高估，但欧美发达经济体的评级规则没有考虑我国存在混合所有制企业等客观实际情况，其规则也不容易适用，因此应在适度借鉴欧美发达经济体规则基础上创新现有规则；对于一些客观反映我国和发达经济体发展理念差异的规则体系，不宜全面借鉴发达经济体相关规则理念和标准，应在坚持自身原则的基础上做好对相关规则的阐释工作，向世界阐明中方相关理念的合理性，以争取尽可能多的

外部支持。

（二）在坚持立场的同时积极推动与其他主要经济体规则对接和协调

1. 与美国的规则对接和协调

一是和美国政府的一些"逆全球化"行为进行坚决斗争。当今美国政界仍然有相当一部分人士坚持单边主义、孤立主义立场甚至冷战思维，未来仍有可能继续坚持"逆全球化""去中国化"的立场，挑起各类经济、贸易、科技、金融等领域的争端，导致全球化进程受到严重挫折。如继续滥用国家安全概念，限制正常的科技合作和人员往来，并打压我国高技术企业；在自贸协定中继续滥用针对第三方的"毒丸条款"；等等。这些行为，完全违反了美国曾经积极推动建设的国际经贸规则体系，对世界经济带来严重的负面影响，也遭到全世界乃至美国内部相当一部分支持全球化人士的反对。因此，为深入推动制度型开放，更有必要对于美国政府或部分政客所发起的贸易、科技、金融等争端予以坚决回击，并在国际舆论上充分论证这些争端的"逆全球化"本质。

二是在认识美式经贸规则合理性基础上逐步推动与其相容。与特朗普政府采取的一系列逆全球化做法相比，美国在美韩FTA、TPP等多边自贸协定中所参与制定的一系列规则虽然也有维护美国国家利益的成分，但在一定程度上代表了发达国家乃至部分发展中国家的共同立场，与全球化深入发展的大方向基本一致，在知识产权保护、竞争政策、数字贸易、透明度等领域的一些规则也充分体现了发挥市场在资源配置中起决定性作用的理念，具有一定的合理性。拜登政府上台之后，在世界范围内推广美式经贸规则的意愿更加强烈。但也要看到，相关FTA中的美式经贸规则过多强调发挥市场的作用，同时在利益分配上有利于各类资产所有者，相当一部分规则并不适用于我国和其他发展中国家。因此，在排除非经济因素干扰后，与美方在各类制度，特别是"边境后"制度协调的过程中，一方面要对美式规则在理念上的合理性予以客观肯定，一些原则和方向甚至可以直接借鉴；另一方面在具体的规则设计上要充分考虑当前我国经济发展的客观阶段要求以及美式经贸规则的不足，不能强求一致。具体而言，在协商中应突出原则性的共识，而在具体规则中则是在考虑双方当前核心诉求的结果上，通过互相的让步来实现相容。在具体的操作方面，可以先考虑重启中美双边投资协定谈判，在外资准入这一领域逐步缩小分歧，取得共识，之后再将诸多"边境后"议题纳入中美未来的贸易协议谈判框架。

2. 与其他发达经济体的规则对接和协调

日本、欧盟、澳大利亚、加拿大等其他发达经济体虽然在各类"边境"和"边境后"规则领域与美国的理念具有较大的相似性，但其开放性和相容性要明显高于美国。对比 CPTPP 和 USMCA 的条款可以看出，CPTPP 允许例外的条款明显多于 USMCA。因此，对接和协调其他发达经济体的规则的难度要明显小于美国。具体而言，除和现行基本经济制度、政治制度以及重大法律法规有明显冲突的国有企业、数字贸易等领域的少数具体条款外，应加快设立路线图和时间表，尽快提升与相关发达经济体规则的一致性。对于一些确实存在冲突的规则，应寻求灵活的方式实现相容，如将必须坚守的核心原则列入例外条款，构建兼顾双方原则性诉求的新规则体系，等等。以双方立场差异较大的国有企业为例，"增强国有经济竞争力、创新力、控制力、影响力、抗风险能力，做强做优做大国有资本"和"国有企业应遵循竞争中立原则"在文字表述上并不存在根本矛盾，矛盾的根源在于在实践中尚未形成通过后者实现前者的明确路径。因此，仅仅从制度规则上看，这两者并不是完全不能相容的，存在构建符合双方根本诉求的新规则体系的空间。习近平主席在亚太经合组织（APEC）第二十七次领导人非正式会议上已经明确表示积极考虑加入 CPTPP，因此应将加入 CPTPP 作为我国和其他发达经济体在制度型开放主要领域加强协调的第一个重要平台。在加入 CPTPP 之后，可以此为基础，针对重点领域逐步构建与大多数亚太发达经济体的常态化规则协调机制，有效提升中国规则和发达经济体规则的相容性。

3. 在"一带一路"框架下加强与其他新兴市场国家的规则对接和协调

作为"一带一路"倡议合作主体的大量新兴市场国家在全球经贸规则制定中实际上表现出二重性：一方面，新兴市场国家具有巨大的发展潜力，在宏观上希望构建自由、公平、透明并能够兼顾发展诉求的经贸规则体系；另一方面，在具体领域上，新兴市场国家在对经贸规则进行决策时，由于自身发展水平、利益集团约束以及规则制定能力弱等原因，往往基于部分利益集团、部分行业的短期收益，其立场往往多变且相对无序，甚至希望不受到具体经贸规则的约束，对于知识产权保护、降低关税壁垒等经贸规则持消极乃至反对态度。

因此，我国在"一带一路"倡议中不断完善国际经贸规则也必然要从多个层面入手。首先，必须紧密把握 WTO 规则这个我国和大多数"一带一路"国家的最大公约数，联合大多数"一带一路"重点沿线国家推动 WTO 规则向更加公平、更加具有可操作性、更加注重发展诉求的方向前进；其次，应针对不同的重点合作伙伴在不同的具体领域进行规则制定工作，有重点、分步地予以推进；最后，对于"一带一路"倡议合作方在经贸合作中的具体诉求，也应客观看待，对于一些从中长期看明显违反全球化发展趋势的诉求绝不能支持，甚至在必要时应予以坚决反对。具体措施如下：

（1）全面推动各国减少边境壁垒

建议在具体自贸区谈判中针对不同发展阶段的"一带一路"沿线国家设置关税水平降低的基本要求，结合我国自身持续降低关税的客观需要，积极推动 RCEP 部分关税减让条款进一步升级，在中国—海合会、中国—欧亚经济联盟等 FTA 谈判中有效降低各方的关税水平。探索在"一带一路"倡议下发起关税减让自愿参与计划，作为 WTO 规则的重要补充。与重点沿线国家共同对反倾销、反补贴等贸易救济措施的认定标准、实施程序进行准确规范，为在全球范围内防范滥用贸易救济工具实施贸易保护主义行为奠定基础。积极推动 RCEP 各参与方尽快将服务贸易规则中的正面清单模式转为负面清单模式，探索在中国—东盟 FTA、中国—巴基斯坦 FTA 中的服务贸易和投资相关议题实施负面清单模式，以此为抓手积极推动各国以服务业和先进制造业为重点的投资壁垒削减进程。积极推动其他发展中经济体在电信、金融两个领域实现有序开放。积极推动符合发展中国家利益诉求的投资争端解决机制、投资者保护机制等投资相关机制建设。大力推进各方在原产地规则、通关便利化、检验检疫标准等领域的合作，争取在"一带一路"沿线重点国家形成统一的原产地规则，并在单证统一、检验检疫互认方面取得重大突破。

（2）借鉴发达经济体经验，推动合作方知识产权保护、环境保护等"边境后"规则水平

建议在立足 WTO 知识产权协议的基础上，就延长版权年限、互联网知识产权保护、强化地理标志等农产品相关知识产权保护等领域提出更高标准的规则，同时在医药专利、强制许可等方面避免对大型跨国公司的"过度保护"。适度借鉴 CPTPP 等重要高水平区域贸易协定，积极修订我国和"一带一路"重点沿线国家的 FTA 谈判中环境、政府采购、竞争政策等议题的具体条款，特别是将各方破坏环境、破坏公平竞争市场机制的认定机制、磋商机制和惩罚机制具体化。探索发起《"一带一路"环境与贸易协议》等自愿加入性质的"边境后"议题的相关约束性规则。

（3）积极引入发达经济体已经较为成熟的新议题

适度借鉴 CPTPP 等重要高水平区域贸易协定，将中小企业、价值链合作、发展、反腐败、监管一致性等符合"一带一路"倡议精神的相关规则体系引入我国和相关合作方的 FTA 谈判之中。尽快就相关议题制定高水平的规则模板，积极推动其成为"一带一路"倡议的共识性规则。

（4）在新领域创新构建新型经贸规则

可充分发挥"一带一路"框架下通过共同编制战略规划等顶层设计推动重大项目实施的经验，重点联合巴基斯坦、缅甸、俄罗斯等合作方，在战略规划编制程序、战略规划执行程序、战略规划评估程序等方面制定出具有普遍适用性的标准，为跨国规划合作规则进行有益探索。积极发起设立跨境战略规划论坛、跨境战略规划研究小组等一系列官方或半官方平台，为相关规则设定提供支撑。再如，可在基础设施建设领域，针对重大跨境基础设施建设的项目立项、风险评估、其他相关方利益维护、收益评估等问题探索制定新型标准。依托亚投行、金砖国家新开发银行等多边金融机构，与合作方共同构建跨境大型基础设施建设的融资规则。探索和俄罗斯、沙特、新加坡乃至欧盟等经济体共同构建为基础设施建设提供援助的相应规则。又如，充分发挥我国独特优势，积极推动高水平产业园区相应建设模式成为"一带一路"的通行标准和规则。积极邀请发达经济体参与，共同探索如何构建第三方合作相关的经贸规则。

（三）构建高水平的制度型开放保障机制

1. 积极构建制度型开放框架下维护国家安全的新型体制机制

一方面，以健全外商投资国家安全审查、反垄断审查、国家技术安全清单管理、不可靠实体清单等制度为重点，建设高水平经济安全体制。另一方面，要充分认识到经济安全不等于零风险，且引发安全的问题并不在于要素的自由流动而在于很多要素本身，因此应积极探索运用在境内对要素的各种应用进行严格管理以维护国家安全的新机制，逐步改变以限制乃至禁止对外开放合作以维护经济安全的传统做法，有效提升安全维护机制的精准性、科学性和灵活性，以低风险控制原则取代现有的零风险控制原则，为各类生产要素自由流动创造良好的外部环境。

2. 积极构建推动制度型开放的部门协调机制

制度型开放的范围十分广阔，除传统的发改、商务等部门外，还涉及国企、环境、工信、人力资源社会保障、财政、金融、旅游、文化、农业等诸多管理部门。建议对于传统的贸易投资合作领域，强化原有的部门协调机制，重点制定并落实推进制度型开放的具体时间表；对于人才流动、数字贸易等新兴合作领域和补贴政策、国有企业等"边境后"领域，由于其对于经济高质量发展的意义十分重大，且涉及诸多立法问题，建议成立由国务院领导牵头的部门协调机制，针对重点问题制定系统性的开放方案，并与相关重大改革任务有机衔接；对于各个行业的具体标准、规则问题，建议成立由对外开放主管部门牵头、行业主管部门参与的部门协调机制，针对各类细节问题进行分类施策。

3. 积极构建制度型开放的效应综合评价机制

一方面，应从促进我国高水平开放和经济高质量发展的角度出发，建立强制性的制度型开放效益预评估和事后评估机制，科学测算各项制度型开放任务对经济高质量发展的积极作用。另一方面，应立足于对接国际高标准规则，建立强制性的制度型开放的外溢效应事前评估和事后评估制度，科学评价对于其他经济体的影响，以引导制度型开放向保持甚至增加正向外溢效应的方向发展。

附录一　我国和其他经济体外商投资准入负面清单对比

涉及行业	中国自贸试验区外资准入负面清单（2021年）		美韩FTA（美方负面清单第一类+第二类）①		中澳FTA（澳大利亚负面清单）			日本—印尼经济伙伴关系协定（JIEPA）日方负面清单			美韩FTA（韩国负面清单第一类+第二类）		
	不符措施	所涉原则	涉及行业	所涉原则	不符措施	涉及行业	所涉原则	涉及行业	所涉原则	不符措施	涉及行业	不符措施	所涉原则
农林牧渔业	小麦、玉米新品种选育和种子生产的中方股比不低于34%	股比要求	所有行业	行业准入、最惠国待遇、业绩要求、高管要求、当地存在				农业、林业、渔业及相关服务	国民待遇	根据外汇及对外贸易法对重要需求前申报	弱势群体	有权采取措施给予弱势群体相关权利	国民待遇、业绩要求、高级管理人员和董事会、当地存在、最惠国待遇
	禁止投资中国稀有和特有的珍贵优良品种的研发、养殖、种植以及相关材料的生产（包括种植业、畜牧业、水产业的优良基因）	行业准入						渔业（在本国领海、内河、专属经济区和大陆架）	国民待遇、最惠国待遇	根据外汇及对外贸易法对重要需求前申报			

① 第一类是服务和投资允许保留现有的限制措施；第二类负面清单不但允许维持现有的限制措施，缔约方同时还保留了对相关行业现有的限制措施进行修订或设立新的更严格的限制措施的权利。全表同。

续表

中国自贸试验区外资准入负面清单（2021年）			美韩FTA（美方负面清单第一类+第二类）		中澳FTA（澳大利亚负面清单）			日本—印尼经济伙伴关系协定（JIEPA）日方负面清单			美韩FTA（韩国负面清单第一类+第二类）		
涉及行业	不符措施	所涉原则	涉及行业	所涉原则	涉及行业	不符措施	所涉原则	涉及行业	所涉原则	不符措施	涉及行业	不符措施	所涉原则
农林牧渔业	禁止投资中国稀有和特有的珍贵优良品种的研发、养殖、种植以及相关生产（包括种植业、畜牧业、水产业的优良基因）。	行业准入						武器和炸药工业	国民待遇、禁止业绩要求	根据外汇及对外贸易法中要求需事前申报，非居民引进合技术需事前申报同也需取得措施	枪支、刀剑、爆炸物及类似物品	有权对枪支、刀剑、炸药和爆炸物的制造、使用、储存、销售、运输、进出口采取措施	国民待遇、业绩要求、高级管理人员和董事会、当地存在
	禁止投资农作物、种畜禽、水产苗种转基因品种选育及其转基因种子（苗）生产。	行业准入						土地交易	国民待遇、最惠国待遇	内阁可能禁止或限制印尼籍的自然人和法人收购或租赁日本土地	土地收购	对外资参与土地买卖保留否决的权利（前提是不违反对外国人土地法案的相关规定）	国民待遇

续表

中国自贸试验区外资准入负面清单（2021年）			美韩FTA（美方负面清单第一类+第二类）		中澳FTA（澳大利亚负面清单）			日本—印尼经济伙伴关系协定（JIEPA）日方负面清单			美韩FTA（韩国负面清单第一类+第二类）		
涉及行业	不符措施	所涉行业准入原则	涉及行业	所涉原则	涉及行业	不符措施	所涉原则	涉及行业	所涉原则	不符措施	涉及行业	不符措施	所涉原则
采矿业	禁止投资稀土、放射性矿产、钨勘查、开采及选矿（未经允许，禁止进入稀土矿区或取得矿山地质资料、矿石样品及生产工艺技术）		采矿和管道运输	国民待遇、最惠国待遇	采矿与相关服务	要求使用当地劳动力和服务	国民待遇	采矿	国民待遇	只有日本人或日本法人可拥有采矿权或采矿租赁权			
								能源产业	国民待遇、禁止业绩要求	根据外汇及对外贸易法中要求申报，前申报与非居民签订技术引进合同要事前申报			
								石油工业	国民待遇	根据外汇及对外贸易法中要求申报前申报			

续表

中国自贸试验区外资准入负面清单（2021年）			美韩FTA（美方负面清单第一类+第二类）			中澳FTA（澳大利亚负面清单）			日本—印尼经济伙伴关系协定（JIEPA）日方负面清单			美韩FTA（韩国负面清单第一类+第二类）		
涉及行业	不符措施	所涉原则	涉及行业	不符措施	所涉原则	涉及行业	不符措施	所涉原则	涉及行业	所涉原则	不符措施	涉及行业	不符措施	所涉原则
制造业	卫星电视广播地面接收设施及关键伴生产	行业准入							制药业	国民待遇	根据外汇及对外贸易法中要求需事前申报			
									皮革及皮革制品	国民待遇	根据外汇及对外贸易法中要求需事前申报			

续表

中国自贸试验区外资准入负面清单（2021年）			美韩FTA（美方负面清单第一类+第二类）		中澳FTA（澳大利亚负面清单）			日本—印尼经济伙伴关系协定（JIEPA）日方负面清单			美韩FTA（韩国负面清单第一类+第二类）		
涉及行业	不符措施	所涉原则	涉及行业	所涉原则	涉及行业	不符措施	所涉原则	涉及行业	所涉原则	不符措施	涉及行业	不符措施	所涉原则
电力、热力、燃气及水生产和供应业	核电站的建设、经营须由中方控股	股比要求	原子能	国民待遇				供热	国民待遇	根据外汇及对外贸易法中要求事前申报	环境服务	处理和供应服务饮用水；收集和处理污水、城市污水，收集、运输和处置服务城市垃圾、卫生和类似服务；自然和风景保护服务	国民待遇、业绩要求、当地存在
								供水和供水系统	国民待遇	根据外汇及对外贸易法中要求事前申报	原子能	核能发电；制造和核燃料供应；核材料；放射性废物处理与处置；放射同位素和辐射服务设施；监控发电核能辐射服务涉及核能，维护和维修服务规划	国民待遇、业绩要求、高级管理人员和董事会、当地存在

续表

中国自贸试验区外资准入负面清单（2021年）			美韩FTA（美方负面清单第一类+第二类）		中澳FTA（澳大利亚负面清单）			日本—印尼经济伙伴关系协定（JIEPA）日方负面清单			美韩FTA（韩国负面清单第一类+第二类）		
涉及行业	不符措施	所涉原则	涉及行业	所涉原则	涉及行业	不符措施	所涉原则	涉及行业	所涉原则	不符措施	涉及行业	不符措施	所涉原则
电力、热力、燃气及水生产和供应业	核电站的建设、经营须由中方控股										能源服务	发电（除核电外）、电力传输、配送销售、电力业务	国民待遇、业绩要求、高级管理人员和董事会、当地存在
											能源服务	天然气的进口、分销、终端运营、国家高压管网建设等，但不低于附伴一承诺水平	国民待遇、业绩要求、高级管理人员和董事会、当地存在

续表

中国自贸试验区外资准入负面清单（2021年）			美韩FTA（美方负面清单第一类+第二类）		中澳FTA（澳大利亚负面清单）			日本—印尼经济伙伴关系协定（JIEPA）日方负面清单			美韩FTA（韩国负面清单第一类+第二类）		
涉及行业	不符措施	所涉原则	涉及行业	所涉原则	涉及行业	不符措施	所涉原则	涉及行业	所涉原则	不符措施	涉及行业	不符措施	所涉原则
批发和零售业	禁止投资烟叶、卷烟、复烤烟叶及其他烟草制品的批发、零售	行业准入			房地产业与分销服务	非澳大利亚居民不可为代理人，注册地点要求	国民待遇				烟酒批发零售	当地商业存在，禁止电子商务等在线销售，指定零售商	行业准入、当地存在
					分销服务	新南威尔士州对大米保留经销管理局制度，而西澳大利亚州对马铃薯也保留经销管理局制度。只有北领地居民方可获发火器许可证。许可证与牌照格在特许人不再居住于北领地三个月后失效。居住地点要求、营业范围限制等	国民待遇				批发、零售服务	当地商业存在，行政许可，经营实体线数量限制	行业准入、当地存在
											分销（农业、畜牧业）	外国人权益比例限制，经营环节专营权规定	国民待遇、行业准入
											医疗器械零售、租赁、维护	当地商业存在	当地存在
					分销服务	澳大利亚保留权利，采取或维持烟草制品、酒精饮料或火器批发与零售贸易服务方面的任何措施	行业准入				分销服务	佣金代理服务，批发（含进口）服务，水稻、人参和红参的零售服务	国民待遇、业绩要求、当地存在
											汽车租赁	当地商业存在	当地存在

续表

涉及行业	中国自贸试验区外资准入负面清单（2021年）			美韩FTA（美方负面清单第一类+第二类）		中澳FTA（澳大利亚负面清单）			日本—印尼经济伙伴关系协定（JIEPA）日方负面清单			美韩FTA（韩国负面清单第一类+第二类）		
	涉及行业	不符措施	所涉原则	涉及行业	所涉原则	涉及行业	不符措施	所涉原则	涉及行业	所涉原则	不符措施	涉及行业	不符措施	所涉原则
交通运输、仓储和邮政业	国内水上运输	运输公司须由中方控股	股比要求	运输报关服务	国民待遇	运输服务	每家提供澳大利亚往来国际班轮货物的海运运输服务的海运承运人，必须始终以居住在澳大利亚的自然人作为代表人。董事会成员国籍限制、股比限制、点限制、经营地要求、地方政府其他要求等	国民待遇	货运代理业务	国民待遇、最惠国待遇、禁止业绩要求	需特许可；针对外国投资者的业务领域限制（使用日本国内的两点之间的航空运输不得从事货代业务）	运输服务	行政许可、法人、资质要求、市场需求测试、当地商业存在、国籍限制、需注册、注册主体本国国籍限制等	行业准入、当地存在

续表

中国自贸试验区外资准入负面清单（2021年）			美韩FTA（美方负面清单第一类+第二类）		中澳FTA（澳大利亚负面清单）			日本—印尼经济伙伴关系协定（JIEPA）日方负面清单			美韩FTA（韩国负面清单第一类+第二类）		
涉及行业	不符措施	所涉原则	涉及行业	所涉原则	涉及行业	不符措施	所涉原则	涉及行业	所涉原则	不符措施	涉及行业	不符措施	所涉原则
交通运输、仓储和邮政业	国内水上运输公司须由中方控股	股比要求	运输报关服务	国民待遇	运输服务	每家提供澳大利亚往来国际班轮货物的海运运输服务，必须始终以居住在澳大利亚的自然人作为代表人。董事会成员国籍要求，股比限制，经营地点限制 地方政府其他要求等	国民待遇	货运代理业务	国民待遇、最惠国待遇、禁止业绩要求	需特殊许可、登记；针对外国投资者的业务领域限制（使用日本国内的两点之间的航空运输不得从事货运代理业务）	运输服务——公路客运运输服务	出租车服务和定期客运道路运输服务	国民待遇、业绩要求、高级管理人员和董事会、当地存在、最惠国待遇
											运输服务——货物公路运输服务	货物公路运输服务，不包括相关的快递服务国际公路货运公司和公路运输服务集装箱货物（不包括沿海）的公路运输	业绩要求、高级管理人员和董事会、当地存在、最惠国待遇

续表

中国自贸试验区外资准入负面清单（2021年）			美韩FTA（美方负面清单第一类+第二类）		中澳FTA（澳大利亚负面清单）			日本—印尼经济伙伴关系协定（JIEPA）日方负面清单			美韩FTA（韩国负面清单第一类+第二类）		
涉及行业	不符措施	所涉原则	涉及行业	所涉原则	涉及行业	不符措施	所涉原则	涉及行业	所涉原则	不符措施	涉及行业	不符措施	所涉原则
交通运输、仓储和邮政业	国内水上运输公司须由中方控股	股比要求	运输报关服务	国民待遇	运输服务	每家提供澳大利亚往来国际班轮货物运输服务的海运承运人，必须以居住在澳大利亚的自然人作为代表人。董事会成员国籍限制、股比限制、董事会成员国籍要求、经营地点限制、地方政府其他要求等	国民待遇	货运代理业务	国民待遇、最惠国待遇、禁止业绩要求	需特殊许可、登记；针对外国投资者的业务领域限制（使用日本国内的网点之间的航空运输不得从事货运代理业务）	运输服务——内部水路运输和航天运输	国内水路运输服务和空间运输服务	国民待遇、业绩要求、高级管理人员和董事会、当地存在、最惠国待遇
											运输服务——仓储服务	大米仓储服务	国民待遇

续表

中国自贸试验区外资准入负面清单（2021年）			美韩FTA（美方负面清单第一类+第二类）		中澳FTA（澳大利亚负面清单）			日本—印尼经济伙伴关系协定（JIEPA）日方负面清单			美韩FTA（韩国负面清单第一类+第二类）		
涉及行业	不符措施	所涉原则	涉及行业	所涉原则	涉及行业	不符措施	所涉原则	涉及行业	所涉原则	不符措施	涉及行业	不符措施	所涉原则
交通运输、仓储和邮政业	公共航空运输公司须由中方控股，且一家外商及其关联企业投资比例不得超过25%，法定代表人须由中国籍公民担任。通用航空公司的法定代表人须由中国籍公民担任，其中农、林、渔业通用航空公司限于合资，其他通用航空公司限于中方控股	股比要求、高管要求	航空运输	国民待遇、最惠国待遇、高管要求	海运	澳大利亚保留权利，或维持沿海运输服务与离岸运输服务方面，在澳船舶注册的任何措施	行业准入、国民待遇	航空运输	国民待遇、最惠国待遇、禁止业绩要求	根据外汇及对外贸易法中要求事前申报；特定条件下需要部门特殊许可	运输服务——铁路运输	与其他国家多双边协议不适用该协议规定	最惠国待遇

续表

中国自贸试验区外资准入负面清单（2021年）			美韩FTA（美方负面清单第一类+第二类）		中澳FTA（澳大利亚负面清单）			日本—印尼经济伙伴关系协定（JIEPA）日方负面清单			美韩FTA（韩国负面清单第一类+第二类）		
涉及行业	不符措施	所涉原则	涉及行业	所涉原则	涉及行业	不符措施	所涉原则	涉及行业	所涉原则	不符措施	涉及行业	不符措施	所涉原则
交通运输、仓储和邮政业					运输服务	澳大利亚保留权利，采取或维持租赁或投资邦方在机场投资方面的任何措施	行业准入、国民待遇	铁路运输	国民待遇	根据外汇及对外贸易法对外需求事前申报，但生产制造用于铁路和零部件在从事运输服务之前不需要事前申报	运输服务——海上旅客运输和海洋船运	国际海上旅客运输服务、海上沿海运输和韩国船只运营，行政许可要求，市场需求测试要求、沿海运输限于韩国船只	国民待遇、业绩要求、高级管理人员和董事会、最惠国待遇、当地存在
								有关船舶国籍事宜	国民待遇、禁止业绩要求	船舶主人需为日本国籍，或根据日本法律成立的公司，公司所有代表以及不少于三分之二的高管都是日本国民。			

续表

中国自贸试验区外资准入负面清单（2021年）			美韩FTA（美方负面清单第一类+第二类）			中澳FTA（澳大利亚负面清单）			日本—印尼经济伙伴关系协定（JIEPA）日方负面清单			美韩FTA（韩国负面清单第一类+第二类）		
涉及行业	不符措施	所涉原则	涉及行业	不符措施	所涉原则	涉及行业	不符措施	所涉原则	涉及行业	所涉原则	不符措施	涉及行业	不符措施	所涉原则
交通运输、仓储和邮政业						运输服务			航空器登记注册	国民待遇、禁止业绩要求	国籍限制，非日本国籍自然人、法人，外国投资者占有超过三分之一表决权的不能登记注册			
									公路乘客运输	国民待遇	根据外汇及对外贸易法中要求高事前申报，不包括车辆、零部件生产			

续表

中国自贸试验区外资准入负面清单（2021年）			美韩FTA（美方负面清单第一类+第二类）		中澳FTA（澳大利亚负面清单）			日本—印尼经济伙伴关系协定（JIEPA）日方负面清单			美韩FTA（韩国负面清单第一类+第二类）		
涉及行业	不符措施	所涉原则	涉及行业	所涉原则	涉及行业	不符措施	所涉原则	涉及行业	所涉原则	不符措施	涉及行业	不符措施	所涉原则
交通运输、仓储和邮政业	民用机场的建设、经营须由中方相对控股。外方不得参与建设、运营塔台机场	股比要求、市场准入	专业航空服务	国民待遇、最惠国待遇、高管要求	运输服务			水路运输	国民待遇	根据外汇及对外贸易法中要求需事前申报	快速服务	当地商业存在，市场需求测试，需行政许可	行业准入、当地存在
			海上服务与操作	国民待遇、业绩要求、最惠国待遇、高管要求、当地存在				航天航空工业	国民待遇、禁止业绩要求	根据外汇及对外贸易法中要求需事前申报，与非居民签订技术引进合同也需事前申报，日本保留对在航空业及航天工业投资采取或维持任何措施的权利			
	禁止投资邮政公司（和经营邮政服务）、信件的国内快递业务	行业准入	运输	国民待遇、业绩要求、最惠国待遇、高管要求									

续表

中国自贸试验区外资准入负面清单（2021年）			美韩FTA（美方第一类+第二类）		中澳FTA（澳大利亚负面清单）			日本—印尼经济伙伴关系协定（JIEPA）日方负面清单			美韩FTA（韩国负面清单第一类+第二类）		
涉及行业	不符措施	所涉原则	涉及行业	所涉原则	涉及行业	不符措施	所涉原则	涉及行业	所涉原则	不符措施	涉及行业	不符措施	所涉原则
信息传输、软件和信息技术服务业	电信公司：限于中国入世承诺开放的电信业务，增值电信业务的外资股比不超过50%（电子商务、国内多方通信、存储转发类、呼叫中心除外），基础电信业务须由中方控股（且经营者须为依法设立的专门从事基础电信业务的公司）	股比要求、行业准入	无线电通信	国民待遇	通信服务	只有澳大利亚邮政公司享有在澳大利亚境内发行邮票和为来自澳大利亚境内外的信件提供递送服务的专营权；其他领域对外资有股份比例限制	市场准入、国民待遇、最惠国待遇	信息与通信	国民待遇、禁止业绩要求	外国投资人表决权超过三分之一不能注册；没有日本国籍的自然人不得担任日本电报电话公司、日本电信电话株式会社、东和日本电报电话公司西部公司的董事、经理、核算师；根据外贸易法对外贸易需求事前申报	电信服务	需行政许可，外资股比限制，设2年过渡期，经营主体国籍限制	行业准入、当地存在、国民待遇
											国有电子、信息系统	对于含有政府专有信息或由政府监管职能和权利收集到的信息的国有电子信息系统的运营和管理有权采取保留措施，此项条款不适用于相关金融服务支付和结算系统	国民待遇、业绩要求、高级管理人员和董事会、当地存在

续表

中国自贸试验区外资准入负面清单（2021年）			美韩FTA（美方负面清单第一类+第二类）		中澳FTA（澳大利亚负面清单）			日本—印尼经济伙伴关系协定（JIEPA）日方负面清单			美韩FTA（韩国负面清单第一类+第二类）		
涉及行业	不符措施	所涉原则	涉及行业	所涉原则	涉及行业	不符措施	所涉原则	涉及行业	不符措施	所涉原则	涉及行业	不符措施	所涉原则
信息传输、软件和信息技术服务业	禁止投资互联网新闻信息服务、网络出版服务、网络视听节目服务、互联网文化经营（音乐除外）、互联网公众发布信息服务（上述服务中，中国入世承诺中已开放的内容除外）	行业准入	通信	最惠国待遇	通信服务与娱乐、文化和体育服务	澳大利亚保留权利，采取或维持以下方面的措施：创意艺术、文化遗产及其他文化产业、包括视听服务与图书服务、档案、博物馆及其他文化服务；广播与视听服务，包括许可、规划，与频谱管理方面的措施	行业准入、国民待遇、最惠国待遇				通信服务—广播服务	经营者国籍限制、需获得许可，外国人权益比例限制，设置3年过渡期，对播出内容、业务领域、播出时间等均有明确规定	行业准入、当地存在、业绩要求、高级管理人员和董事会

续表

中国自贸试验区外资准入负面清单（2021年）			美韩FTA（美方负面清单第一类+第二类）			中澳FTA（澳大利亚负面清单）			日本—印尼经济伙伴关系协定（JIEPA）日方负面清单			美韩FTA（韩国负面清单第一类+第二类）		
涉及行业	不符措施	所涉原则	涉及行业	不符措施	所涉原则	涉及行业	不符措施	所涉原则	涉及行业	不符措施	所涉原则	涉及行业	不符措施	所涉原则
信息传输、软件和信息技术服务业												通信服务——垄断的邮政服务	由军事服务人员或具同等地位的其他人员提供的邮局支持的邮务、新闻和通信官员服务，车辆审核具有业务核准、车辆审批等权利	国民待遇

续表

中国自贸试验区外资准入负面清单（2021年）			美韩FTA（美方负面清单第一类+第二类）			中澳FTA（澳大利亚负面清单）			日本—印尼经济伙伴关系协定（JIEPA）日方负面清单			美韩FTA（韩国负面清单第一类+第二类）		
涉及行业	不符措施	所涉原则	涉及行业	不符措施	所涉原则	涉及行业	不符措施	所涉原则	涉及行业	所涉原则	不符措施	涉及行业	不符措施	所涉原则
信息传输、软件和信息技术服务业												通信服务——广播服务	媒体部门同跨部门所有权限制，设置外资认定或权益比例所依据的股权比或权益比例标准，广播服务提供商需要一个成员会国籍要求，需要一个平台运营商（例如有线电视系统或卫星广播运营商或地面广播信道）来重发地面频道或发送公益信道，要求一定比例的时间播放韩国动画，强制性外包配额，视频点播服务韩语内容比例要求，限制或禁止外商重传广播服务	国民待遇、行业准入、业绩要求、当地存在、高级管理人员和董事会

续表

中国自贸试验区外资准入负面清单（2021年）			美韩FTA(美方负面清单第一类+第二类)		中澳FTA（澳大利亚负面清单）			日本—印尼经济伙伴关系协定（JIEPA）日方负面清单			美韩FTA（韩国负面清单第一类+第二类）		
涉及行业	不符措施	所涉原则	涉及行业	所涉原则	涉及行业	不符措施	所涉原则	涉及行业	所涉原则	不符措施	涉及行业	不符措施	所涉原则
信息传输、软件和信息技术服务业											通信服务——广播和电信业务	订阅视频服务供应商	国民待遇、业绩要求、高级管理人员和董事会、当地存在、行业准入
											通信服务——广播和视听服务	电影和电视制作（但授予合作生产安排补足作品国民待遇），确定广播和视听节目是不是韩国制作	最惠国待遇、国民待遇
											通信服务业——广播部门	直接到户的卫星传输、直接广播卫星电视和数字音频服务等领域签署相关的国际协定外	最惠国待遇

续表

中国自贸试验区外资准入负面清单（2021年）			美韩FTA（美方负面清单第一类+第二类）		中澳FTA（澳大利亚负面清单）			日本—印尼经济伙伴关系协定（JIEPA）日方负面清单			美韩FTA（韩国负面清单第一类+第二类）		
涉及行业	不符措施	所涉原则	涉及行业	所涉原则	涉及行业	不符措施	所涉原则	涉及行业	所涉原则	不符措施	涉及行业	不符措施	所涉原则
租赁和商务服务业	禁止投资中国法律事务（提供有关中国环境影响的信息除外），不得成为国内律师事务所合伙人。外国律师事务所只能以代表机构的方式进入中国，且不得聘用中国执业律师，聘用的辅助人员不得为当事人提供法律服务；如在华设立代表机构，派驻代表，须经中国司法行政部门许可	行业准入、高管要求	商业服务	国民待遇、当地存在	安保服务	只有澳大利亚公民或永久居方可取得在新南威尔士州开展安保业务的许可证	国民待遇	保安警卫服务	国民待遇	根据外汇及对外贸易法中要求需事前申报	建筑业服务	当地商业存在要求	当地存在

续表

中国自贸试验区外资准入负面清单（2021年）			美韩FTA（美方负面清单第一类+第二类）		中澳FTA（澳大利亚负面清单）			日本—印尼经济伙伴关系协定（JIEPA）日方负面清单			美韩FTA（韩国负面清单第一类+第二类）		
涉及行业	不符措施	所涉原则	涉及行业	所涉原则	涉及行业	不符措施	所涉原则	涉及行业	所涉原则	不符措施	涉及行业	不符措施	所涉原则
租赁和商务服务业					专业服务	专利代理人必须是澳大利亚常住居民。提供审计服务的事务所，至少必须有一名合伙人是澳大利亚常住的注册公司审计师。只有澳大利亚公民或在澳大利亚永久居住且持特殊类别签证的新西兰公民，方可在澳大利亚开展移民代理报关服务	国民待遇				工程机械租赁、销售、维护相关服务	当地商业存在要求	当地存在
											商业服务——房地产服务（不包括房地产经纪及评估服务）	房地产开发、供应、管理、销售、租赁服务，除了经纪和评估服务	国民待遇、业绩要求、当地存在

续表

中国自贸试验区外资准入负面清单（2021年）			美韩 FTA（美方负面清单 第一类+第二类）		中澳 FTA（澳大利亚负面清单）			日本—印尼经济伙伴关系协定（JIEPA）日方负面清单			美韩 FTA（韩国负面清单 第一类+第二类）		
涉及行业	不符措施	所涉原则	涉及行业	所涉原则	涉及行业	不符措施	所涉原则	涉及行业	所涉原则	不符措施	涉及行业	不符措施	所涉原则
											商业服务	受控制的商品、软件、技术的出口和再出口	国民待遇、当地存在
											商业服务——破产接管和服务	破产和接管服务，企业重组	国民待遇、当地存在、高级管理人员和董事会

续表

中国自贸试验区外资准入负面清单（2021年）			美韩FTA（美方负面清单第一类+第二类）		中澳FTA（澳大利亚负面清单）			日本—印尼经济伙伴关系协定（JIEPA）日方负面清单			美韩FTA（韩国负面清单第一类+第二类）		
涉及行业	不符措施	所涉原则	涉及行业	所涉原则	涉及行业	不符措施	所涉原则	涉及行业	不符措施	所涉原则	涉及行业	不符措施	所涉原则
											法律服务——外国法律咨询	外授权的律师或外国律师事务所所在韩国提供法律服务，外国执业律师、律所与韩国律师、律所等执业律师结成伙伴关系、隶属关系等，高级管理人员和董事会提供涉外法律咨询服务	国民待遇、当地存在、高级管理人员和董事会

续表

中国自贸试验区外资准入负面清单（2021年）			美韩FTA（美方负面清单第一类+第二类）			中澳FTA（澳大利亚负面清单）			日本—印尼经济伙伴关系协定（JIEPA）日方负面清单			美韩FTA（韩国负面清单第一类+第二类）		
涉及行业	不符措施	所涉原则	涉及行业	所涉原则		涉及行业	不符措施	所涉原则	涉及行业	不符措施	所涉原则	涉及行业	不符措施	所涉原则
												房地产经纪和估价服务	当地商业存在	当地存在
												专业服务——外国会计师事务所	根据外国法律注册的会计公司，或外国注册会计师在韩提供审计服务，高级管理人员和法人董事会提供合格的公共会计服务；针对美国的例外规定，包括5年过渡期等	国民待遇，当地存在，高级管理人员和董事会
												商业服务	地籍测量服务以及地籍图相关服务	国民待遇

续表

中国自贸试验区外资准入负面清单（2021年）			美韩FTA（美方负面清单第一类+第二类）			中澳FTA（澳大利亚负面清单）			日本—印尼经济伙伴关系协定（JIEPA）日方负面清单			美韩FTA（韩国负面清单第一类+第二类）		
涉及行业	不符措施	所涉原则	涉及行业	不符措施	所涉原则	涉及行业	不符措施	所涉原则	涉及行业	所涉原则	不符措施	涉及行业	不符措施	所涉原则
												专业服务——外国注册税务师	根据外国法律注册认证税务师或税务代理公司，国外认证税务师在韩国提供税务及税务服务对账服务、代表服务，高级管理人员和法人董事会提供注册税务师会计服务，包括有关的主席。针对美国的例外规定，包括5年过渡期等	国民待遇、当地存在、高级管理人员和董事会

续表

中国自贸试验区外资准入负面清单（2021年）			美韩FTA（美方负面清单第一类+第二类）		中澳FTA（澳大利亚负面清单）			日本—印尼经济伙伴关系协定（JIEPA）日方负面清单			美韩FTA（韩国负面清单第一类+第二类）		
涉及行业	不符措施	所涉原则	涉及行业	所涉原则	涉及行业	不符措施	所涉原则	涉及行业	所涉原则	不符措施	涉及行业	不符措施	所涉原则
											商业和环境服务	考试、发证和农业原料及活畜的分类	国民待遇、当地存在
											商业服务	农业、狩猎、林业和渔业附带服务	国民待遇、当地存在、高级管理人员和董事会、业绩要求

续表

中国自贸试验区外资准入负面清单（2021年）			美韩FTA（美方负面清单第一类+第二类）			中澳FTA（澳大利亚负面清单）			日本—印尼经济伙伴关系协定（JIEPA）日方负面清单			美韩FTA（韩国负面清单第一类+第二类）		
涉及行业	不符措施	所涉原则	涉及行业	不符措施	所涉原则	涉及行业	不符措施	所涉原则	涉及行业	所涉原则	不符措施	涉及行业	不符措施	所涉原则
						其他商业服务	地方政府要求：只有北领地方可获发陪伴居民方的机构业务的经营许可证或监管理证，满足居住要求	国民待遇				专业服务	经营资质要求，需在当地专业执业协会注册，当地商业存在，经营实体数量限制	行业准入、当地存在
												工程等技术服务	当地商业存，不允许以合作形式提供服务	当地存在
												商业服务	当地商业存在、具体经营内容限制，经营者国籍限制、经营资质规定，法人入实体性质要求、经营实体数量限制等	行业准入、当地存在、业绩要求、高级管理人员和董事会

续表

中国自贸试验区外资准入负面清单（2021年）			美韩FTA（美方负面清单第一类+第二类）		中澳FTA（澳大利亚负面清单）			日本—印尼经济伙伴关系协定（JIEPA）日方负面清单			美韩FTA（韩国负面清单第一类+第二类）		
涉及行业	不符措施	所涉原则	涉及行业	所涉原则	涉及行业	不符措施	所涉原则	涉及行业	所涉原则	不符措施	涉及行业	不符措施	所涉原则
租赁和商务服务业	市场调查中的广播电视收听、收视调查须由中方控股	股比要求	专利代理及申请前其他服务	国民待遇、最惠国待遇、当地存在							调查和安保服务	业务种类限制、经营资质要求	行业准入、当地存在
	禁止投资社会调查	行业准入									环境服务	当地存在	当地存在
科学研究和技术服务业	禁止投资人体干细胞、基因诊断与治疗技术开发和应用	行业准入											
	禁止投资人文社会科学研究机构	行业准入											

续表

中国自贸试验区外资准入负面清单（2021年）			美韩FTA（美方负面清单第一类+第二类）		中澳FTA（澳大利亚负面清单）			日本—印尼经济伙伴关系协定（JIEPA）日方负面清单			美韩FTA（韩国负面清单第一类+第二类）		
涉及行业	不符措施	所涉原则	涉及行业	所涉原则	涉及行业	不符措施	所涉原则	涉及行业	所涉原则	不符措施	涉及行业	不符措施	所涉原则
科学研究和技术服务业	禁止投资大地测量、海洋测绘、测绘航空摄影、地面移动测量、行政区域界线测绘，地形图、世界政区地图、全国政区地图、省级及以下政区地图、全国性教学地图，真三维地图和导航电子地图，区域性的地图编制、质填图、矿产地质、地球化学、水文地质、地球物理、地质灾害、环境地质、遥感地质等调查（矿业权范围内开展工作不受此特别管理措施限制）	行业准入			研发服务	经营实体优先排序	国民待遇				科研服务、海洋地图制作	需许可和授权	国民待遇

续表

中国自贸试验区外资准入负面清单（2021年）			美韩FTA（美方第一类+第二类）负面清单		中澳FTA（澳大利亚负面清单）			日本—印尼经济伙伴关系协定（JIEPA）日方负面清单		美韩FTA（韩国负面清单第一类+第二类）		
涉及行业	不符措施	所涉原则	涉及行业	所涉原则	涉及行业	不符措施	所涉原则	涉及行业	所涉原则	涉及行业	不符措施	所涉原则
教育	学前、普通高中和高等教育机构限于中外合作办学，须由中方主导[校长或者主要行政负责人应当具有中国国籍（且在中国境内定居），理事会、董事会或者联合管理委员会的中方组成人员不得少于二分之一]	股比要求、高管要求			教育服务	澳大利亚保留权利，采取或维持初等教育等方面的任何措施；澳大利亚保留权利，采取或维持以下方面的任何措施：(a) 独立的教育和培训机构在录取政策、学费设置、课程大纲或课程内容制订方面保持自主权的能力；(b) 针对教育和培训机构及其项目非歧视性的认证及质量保证程序，包括必须满足的标准；(c) 提供给教育和培训机构的政府资金、补贴或资助，例如土地划拨、税收优惠和其他公共利益；或(d) 教育和培训机构需遵守关于在特定司法管辖区内建立和运营某某设施	行业准入、国民待遇、最惠国待遇			教育	高级管理人员和董事会成员50%以上为本国人，经营资质要求、学生人数限制、业务领域限制、当地商业存在等	国民待遇、行业准入、高级管理人员和董事会

续表

中国自贸试验区外资准入负面清单（2021年）			美韩FTA（美方负面清单第一类+第二类）		中澳FTA（澳大利亚负面清单）			日本—印尼经济伙伴关系协定（JIEPA）日方负面清单			美韩FTA（韩国负面清单第一类+第二类）		
涉及行业	不符措施	所涉原则	涉及行业	所涉原则	涉及行业	不符措施	所涉原则	涉及行业	所涉原则	不符措施	涉及行业	不符措施	所涉原则
行业准入	禁止投资义务教育机构、宗教教育机构										教育服务	学前、小学、中学、高等教育其他教育	国民待遇、当地存在、高级管理人员和董事会、业绩要求、最惠国待遇

续表

中国自贸试验区外资准入负面清单（2021年）			美韩FTA（美方负面清单第一类+第二类）		中澳FTA（澳大利亚负面清单）			日本—印尼经济伙伴关系协定（JIEPA）日方负面清单			美韩FTA（韩国负面清单第一类+第二类）		
涉及行业	不符措施	所涉原则	涉及行业	所涉原则	涉及行业	不符措施	所涉原则	涉及行业	不符措施	所涉原则	涉及行业	不符措施	所涉原则
卫生和社会工作	医疗机构限于合资	股比要求	社会服务	国民待遇、业绩要求、最惠国待遇、当地存在	健康服务	经营地点要求、董事会成员国籍要求、联邦血清实验室不得在境外注册等	国民待遇				兽医	当地商业存在	当地存在
			少数民族事务	国民待遇、业绩要求、高管要求、当地存在	社会服务	对于执法和惩戒相关的社会服务、收入保障或保险服务、社会保障或保险服务、社会福利服务、公共培训服务、卫生和儿童保育等公共服务、政府保留限制其经营措施的权利	行业准入、国民待遇、最惠国待遇				社会服务	对于执法和惩戒相关的社会服务、收入保障或保险服务、社会保障或保险服务、社会福利服务、公共培训服务、卫生和儿童保育等公共服务、政府保留限制其经营措施的权利	国民待遇、业绩要求、高级管理人员和董事会、当地存在、最惠国待遇

续表

中国自贸试验区外资准入负面清单（2021年）			美韩FTA（美方负面清单第一类+第二类）		中澳FTA（澳大利亚负面清单）			日本—印尼经济伙伴关系协定（JIEPA）日方负面清单			美韩FTA（韩国负面清单第一类+第二类）		
涉及行业	不符措施	所涉原则	涉及行业	所涉原则	涉及行业	不符措施	所涉原则	涉及行业	所涉原则	不符措施	涉及行业	不符措施	所涉原则
卫生和社会工作											社会服务	健康服务	国民待遇，当地存在、高级管理人员董事会、业绩要求、最惠国待遇

续表

中国自贸试验区外资准入负面清单（2021年）			美韩FTA（美方负面清单第一类+第二类）		中澳FTA（澳大利亚负面清单）			日本—印尼经济伙伴关系协定（JIEPA）日方负面清单			美韩FTA（韩国负面清单第一类+第二类）		
涉及行业	不符措施	所涉原则	涉及行业	所涉原则	涉及行业	不符措施	所涉原则	涉及行业	所涉原则	不符措施	涉及行业	不符措施	所涉原则
文化、体育和娱乐业	禁止投资新闻机构（包括但不限于通讯社）	行业准入			旅游与旅游相关服务	取得旅游代理经营许可证的人员必须在昆士兰湖有营业地址（地方政府要求）	国民待遇				新闻社通讯社服务	限于合作、国籍限制、外国人权益比例限制	行业准入、当地存在、高级管理人员和董事会
	禁止投资图书、报纸、期刊、音像制品和电子出版物的编辑、出版、制作业务	行业准入			娱乐、文化与体育服务	办事处地点要求、要求首席执行官为当地居民	国民待遇				出版物配送分销	需获文化旅游部部长推荐	国民待遇

续表

中国自贸试验区外资准入负面清单（2021年）			美韩FTA（美方负面清单第一类+第二类）		中澳FTA（澳大利亚负面清单）			日本—印尼经济伙伴关系协定（JIEPA）日方负面清单			美韩FTA（韩国负面清单第一类+第二类）		
涉及行业	不符措施	所涉原则	涉及行业	所涉原则	涉及行业	不符措施	所涉原则	涉及行业	所涉原则	不符措施	涉及行业	不符措施	所涉原则
文化体育和娱乐业	禁止投资各级广播电台（站）、电视台（站）、广播电视频道（率）、广播电视传输覆盖网（发射台、转播台、转播站、广播电视卫星、卫星上行站、卫星收转站、微波站、监测站及有线广播电视传输覆盖网等），禁止从事广播电视视频点播业务和卫星电视广播地面接收设施安装服务	行业准入			博彩业	澳大利亚保留权利，采取或维持博彩业方面的任何措施	行业准入、国民待遇	广电产业	国民待遇、禁止业绩要求	根据外汇及贸易对外贸易法中要求需事前申报，日本保留对在广播业投资持任或措施采取维持任何措施的权利	报纸发行	出版报纸（包括印刷和分发）	国民待遇、当地存在、高级管理人员和董事会
											数字音频和视频服务	对于面向韩国消费者的数字音视频服务，韩国保留采取任何措施的权利	国民待遇、最惠国待遇、业绩要求、当地存在

续表

中国自贸试验区外资准入负面清单（2021年）			美韩FTA（美方负面清单第一类+第二类）			中澳FTA(澳大利亚负面清单)			日本—印尼经济伙伴关系协定（JIEPA）日方负面清单			美韩FTA（韩国负面清单第一类+第二类）		
涉及行业	不符措施	所涉原则	涉及行业	不符措施	所涉原则	涉及行业	不符措施	所涉原则	涉及行业	所涉原则	不符措施	涉及行业	不符措施	所涉原则
文化、体育和娱乐业	禁止投资广播电视节目制作经营（含引进业务）公司	行业准入										娱乐、文化与体育服务—电影放映	本土电影放映天数要求	业绩要求，行业准入
	禁止投资电影制作公司，发行公司，院线公司以及电影引进业务	行业准入										娱乐、文化与体育服务	运动画面推广，广告，或后期制作服务	国民待遇，最惠国待遇，业绩要求，当地存在

续表

中国自贸试验区外资准入负面清单（2021年）			美韩FTA（美方负面清单第一类+第二类）		中澳FTA（澳大利亚负面清单）			日本—印尼经济伙伴关系协定（JIEPA）日方负面清单			美韩FTA（韩国负面清单第一类+第二类）		
涉及行业	不符措施	所涉原则	涉及行业	所涉原则	涉及行业	不符措施	所涉原则	涉及行业	所涉原则	不符措施	涉及行业	不符措施	所涉原则
文化、体育和娱乐业	禁止投资文物拍卖的拍卖公司，文物商店和国有文物博物馆	行业准入									娱乐、文化与体育服务	博物馆和其他文化服务	国民待遇、当地存在、高级管理人员和董事会、业绩要求
											其他娱乐服务	农村旅游业、渔业和农业网站	国民待遇
	文艺表演团体须由中方控股	股比要求									演出服务	外国人在韩国表演或邀请外国人表演获得来自媒体分级委员会的推荐	国民待遇

续表

中国自贸试验区外资准入负面清单（2021年）			美韩FTA（美方负面清单第一类+第二类）		中澳FTA（澳大利亚负面清单）			日本—印尼经济伙伴关系协定（JIEPA）日方负面清单			美韩FTA（韩国负面清单第一类+第二类）		
涉及行业	不符措施	所涉原则	涉及行业	所涉原则	涉及行业	不符措施	所涉原则	涉及行业	所涉原则	不符措施	涉及行业	不符措施	所涉原则
			金融业（银行、保险及其他金融服务）	国民待遇、最惠国待遇、行业准入、高管要求、业绩要求	金融服务	要在澳大利亚开展银行业务的实体，必须是法人实体，并获得澳大利亚金融监督管理局（APRA）授权，成为经授权的存款吸收机构（ADI）。地方政府其他规定，包括总部设在当地、在地方设有经营场所等	行业准入、国民待遇	银行业	国民待遇	存款保险制度只适用在日本管辖范围内设有总行的金融机构			
					金融服务	澳大利亚保留权利，采取或维持由政府对政府所有实体提供担保的任何措施，包括实体私有化方面的担保，该担保可能开展金融操作	国民待遇						

附录二 在制度型开放重点领域、行业，我国和欧美国家现行规则差异一览

所在领域/行业	序号	我国现行管理制度	欧美国家现行管理制度
知识产权保护	1	专利权保护客体：发明、实用新型和外观设计。发明，是指对产品、方法或者其改进所提出的新的技术方案。实用新型，是指对产品的形状、构造或者其结合所提出的适于实用的新的技术方案。外观设计，是指对产品的形状、图案或者其结合以及色彩与形状、图案的结合所作出的富有美感并适于工业应用的新设计 不授予专利权的客体：科学发现；智力活动的规则和方法；动物和植物品种；原子核变换方法以及用原子核变换方法获得的物质；对平面印刷品的图案、色彩或者二者的结合作出的主要起标识作用的设计 专利权保护期限：发明专利权的期限为20年，实用新型专利权的期限为10年，外观设计专利权的期限为15年，均自申请日起计算	专利权保护客体：所有技术领域的发明，不论是产品还是加工工序，只要具有新颖性、创新性和实用性，使用已知产品的新用途、使用已知产品的新工序作为可授予专利权的课题。特别地，可对动物和植物品种、人类或动物的诊疗、治疗和外科手术方法授予专利

续表

所在领域/行业	序号	我国现行管理制度	欧美国家现行管理制度
知识产权保护	2	商标保护客体范围：任何能够将自然人、法人或者其他组织的商品与他人的商品区别开的标志，包括文字、图形、字母、数字、三维标志、颜色组合和声音等，以及上述要素的组合，均可以作为商标申请注册 商标保护期限：注册商标的有效期为10年，自核准注册之日起计算 打击商标恶意注册：不以使用为目的的恶意商标注册申请，应当予以驳回。在商标异议期内，任何人均可以向商标局提出异议。已经注册的商标，任何单位和个人均可以向商标局请求宣告商标无效。对于商标代理机构而言，知道或者应当知道委托人申请注册的商标属于恶意商标注册情形的，不得接受其委托 商标侵权赔偿数额：恶意侵犯商标专用权的侵权赔偿数额计算倍数为1倍以上5倍以下，商标侵权法定赔偿额上限为500万元	商标保护客体范围：不以"视觉上可感知"作为商标注册的要求 商标保护期限：不少于10年

所在领域/行业	序号	我国现行管理制度	欧美国家现行管理制度
知识产权保护	3	版权保护范围：包括以下列形式创作的文学、艺术和自然科学、社会科学、工程技术等作品：（1）文字作品；（2）口述作品；（3）音乐、戏剧、曲艺、舞蹈、杂技艺术作品；（4）美术、建筑作品；（5）摄影作品；（6）电影作品和以类似摄制电影的方法创作的作品；（7）工程设计图、产品设计图、地图、示意图等图形作品和模型作品；（8）计算机软件；（9）法律、行政法规规定的其他作品 版权保护期限：作者有生之年加死后50年	版权保护期限：至少为作者有生之年应被追究民事、行政责任：（1）知道或有合理理由应当知道，而在未授权的情况下实施规避控制或有合理的技术措施，对其未授权技术措施，出租、或以其他方式提供装置、产品、零部件，而这些产品和服务具有如下特点：1）行为人为规避有效技术措施之目的，对其进行促销、推广；2）除规避有效的技术措施之外，只有限的商业上重要的用途；3）其设计、制造或使用的主要目的是为了规避有效的技术措施。对于以获取商业利益为目的的故意实施上述行为的，应施以刑事处罚 权利管理信息：明知或有合理理由知道可能会引诱、促成、包庇侵犯著作权和相关权利的行为或者为其提供便利，仍从事下列行为的，应被追究民事和行政责任：（1）故意去除或改变权利管理信息；（2）知道权利管理信息已被未经许可更改，仍故意发行，仍故意发行，为发行目的而进口、广播、向公众传播或提供作品，表演或录音制品的复制件。对于以获取商业利益为目的的故意实施上述行为的，应施以刑事处罚

续表

所在领域/行业	序号	我国现行管理制度	欧美国家现行管理制度
	4	地理标志：2019年11月15日，国家知识产权局就《地理标志专用标志使用管理办法（征求意见稿）》，11月27日，国家知识产权局修订了《国外地理标志产品保护办法》：一是明确了国外地理标志申请在华保护的两种渠道，即根据其所属国与中国签订的协议或者共同参加的国际条约办理，或者按照对等原则办理；二是增加了保护后变更、撤销的情形，允许变更和撤销；三是明确了国外地理标志产品保护的申请渠道，规定了更加完善的程序规则，使国外地理标志产品申请、审查和监管保护更加规范化、有序化	地理标志：提高地理标志保护数据管理系统的透明度，并加强保护
知识产权保护	5	药品：为补偿创新药品上市审评审批时间，对在中国境内与境外同步申请上市的创新药发明专利，国务院可以决定延长专利权期限，延长期限不超过5年，创新药上市后总有效专利权期限不超过14年	药品：如产品提交关于安全性和有效性的未披露试验或其他数据或其他领土先已获得上市许可的证据，则自该新农业化学品在该缔约方获得上市许可之日至少10年内，不得运去将第三方未经先前提交此类信息的人同意而上市销售相同或类似产品

所在领域/行业	序号	我国现行管理制度	欧美国家现行管理制度
	6	商业秘密：经营者不得实施下列侵犯商业秘密的行为：（1）以盗窃、贿赂、欺诈、胁迫、电子侵入或者其他不正当手段获取权利人的商业秘密；（2）披露、使用或者允许他人使用以前项手段获取的权利人的商业秘密；（3）违反保密义务或者违反权利人有关保守商业秘密的要求，披露、使用或者允许他人使用其所掌握的商业秘密。经营者以外的其他自然人、法人和非法人组织实施前款所列违法行为，使用或者允许他人使用该商业秘密。第三人明知或者应知商业秘密权利人的员工、前员工或者其他单位、个人实施本条第一款所列违法行为，仍获取、披露、使用或者允许他人使用该商业秘密的，视为侵犯商业秘密	商业秘密：在确保个人具有法律手段以防止不正当竞争的情况下，每一缔约方应确保未经合法控制下的商业秘密在未经同意的情况下被他人（包括国有企业）披露、获取或使用
知识产权保护	7	《关于强化知识产权保护的意见》提出，强化民事司法保护，有效执行惩罚性赔偿制度	惩罚性赔偿制度：允许征收额外赔偿，包括惩罚性赔偿
	8	数字版权保护：起步阶段 《电子商务法》规定，电子商务平台经营者应当建立知识产权保护规则，与知识产权权利人加强合作，依法保护知识产权。知识产权权利人认为其知识产权受到侵害的，有权通知电子商务平台经营者采取删除、屏蔽、断开链接、终止交易和服务等必要措施。电子商务平台经营者接到通知后，应当及时采取必要措施，并将该通知转送平台内经营者；未及时采取必要措施的，对损害的扩大部分与平台内经营者承担连带责任	数字版权保护：互联网服务提供商法律救济和避风港 美国1998年的《千禧年数字版权法案》、德国1997年的《电信服务法》、欧盟2000年的《电子商务指令》、法国2006年的《信息社会著作权法及相关条例》、英国2009年的《数字经济法案》均规定了"避风港制度"

续表

所在领域/行业	序号	我国现行管理制度	欧美国家现行管理制度
	1	我国现行法律制度缺乏对国有企业的明确界定。截至目前，国资委并未就国有企业的定义进行统一的具体规定	从国际规则看，从CPTPP到USMCA对于国有企业界定的趋势呈现范围逐步扩大的趋势。USMCA确立股权、投票权、任命权、决策权4项标准，使得受其规则规制的国有企业范围进一步扩大
国有企业	2	我国国有企业分类改革未取得实质性成效，商业类和公益类国有企业尚不能清晰区分	CPTPP、USMCA中的国有企业和指定垄断章节中关于商业活动和商业考虑的规则是一致的，要求各缔约方应保证各国国有企业和指定垄断企业在从事商业活动时，依照商业规则考虑购买或销售货物或服务。只要国有企业的经营活动没有完全遵从商业考虑，即构成了对协定义务的违反
	3	国有企业虽然通过公司化改革取得法人主体资格，但政府还可以通过若干经济管理职能方式，确保国有企业获得在竞争性市场的优势地位。政府给予市场主体支持主要涉及税收优惠和融资优惠，国有企业仍可享受特定的税收优惠	USMCA禁止六种非商业援助的形式：一是直接或潜在的资金或债务转移；二是货物无法在普通商事交往中获得的货物或服务；三是在购买商品时提供比普通商事交往更有利的条件；四是对信用状况不佳的国有企业提供贷款或贷款担保；五是对破产或濒临破产且无有效重组计划的国有企业提供非商业援助；六是将国有企业的大量债权转换为股权的异常行为
	4	我国国有企业的信息披露主体为国资和企业，但以企业为主体的信息披露制度仍待规范和完善。相关法规仅概括反映地规定公开信息为国有资产状况和工作情况，而对披露的具体内容及披露方式未作出详细规定	CPTPP和USMCA均要求主动披露与应请求披露相结合，披露内容应具体明确，股权、人事、经营、财务、非商业援助和股权往往注资皆为披露内容

续表

所在领域/行业	序号	我国现行管理制度	欧美国家现行管理制度
补贴政策	1	在地方法规中存在直接支持出口的专项性补贴（案例：2019年7月，杭州市对外贸易经济合作处发布关于杭州市级外贸出口发展资金管理办法的通知，明确措出设立市级外贸出口发展资金，将支持企业扩大出口规模，支持农产品等传统优势产品的出口，提高出口商品的国际市场竞争力。）	美国、欧盟、日本基本上均不存在直接针对出口的专项性补贴
	2	专项资金补贴专向性补贴普遍存在（案例：2020年5月，宁夏回族自治区发改厅联合财政厅印发《战略性新兴产业专项资金专项投资计划，安排专项补助资金4000万元；2019年1月，深圳市印发《战略性新兴产业专项资金扶持政策》，明确该政策适用于新一代信息技术、高端装备制造、绿色低碳、生物医药、数字经济、新材料、海洋经济等深圳市重点发展的战略性新兴产业。）	美国、欧盟较少针对某具体行业设置专项资金，更多将扶持政策用于产业发展整体环境的改善
	3	针对国企的事实专向性补贴长期存在（案例：通过对2014年至2015年中国国有企业重组案例进行的调查，美方认为，在中国国企经常采取工人裁员和其他重组措施，但几乎不会申请破产。）	美国、欧盟、日本均不存在直接针对国企的专项性补贴
	4	在地方法规中存在进口替代补贴（案例：2020年2月，深圳出台《首台（套）重大技术装备应用示范扶持计划》，明确对购买本市工业企业首台（套）产品的本市用户，按产品价格的30%给予奖励；对向市外用户销售首台（套）产品的，按销售价格的30%对本市工业企业给予奖励。）	美国、欧盟、日本基本上均不存在进口替代补贴，但为了吸引制造业回流，存在给予企业搬迁补贴的做法，如日本、美国

续表

所在领域/行业	序号	我国现行管理制度	欧美国家现行管理制度
补贴政策	5	我国补贴通知义务的履行有待提高（案例：2019年，美国向WTO提交针对我国补贴项目通知的70项质疑，认为我国未通报很多对贸易造成扭曲的补贴项目，如钢铁补贴、"政府引导基金"、"战略新兴产业"等补贴，却披露了很多无须通报的补贴项目，如残障人士补贴、渔民再安置补贴、城市公共交通补贴等。）	WTO评估认为，发达国家的补贴通知义务履行较发展中国家好一些
投资政策	1	制定并出台《外商投资法》	美欧没有专门针对外商投资立法，是在国家安全相关的领域制定具有针对性的《外国投资与国家安全法》，欧美企业认为，除非国家安全等例外情况，不应该在法律上对外资和本土企业有区分
	2	《外国投资准入特别管理措施（负面清单）》，设置准入标准	美欧对外商投资以审查形式为主，例如《欧盟外商直接投资审查条例》
	3	暂无针对遭遇歧视的境外投资者的补救和申诉制度	设置针对遭遇歧视境外投资者的补救和申诉制度
	4	《外国投资者并购境内企业暂行规定》等规定了并购管控及国家安全审查制度	美欧只对涉及国家安全等特殊原因的并购实现国民待遇，非涉及国家安全类的并购基本实现国民待遇
标准	1	尚未引入世界贸易组织《技术性贸易壁垒协定》（WTO/TBT）有关国际标准制定原则	美欧国家在标准化体系领域已与WTO接轨
	2	《标准化法》与其他法规之间对部分产品的强制性认证制度和标准在协调性方面仍有改善的空间	美欧对标准化领域的立法更为系统
	3	与《标准化法》相关领域的改革仍需推进，例如：消除强制性要求与国际标准接轨；合理设定强制性国家标准从发布到实施实历的过渡期	美欧与国际标准接轨较早，对强制性国家标准从发布到实施过渡期通常设置为2—4年，且明确禁止在任何非强制性国家标准中包含强制性条款

续表

所在领域/行业	序号	我国现行管理制度	欧美国家现行管理制度
合规和商业道德	1	最新修订《反不正当竞争法》和《反垄断法》，加强了对垄断行为的威慑和惩罚力度，但与公认的国际标准尚存在差异，尚无专门的反贿赂立法	国际对反贿赂和腐败领域的监管更加严格，与外国和国际调查机构的合作与联合执法机制更完善
	2	《反不正当竞争法》中目前对商业贿赂和合法商业行为尚缺乏明确的区分和判断标准	美欧在反商业贿赂法律体系中有明确的定义和判断标准
	3	规定可因员工行为追究企业责任，但在面临贿赂指控时，并无合法权利在抗辩中主张	允许员工行为分程序抗辩，即如果企业能够证明其采取了某些措施防止员工行贿受贿，可能会得到部分或全部辩护的"奖励"，从而增强企业和政府合作的意愿。其中的"充分程序"包括六项原则：程序对等、高层承诺／高层态度、风险评估、尽职调查、培训与沟通、监控和审查
	4	目前没有系统的合规人才培养和管理机制，相关领域人才主要来自法律、风险管理或财务专业，没有专门的合规培训体系	美欧国家合规专业人员是一种单独的新兴正式职业，合规专业资格认证和管理体系已经逐步建立起来
环境	1	在2014年全国人大通过的《环境保护法》（2014年修订）《水污染防治法》（2017年修订）基础上，《土壤污染防治法》等相关法律逐步出台，形成新的环境保护领域立法框架，但在企业层面，全国企业环境信用评价综合实施指导方针尚未发布执行，地方政府在环保执法领域没有统一性和规范性，环保纠纷解决机制不完善	美欧在环保领域建立了企业环境信用评价体系，韩国环境纠纷调整委员会和日本环境纠纷协调委员会是国家层面设立的环境纠纷调解机构专门处理相关专业纠纷，有中立的调解专家组，并为政府、非政府组织、企业等私营部门提供培训计划

续表

所在领域/行业	序号	我国现行管理制度	欧美国家现行管理制度
环境	2	资源回收领域缺乏全面的战略和管理体系	2015年欧盟通过循环经济一揽子计划，建立起全面框架。2020年出台《循环经济行动计划2.0》，其中有一项全面的立法计划，将更加严格的环保生态要求融入立法中，例如仅允许具备产品的生态设计框架要求工艺得到可循环性验证的环保产品在欧盟市场上销售
	3	回收材料和回收利用程序的国家和行业标准体系不完善	企业在欧美相关行业标准的制定过程中参与度较高，且欧美制定了再生材料和再生工艺的国家和行业标准
	4	污染排放不符合要求的企业处理机制不完善	欧盟以征收碳排放税、碳排放权分配和补贴政策来宏观调控
	5	在中央土壤污染法律和政策框架体系下，各地方政府出台了各自的地方政策和标准，没有全国统一的实施标准，企业落实相关要求难度大	欧洲是土壤污染防治技术体系较完善的地区。以法律法规地为保障指导，由各成员国工业代表和科研机构创建的污染场地主管理机构组织，是建立全欧盟土壤污染防治技术体系的主体。该组织制定了风险管控、可持续修复、场地再利用决策等技术导则，并通过项目、计划的实施，检验污染防治理念在工程操作中的可行性
财务与税务	1	增值税制度逐步改革完善，但与国际标准尚需接轨，例如对不征税、免税等适用条件尚未明确界定	根据国际增值税标准，不征税项目不应产生进项增值税退税限制。原则上不应与上下游产生的增值税退税密切相关
	2	尚未对增值税实行环账冲抵的处理方式	欧美已普遍采用增值税环账冲抵，即在增值税法中增加环账条款，类似于企业所得税中的环账损失条款，符合财税中立性原则，让纳税人无须在未收到客户付款时缴纳增值税
	3	消费税相关规范中尚未充分反映中国经济发展和消费者习惯	欧盟设定了标准的消费税最低税率。欧盟各成员国可以根据自己的国家需要，自由适用等于或高于这些最低标准的消费税税率。

续表

所在领域/行业	序号	我国现行管理制度	欧美国家现行管理制度
财务与税务	4	商品征税管理办法有待完善	例如，国际上对不同企业/纳税人通过统一销售渠道提供的同一种商品按照相同标准课税，同时对偷税漏税者设置了高额的违规成本（罚款）
人力资源	1	外国人来华工作许可制度对非A类人类的申请要求缺乏统一的标准，流程更复杂，限制较多。例如在2020年颁布的《外国人才在华管理条例》征求意见稿中，鼓励外国人才在华居留更长时间，但申请的决定性因素同样待遇有待明确	欧盟对外国人工作许可制度更加宽松。以波兰为例，根据波兰《外国人法》劳动和社会政策部《关于波兰入签发劳动认可和成由外国雇主提供的出口劳务涉及波兰劳动法的劳动合同许可》，若雇主提供的外国人拥有符合波兰劳动许可，并以及波兰标准的工资收入，相关部门即发放劳动许可。申请人在持有工作签证，并向波兰大使馆申请签证。申请人在持有工作签留，连续缴纳60月的个税及社保，定居生活期间无犯罪，有稳定收入和固定住所，即可申请欧盟入久居留
	2	针对外国人的用工政策灵活性有待提高，例如员工同时签订全职和兼职合同，发生的劳资纠纷尚无相关规定保护各方权益	欧盟对外国人的就业政策与对本国人差异较小，劳动争议处理主要包括调解、调停和仲裁。例如在挪威，一项重要的制度是国家调解官制度。国家调解官是国家调解机构的最高负责人，职能是负责处理全国性的重大劳动纠纷，监督地区调解官和特别调解官的工作。在整个调解过程中，调解官会努力使双方的意见逐步接近，以便提出调解结果建议。当调解结果建议提出以后，劳资双方要当场宣告结束，不管双方是否接受这个建议，调解都宣告结束

续表

所在领域/行业	序号	我国现行管理制度	欧美国家现行管理制度
跨商会中小企业	1	外国中小企业创业融资受到一定限制，尚未制定适合国内外资中小企业贷款的专用信用风险评估体系。例如，经合组织发布的《2020年中小企业和创业融资》报告显示，在针对中小企业和创业融资支持的7个既定政策工具中，中国仅实施了4个，欧盟平均实施数量为6个。外商投资企业申请银行贷款通常通过设立在中国以外的银行提供担保获得	欧美金融体系更完善，外资企业获取融资的渠道广泛且与国内资企业差异较小，对"借款缺口"等外汇融款的限制较少
	2	中小企业监管和许可审批制度有待进一步简化，企业设立面临的各部委审查程序较为复杂	欧美对外商投资企业的准入限制较少，限制主要体现在与国家安全相关的审查领域
	3	各地外商投资企业设立监管审批不一致，缺乏全国"一站式"服务平台和统一流程标准	欧美"内部市场"一体化程度较高，企业设立和运营面临的经济体内部流动壁垒小
	4	追缴债务的法律程序有待进一步完善，外资企业依靠现行法律体系追偿债存在较大困难	在法律框架下纳入了最长支付时限条款，逾期付款信息披露机制相较为完善
法律和竞争	1	法律法规中上存在较多"开放性"条款，例如"……以及其他另由（相关）法律法规定的情况"	欧美法律法规条款中对情形规定设置较为明晰，对涉及的其他法律法规情况有明确的法律条文引用规范，较少出现"其他相关"类规定
	2	法律法规的网络可查性、公开化程度有待提升，例如当前司法网站对法律法规的可查性较差	欧美不同领域的法律法规由各自负责的政府部门及时发布，且各法律法规之间通常使用超链接引用，查询便利
	3	公开征求意见的程序及结果透明度有待提高	欧美对法律法规的设立、修订有严格有统一的程序，听证求意见、听证会等透明度高，公开所证会等相关细节，企业和个人参与感较强
	4	《外商投资法》和其他相关法律法规及特殊政策对外资的设置限制存在冲突	欧美颁布的法律法规之间一致性较强，较少出现冲突情况

续表

所在领域/行业	序号	我国现行管理制度	欧美国家现行管理制度
法律和竞争	5	《反垄断法》配套细则尚不完善，对域外企业监管与内部的一致性尚需明确	欧美反垄断立法起步较早，美国以"效果"为原则，欧盟以"履行地""企业一体化"等为原则的管控范围，即对域内外、内外资企业均实行严格的反垄断要求
研发	1	数据资源开放权限较为严格，部分数字化领域有本地存储要求	大型国际公司获取数据资源的开放程度较高，但欧美之间对于数据本地存储等敏感领域也存在一定分歧
	2	在英语等国际通用语言环境下，对高新技术企业申请等企业关心领域的政策文库不健全，外资企业自行翻译政策文本时间较长，获取研发资助等存在困难	欧盟对文件公布相对友好，多语言公布提高企业申请便利性
农业	1	为防止有害生物进入境内，我国要求进口种子和出口种子必须按照相关法律实施检疫；外资企业需同时获得本国生产经营或者我国种子进出口许可证；从境外引进农作物种子，应当隔离栽培，收获物也不得作为种子销售，从国（境）外引进农作物种子检疫审批实行农业农村部和省级人民政府农业农村主管部门两级审批	欧美发达国家普遍采取"单证"审核制度，即只需取得进出口许可证；建立较为完善的知识产权保护体系防止种子企业利益受损；对境外作物引进无明确要求隔离栽培，并对再收获种子无禁止销售要求
	2	我国要求小麦和玉米新品种育种和生产产业外资不得作为农民专业合作社成员从事投资经营活动；为防止特有物种流失，我国法律规定禁止外商投资包括植物、水生物、陆地生物在内的特有物种珍贵优良品种、种植以及相关繁殖材料的生产；农产品销售环节一旦出现问题将对生产和经营者同时进行处罚	美欧日等国对外国投资者在小麦、玉米育种产种占股并无严苛限制；对特有物种同样采取保护措施，但对衍生品种研究较为放开，责任认定方面普遍遵从"尽职免责"原则，合理设计重大处罚制度

续表

所在领域/行业	序号	我国现行管理制度	欧美国家现行管理制度
农业	3	我国明令禁止外资企业投资农作物、种畜禽、水产苗种基因工程育种（苗）生产；境外公司同中华人民共和国出口转基因类世子、动植物、农药、兽药、肥料和添加剂的，应向国务院农业行政主管部门提出申请，并提交试验材料、检测方法等文本；向中国出口农产品，不得含有转基因成分	并未明确禁止投资，而采取"限制"方式防止基因研发成果滥用，美日欧等国在引进转基因生物用于研究时无须向政府部门提出备案，而是通过对比政府发布的相关引进标准自行审查；政府建立有效、透明、可预期的转基因产品审查，以便于政府监管和企业实施；国际食品法典通过《食物中重组DNA植物原料含量较低时的食品安全附加规范》允许谷物装运过程中含有最多5%的经过原产国批准的转基因产品
	4	境外企业在中国销售农药的，应当依法在中国设立销售机构或者委托符合条件的中国代理机构销售，农药应附具中文标签、说明书，符合产品质量标准，未登记农药禁止上市，药效、残留、环境影响等与环境条件密切相关的试验需在中国境内完成	欧美国家已建立起较为完善的数据互认体系，国外农药企业无须在销售地区申请药审批；采用事后评估对农药产品药效、残留进行随机检测
制造业	1	所有生产、进口、销售和登记注册的城市车辆应符合国六标准要求	欧美国家采取污染物排放限值及测量方法的同时，制定燃油排放的数据互认体系，自主学习、不将车联网划供应全国统一标准，防止油品质量不统一造成的污染物排放监管困难
	2	因业务需要，确需向境外提供道路数据，应按照国家网信部门会同国务院有关部门制定的安全评价体系进行评估，外国的组织或者个人不等从事测绘活动	欧美等国允许用于智能网联车的研发、自主学习、不涉及国家信息安全和个人隐私泄露跨境传输，并将车联网划分为敏感信息基础设施，允许用于民用道路线路设计的地理信息收集、上传活动，但对军事设施等敏感地区采取禁止
	3	船舶生产过程中所使用的电子设备需由相关部门进行产品认证，从我国境外采购和进口中国造船厂必须缴纳增值税，船舶发动机需经过2500小时耐久试验	欧洲发达国家并无此类强制性认证，对从自家公司进口船舶零部件采取免征增值税。欧洲发达国家对船舶发动机测试标准，并由专门部门执行立单独测试标准，并由专门部门执行

续表

所在领域/行业	序号	我国现行管理制度	欧美国家现行管理制度
能源	1	陆上油气区块勘探许可和数据获取方面仍存在限制，管输运输由国有企业垄断	保证待勘探区块数据可获取性和开放性，并提供较为优惠的融资政策吸引国际石油公司投标，管道运输业务完全市场化，本国企业和外国企业可参与平等竞争
	2	重点排放单位应根据国家标准或国务院碳交易主管部门公布的企业温室气体排放核算与报告指南，每年编制其上一年度的温室气体排放报告，由核查机构进行核查并出具核查报告	欧美国家通过建立有效的信息沟通渠道和严格的监管机制对本国碳排放进行监控
医疗	1	外国医师来华短期行医注册的有效期不超过一年且不允许外籍医生以个人名义行医；外国医疗团体应邀或申请来华短期行医的，需要由邀请或合作单位依法发报卫生部门审批	允许个人持有医疗许可，同样需要获得审批许可，但流程相对简化
	2	目前我国并未设立职业卫生监督执法队伍，现行《职业病防治法》未对医疗人员相关的职业卫生防护及职业健康权益进行保护	对可能导致职业病的高危险企业进行职业健康教育，并建立规范的个人防护设备或使用相关监管体系，建立一套较为完善的职业卫生防护法律维护医疗工作者健康权益，建立医疗职业暴露检测体系和职业伤害预防及救助赔偿机制
	3	境外企业申请新药上市，需委托国内有资质企业进行代理；不得在国内从事医药销售业务；鼓励短缺药品的研制和生产，对短缺急需的短缺药品予以优先审批；禁止外资投资人体干细胞、基因诊断与治疗技术开发和应用	无须在药物上市当地委托地机构进行药品销售，对罕见病药物和孤儿药提供相关政策补贴以确保此类药物的持续研发，无明确禁止外资投资基因药物，但各国通过自建检测方法，进行基因药物上市前安全测试
	4	申请注册或者办理备案的进口体外诊断试剂，需先在注册或生产地所在国家（地区）取得境外的临床评价资格并提供临床评价资料；申请疫苗应当按照规定向批签发机构提供批签发证明、批签发证，进口疫苗还需提供原产地证明	欧美发达国家新药上市无须获得生产所在地和销售地的双重销售资格；发达国家已经建立国际通行的疫苗上市批准流程，通过缩减海外疫苗审批周期，加快疫苗投入使用

续表

所在领域/行业	序号	我国现行管理制度	欧美国家现行管理制度
医疗	5	全国范围内实行的带量采购和不透明的中标标准导致药物质量下降	对医师进行专业培训以熟练使用耗材，同时根据效果反馈和价格等因素进行综合评估
教育	1	不得设立率利性民办学校，非营利性民办学校的全部收益需用于办学；境外的组织和个人在中国境内合作办学规章细则由国务院规定	发达国家对义务教育标准设立与我国有明显差别，私立学校可开展义务教育；相关法律由专门监管机构和教育部门联合制定
	2	民办幼儿园不得将其资产打包上市，上市公司不得通过股票市场融资投资营利性幼儿园，不得通过发行股份或支付现金等方式购买营利性幼儿园资产。民政、市场监管部门要分别对取得办学许可证的非营利和营利性幼儿园和营利性民办幼儿园依法办理法人登记手续，金融监管部门要对民办园并购、融资上市等行为进行规范监管	欧美发达国家对民办幼儿园上市融资并未禁止，而是设立专门监管对民营办民营进行管理以杜绝不同监管部门造成执法冲突
	3	外资语言类培训机构的办学许可需在其所在辖区进行备案登记，跨地区设立分支机构或带地区，需在分支机构所在地区进行备案登记，外资语言类培训机构，应向各地教育行政部门提交申请，领取办学许可证，凭办学许可证到到市场监管部门申请换发营业执照	分支机构无须在其所在地进行备案登记，语言类培训机构营业审批相对简单
	4	《外国人来华工作许可制度》规定外籍人才提供母国若干证明材料，工作年限且年龄必须大于25岁	放宽外籍教师聘用审查范围，欧盟普遍采取成员国互认原则，即在当地居住的非当地居民取换地取最新的工作证明，且无年龄限制

续表

所在领域/行业	序号	我国现行管理制度	欧美国家现行管理制度
信息通信技术	1	外资企业禁止进行云计算服务，此外对股权限制、投资限制、连接性要求、跨境数据传输能力以及数据存储均有明确规定；外商投资电信企业经营跨境电信业务，必须经国务院工业和信息化主管部门批准，并通过国务院工业和信息化主管部门批准设立的国际电信出入口局进行；经营基础电信业务（无线寻呼业务除外）的外商投资电信企业在企业中的出资比例，最终不得超过49%	美国并未对云计算服务列为增值电信服务，因此对云计算服务限制相对较低；欧美发达国家成立专门机构负责外商企业从事电信类业务进行外商从事电信业务的资质审批，日本对基础电信类业务进行外商投资股比限制
	2	缺少对构成"安全可控"产品和服务的清晰、透明、可衡量的定义；网络安全法存在执行不平衡，定义范围松散，关键术语定义不充分等问题；等级保护制度适用于所有网络运营者而非关键信息基础设施运营者，国家网信办对违反行政法规发布或者传输违法信息的，要求网络运营者停止传输，采取消除等处置措施，保存有关记录；对来源于中华人民共和国境外的上述信息，应当通知有关机构采取技术措施和其他必要措施阻断传播	对安全可控有清晰、透明、可衡量、关键评估机构对产品安全、对关键基础设施和商业通信服务进行区分、防止等级保护阻碍商业网络发展，除少数国家（俄罗斯、印度、越南）外，多数国家并未对数据本地化提出具体要求，同时积极尝试在多边合作框架下，建立数据跨境流动便利性
	3	公安机关可根据网络安全防范要和网络数据风险隐患的具体情况，对提供互联网接入、互联网数据中心、提供其他互联网服务的通信服务公司开展远程监测；任何企业、社会组织和个人发布危害性的网络安全攻击、事件、风险、脆弱性综合分析报告时，应事先向所涉及地市级以上地市级相关部门和公安机关报告	发达国家对网络安全定义较为清晰，日不会要求商业网络服务要求符合国家安全级标准；建立统一漏洞识别和修复机构，用于接收企业网络安全风险反馈并处理相关问题

续表

所在领域/行业	序号	我国现行管理制度	欧美国家现行管理制度
信息通信技术	4	进口密码产品以及含有密码技术的设备或者出口商用密码产品，必须报经国家密码管理机构批准；电子签名尚未形成完善的电子签名规章制度	美日欧等国对商业密码的管制较为宽松，电子签名已经相对普及，且与手写签名具有同样法律效力
	5	法律法规没有任何强制要求企业向政府部门提供源代码、算法、用户信息等商业数据的规定，但在实际审批过程中，确实存在以此为准者门槛的做法	禁止强制披露源代码，但涉及关键基础设施的情况除外
媒体与娱乐	1	禁止外资设立和经营电影制作公司，发行公司以及电影引进业务，外国娱乐公司需与国内公司合作联合制作电影	对外资设立和经营电影制作公司并未严格限制
	2	外商投资网络视听服务业务，需要将电影视节目授权国内公司方可上映，未取得《电影片公映许可证》或《电视剧发行许可证》的境外影视剧一律不得上网播放；单个网站年度引进播出境外影视剧的总量，不得超过该网站上一年度购天播出国产影视剧总量的30%	发达国家网络播放放独立于电影和电视，无须获得相关资质认可；欧美发达国家以市场化为导向，无配额制度
	3	引进单位向所在地区广播电视主管部门提交申请材料，主管部门将初核意见及全部申请材料报国务院广播电视主管部门审批；广播电视播出机构各频道每天播出的境外电视剧、电影、动画片、纪录片和其他境外电视节目，不得超过当天该类别节目总量时间的30%	欧美发达国家成立专门机构负责境外视听项目引进相关审批工作，较少出现多级审批情况
消费类金融	1	尚未出台个人破产法，部分贷款人无法通过申请个人破产避免信用受损；目前已实施中国第二代偿付能力监管制度，但该制度对具有良好评级的离岸再保险公司之间的跨境交易存在不合理的质押要求。	欧美发达国家出台个人破产法，对非恶意欠款这给予一定保护；并对第二代偿付能力监管制度已经建立较为完善的制度，并已经实现互认

续表

所在领域/行业	序号	我国现行管理制度	欧美国家现行管理制度
	2	要求在华运营的外资再保险公司财务审计需独立于境外总部单独计算付能力比率；保险机构应当根据安全管理有关规定对计算机、移动设备等各类终端分别制定安全管理制度；严格规范网络准入、安全策略、软件安装与卸载等管理；大量保险规范类产品禁止在线上销售，超过一年的外币保单不得销售，保险公司应选择两家（含）以上商业银行作为资本保证金的存放银行	欧美发达国家普遍采取母公司偿付能力比率来衡量子公司偿付能力；欧美国家针对个人信息、重要数据等国家安全相关定义普遍采取符合行业发展标准的定义，且与国家安全相关定义相区分；对资本保证金存储并无特别要求
消费类金融	3	全面取消外资银行、基金管理公司、证券公司等金融机构的业务范围限制、数量型准入条件、股东年限、经营年限，但债券承销市场对外资银行仍存在准入限制，外资银行受外汇管理局监管无法进入中国外汇交易系统银行间市场	欧美发达国家已放开此类限制，并建立起一套成熟的监管体系，对外国银行参与债券承销业务并无明显限制
	4	A股市场买卖股票依照 T+1 模式	欧美国家普遍采用 T+2 模式进行股票交易

资料来源：《中国美国商会 2020 年度白皮书：美国企业在中国》《欧盟企业在中国建议书 2020/2021》。

我国在国有企业领域推进制度型开放的思路研究

内容提要：当前美欧致力于主导新一代高标准国有企业国际规则，竞争中立成为我国国有企业对接国际规则的重要门槛。竞争中立的实质是约束政府在竞争性市场中的行为，实现国有企业商业行为的"公司化"和公平竞争。竞争中立规则中蕴藏的公平竞争理念可为深化我国国有企业改革提供动力和压力。我国国有企业制度型开放面临的主要挑战包括：一是受竞争中立规则约束的国有企业范围尚未明确；二是我国国有企业分类改革尚未取得实质性成效，商业类和公益类国有企业不能清晰区分；三是我国国有企业的融资优待和税收优惠等特殊优惠待遇易受限于竞争中立规则；四是竞争中立规则对国有企业的透明度约束进一步增强。应立足我国社会主义市场经济体制运行特点，以推进市场公平竞争为核心理念，以对接国际主流的竞争中立规则为目标，大力推进国有企业领域的制度型开放和深化改革。

一、国际上国有企业的界定及相关规则

国有企业的界定是制定国有企业国际规则的基础。一般认为，国有企业是政府投资或参与控制的企业，它是政府从事经济活动的一种载体和体现。在相当长的时期内，国有企业并没有成为国际法的特别规制对象，对其规制更多的是适用一般性国际规则。

根据 OECD 发布的《国有企业公司治理指引》，国有企业是指国家拥有重要控制权的企业，该控制权是通过拥有全部、多数所有权或者少数所有权但是重要控制力来实现的（即虽然国家所有的股权比例为少数，但能够控制该国有企业）。OECD 这一标准注重国家对企业的绝对控制力，该标准深刻影响了当前国际规则对于国有企业的界定标准。

近年来，美国、欧盟等发达经济体致力于在双边、区域和多边协定中纳入竞争中立的国有企业规则，确立国有企业界定标准，从而主导新一代国际经济规则的发展方向。随着我国深度融入全球经济，美欧等西方国家主导的新一代国有企业规则将成为我国国有企业国际化的重要门槛。

（一）CPTPP 协定中的国有企业界定

美国主导制定 TPP 后，特朗普宣布退出，日本继而主导达成 CPTPP。值得注意的是，CPTPP 基本全面继承了 TPP 关于国有企业的规则条款，并在此基础上有所突破，构建了严格的国有企业纪律。

1. 通过绝对多数股权和控制权标准明确国有企业的界定

CPTPP 确定了以下国有企业界定规则：一是政府直接拥有 50% 以上的股份资本；二是通过拥有权益控制 50% 以上投票权的行使，即政府能够支配 50% 以上的投票权；三是政府拥有任命大多数董事会或者同等管理机构成员的权利。凡符合上述三个条件中任何一条的均视为国有企业。

CPTPP 国有企业定义吸收了 OECD 指引的内容，采用的是 50% 以上绝对控股权比例标准，还补充了控制董事会任命权标准。董事会作为现代企业的最高权力机构，能够有权任命董事会大多数成员意味着对该企业的绝对控制力，比以其他合同或者合同以外潜在的方式控制该企业要容易，更易于判断该企业的国家属性。

2. 将国有企业规则的适用范围限定为商业性

CPTPP 的国有企业规则针对主要从事商业活动的国有企业。基于此，凡是从事商业活动的国有企业均需遵守 CPTPP 相关规制的约束，包括生产货物或者提供服务的活动均以营利为导向，并以企业自主决定的数量和价格在相关市场上向消费者销售的国有企业。

3. 国有企业从事商业活动须遵循商业考虑原则

CPTPP 在国有企业章节的第四条规定了缔约方的两项义务：一是缔约方应确保其国有企业在从事商业活动时遵循商业考虑原则；二是缔约方应确保其国有企业在从事商业活动时遵循非歧视原则。CPTPP 和 USMCA 的关注点在于同一市场上所有行为主体应处于公平竞争环境。商业考虑原则地位上升，逐渐演进成为与非歧视待遇并列的独立义务，而不仅仅是判断企业是否遵循非歧视待遇的一个考量。这意味着依据 CPTPP 和 USMCA，只要国有企业的经营活动没有完全遵从商业考虑，即构成对协定义务的违反，体现了该规则对国有企业商业运作标准的显著提高。

（二）美墨加协定（USMCA）中的国有企业界定

自 1994 年美国签订 NAFTA 以来，美国对于国有企业规则不断拓展与深化，重点反映在奥巴马时期谈判的 TPP 以及特朗普政府主导签订的 USMCA 中。美国希望通过制定国有企业规则来掌握话语权，保护本国企业的利益，并削弱他国国有企业的竞争优势。作为美国贸易协定新范式，USMCA 的国有企业规则代表了美国的最新诉求，一定程度上会影响国际国有企业规则的未来走向。

1.USMCA 推行的国有企业认定标准取决于"政府与国有企业的密切程度"，在 TPP 规则基础上进一步增加了决策权的约束

对满足主要从事商业活动这一前提条件的国有企业，USMCA 在 TPP 的基础上，从中央政府所持有的股权、投票权、任命权、决策权四个方面进行认定，满足四者之一就会被认定为应受约束的国有企业。

USMCA 在第 22.1 条将国有企业定义为："主要从事商业活动的企业，并且需要满足下述四种条件之一：政府直接或间接拥有 50% 以上的股权；政府通过直接或间接的所有者权益控制 50% 以上的投票权；政府拥有通过任何其他所有者权益（包括间接或少数所有权）控制企业的权力；政府拥有董事会或其他同等管理机构的多数任命权。"

USMCA 在股权、投票权、任命权的要求上相较 TPP 的范围更为扩大。一是 TPP 要求政府"直接拥有股权"，而 USMCA 则要求政府"直接或间接

拥有股权",增加了间接拥有股权的情形。二是增加了决策权的约束,即纳入政府拥有通过投票权之外的任何其他所有者权益控制企业的权力,这使得其界定的国有企业范围进一步扩大。

2. 界定标准不适用于次级中央政府级的国有企业

USMCA 明确其国有企业的界定标准不适用于次级中央政府级的国有企业。由于美国国有企业大多集中于州政府一级而较少为中央一级,因此 USMCA 的国有企业条款实质上并未对美国的国有企业带来冲击。由此可知,美国所推行的新一代国有企业规则更多的是通过国际立法规制其他国家的国内管制措施,对美国的国有企业则提供了缓冲和豁免。

(三)欧盟签署的 FTA 中的国有企业界定

在欧盟对外谈判的各类 FTA 文本中,国有企业通常只被简单地提及,与垄断企业、具有特殊或专有权的私营企业一起在竞争政策中受到管制,对国有企业采取专章规定并下定义的只有欧盟—越南 FTA。

1. 欧盟—越南 FTA 对国有企业的定义是针对越南等转型国家或者国有企业占有重大比例的国家度身定制的条款

欧盟—越南 FTA 第十一章中的国有企业定义采取绝对控股权标准和董事会管理人员任命权标准,即只要一方政府拥有企业 50% 以上的股权或投票权,对一半以上管理人员有任命权,或者对企业决策有控制权,即可认定为国有企业。这一国有企业的界定是以往欧盟签署的 FTA 中未涉及的,且与 USMCA 的界定标准基本一致。

2. 欧盟—韩国 FTA 内容仅涉及国有企业不得从事反竞争行为

2015 年生效的欧盟—韩国 FTA 第十一章"竞争"中也涉及公共企业、委托特别权利和专用权企业,国家垄断等相关规则。但是该章主要是管制反竞争行为,涉及的内容也限于国有企业不得从事反竞争行为。

(四)越南签署 FTA 协定中的国有企业规则

越共十一大通过《2011—2020 年经济社会发展战略》提出,今后一个时期越南经济社会发展战略是全面融入全球化,这意味着越南在经济体制上要全面与西方经济体制接轨。面对国有企业改革进展缓慢的现状，越南工商部指出，要采取有效措施改革国有企业所有权结构、透明度和改善公司治理。引入 CPTPP 所确立的以市场经济为导向的规则，倒逼越南国内改革。

1.CPTPP 及欧盟—越南 FTA 促使越南企业法不断调整对国有企业的界定，也推动了越南国有企业股份制改造的进程

欧美推动的新一代自由贸易协定均纳入国有企业条款，越南作为国有企业占比较高的转型国家，在 CPTPP 和欧盟—越南协定中接受了关于国有企业补贴、透明度、商业性经营等较严格的国有企业规则。但是越南与美国和欧盟在谈判之后所接受的国有企业规则内容不同，也表明未来国有企业规则将因缔约国不同和谈判实力差异呈现规则内容差异。为此，我国应该立足本国国有企业改革实际情况，视谈判对象和谈判议题采取不同的国有企业规则谈判策略。

2. 越南在 CPTPP 协定中对于国有企业制定了不符措施列表

在 CPTPP 框架下，越南在协定的附件 4 中列明了其明确保留的国有企业不符措施。越南在该附加下的不符措施主要是针对协定第十七章第四条非歧视待遇和商业考虑、第六条非商业援助列出的相关不符措施，即越南国有企业在以上两项条款下列出 14 项保留措施（见表 1）。

表 1　越南在 CPTPP 附件 4 中列出的国有企业不符措施

相关条款	涉及实体	不符措施内容	限制条件
1.非商业援助	所有国有企业和指定垄断	就实体的重组提供必要融资	不会导致：市场份额显著增加，价格明显下滑
2.非歧视待遇和商业考虑	所有国有企业和指定垄断	以管制价格、数量或其他条款和条件销售或购买货物；向实体提供非商业援助（员工福利基金等）	为保证经济稳定或提供法律法规所规定公共物品
3.非商业援助/非歧视待遇和商业考虑	所有国有企业和指定垄断	可要求或指导实体在其依据政府措施而购买货物时考虑商业之外的因素	为促进和推动偏远山区、边境地区、沿海地区、社会经济极度困难地区或生活水平极度低下或就业

相关条款	涉及实体	不符措施内容	限制条件
4.非商业援助/非歧视待遇和商业考虑	所有国有企业和指定垄断	考虑商业之外的因素；给予越南领土内越南投资者投资的中小企业优惠待遇	作为促进和推动法律法规所界定的中小企业发展的措施
5.非商业援助/非歧视待遇和商业考虑	石油和天然气集团及其子公司和继受企业	给予购买上的优惠待遇：石油和天然气开发、勘探和开采、航线运营服务	执行越南领土内目的为促进地区或经济社会发展的石油和天然气、碳氢化合物资源和碳氢化合物衍生物及相关产业的项目
6.非商业援助/非歧视待遇和商业考虑	电力公司及其子公司和继受企业；核能和可再生能源在电力国有企业	在水力、核能和其他安全发电方式发电，及任何形式电力、动力和电力替代的传输和配送等领域对货物或服务购买给予优惠待遇	保障可持续电力系统的发展，满足以管制价格或其他条款和条件供应安全、稳定和高效电力的要求
7.非商业援助/非歧视待遇和商业考虑	国家煤炭矿业控股有限公司及其矿产领域内的子公司和继受企业	可在越南境内基于非商业考虑的条款和条件销售煤炭或任何矿产资源	不会导致：市场上份额显著增加；销售货物价格明显降低；或相同市场上显著的价格抑制、价格压低或滞销
8.非商业援助/非歧视待遇和商业考虑	国家投资公司及其子公司和继受企业	利用越南国家金融资产进行的资产管理、投资和其他相关活动	越南国家投资公司成为主权财富基金国际论坛的正式成员时，或本协定生效后5年（以先到者为准），本项失效
9.非商业援助/非歧视待遇和商业考虑	国家金融交换中心；资产和负债交易公司；越南开发银行；农业和农村发展银行及其子公司	仅向越南国民或越南领土内企业提供金融服务（保险和证券除外）或给予优惠待遇。越南可向越南国家金融交换中心就其金融交换服务提供援助	上述服务不应以替代或阻碍私人融资为目的
10.非商业援助/非歧视待遇和商业考虑	任何由越南国防部或公共安全部拥有或控制的国有企业	全部已有和将来的行为	越南军用电子电信公司和只从事与国家防卫、公共秩序和公共安全无关的商业活动的企业除外

续表

相关条款	涉及实体	不符措施内容	限制条件
11.非商业援助/非歧视待遇和商业考虑	越南机场公司、越南航空公司、越南国家航运公司及它们的子公司和继受企业	可以优惠价格向越南的国内航空公司提供地勤服务。越南航空公司可接受作为一项国际金融安排或合同构成部分，以贷款担保形式提供的非商业援助	不会导致：市场上份额显著增加；销售货物价格明显降低；或相同市场上显著的价格抑制、价格压低或滞销
12.非歧视待遇和商业考虑	船舶制造工业公司及其船舶制造和相关部门内的子公司和继受企业	依据一项重组计划，越南、其国家企业或国有企业可向实体提供非商业援助	
13.非歧视待遇和商业考虑	越南国家咖啡公司	国有企业可就实体在越南领土内的咖啡生产和销售提供非商业援助	
14.非商业援助/非歧视待遇和商业考虑	出版、视听服务、大众传播新闻、出版、广播电视和电信部门的全部国有企业	电信部门的实体可以管制价格或其他条件销售或购买货物和服务。任何国有企业均可考虑商业之外的因素并在视听产品的购买和销售和分销服务方面给予差别待遇	

资料来源：作者根据越南 CPTPP 附件 4 整理。

二、竞争中立是我国国有企业领域制度型开放面临的最主要挑战

（一）竞争中立规则的发展

1. 竞争中立政策源自澳大利亚国内法律制度

1995 年，澳大利亚联邦各州和地区达成《竞争原则协定》，要求政府在所有企业的商业竞争之间保持中立。1996 年，《联邦竞争中立政策声明》明确了竞争中立概念："竞争中立是指公共部门的商业行为不得因其国家所有权的特殊性而享受私人部门不能享受的竞争优势。"澳大利亚提出，竞争中

立政策的目标是消除本国国有企业凭借政府支持获得的竞争优势,从而在其参与的商业活动中造成资源配置扭曲,促使政府在国有企业与私有企业竞争时保持中立。

2. OECD 国际软法进一步确立了国有企业竞争中立规则标准

近年来,双边和区域贸易协定对国有企业的定义深受以 OECD 报告为代表的国际软法的影响,逐渐演进形成以企业所有权归属为主要标准的立法模式。《OECD 国有企业公司治理指引》明确将国有企业界定为:国家通过拥有全部、多数所有权或者重要的少数所有权得以掌握重要控制权的企业。在《竞争中立:确保国营企业和私营企业间的公平贸易》报告中,OECD 认为竞争中立政策适用于所有由国家所有的机构,只要这些机构在相关市场上实质或潜在与私营企业存在竞争并且可以被视为"商业实体"。OECD 报告中的国有企业界定标准为近年多双边区域贸易协定所采用。

3. 美国在竞争中立政策上升为国际规则过程中扮演主导者角色

2008 年国际金融危机后,随着中国、俄罗斯、印度等国家经济的快速发展,以国家主导产业政策为核心的发展模式逐渐引起国际关注,尤其是美国企业在国际市场上日益感受到来自新兴经济体,特别是中国国有企业的竞争压力。西方发达国家开始急速将目光投向中国经济及发展模式。在次贷危机之后,美国积极推动竞争中立原则的国际法治化,积极在双边和区域贸易协定中植入竞争中立条款,希望通过重塑国际规则来平衡来自新兴经济体国有企业的竞争压力。美国主导确立竞争中立规则的主要目的是为本国私营企业营造公平竞争的国际环境。

4. 欧盟立法是竞争中立原则区域化的典型代表

欧盟法虽然没有提出"竞争中立"概念,但亦将其视为一项解决成员国有企业与民营企业之间竞争问题的竞争法基本原则。《欧盟运行条约》(Treaty on the Functioning of the European Union)第 106 条、第 107 条规定,任何企业不得从事阻碍、限制或扭曲竞争的交易或者其他行为,国有企业或者代表成员国政府进行经营活动的私有企业都需遵守欧盟法律中的竞争规则。《欧盟透明度指令》(EU Transparency Directive,2004/109/EC)禁止国有企业在竞争性市场中获得垄断地位、税收豁免、低于市场利率的贷款、政府补贴等竞争优势，要求国有企业分设商业性成本和非商业性成本两个账户，以提升其商业性活动和非商业性活动的透明度，防止政府的公共性补贴用于企业的商业性活动。

欧盟版"竞争中立"通过对各国政府促进公平竞争提出要求，明确在不区分公共实体或私人实体前提下，提供公共服务或带有收入垄断特征的实体均应遵守欧盟竞争法规定。明确欧盟委员会在"竞争中立"落实上的职责，授权欧盟委员会规范公共实体商业行为中出现的非"竞争中立"行为。如果有关成员国造成了实体经济的"竞争不中立"行为，欧盟委员会还可通过特别指令惩戒成员国的违法行为。此外，欧盟法律对成员国国家的资助或补贴也进行规范，要求明确各种形式补贴、财政资助及税收优惠的条件，并对透明度提出明确要求。

（二）竞争中立制度的核心要求

1. 竞争中立制度的核心要求

从内涵看，竞争中立植根于维护市场公平的竞争规则和竞争理论中，其基础来源为"非歧视原则"，核心要求是消除国有企业享受的不公平竞争优势。政策目标是给参加市场竞争的各类主体（包括国有企业和非公有制企业）创造公平的经营环境，进而提高市场效率，为消费者提供更多的福利。竞争中立作为一种取向和标准，本质是政府行为应当"中立"，设立国有企业的政府行为，不应当破坏市场公平竞争。这是竞争中立真正的制度内涵，也是其能够从一项聚焦于国有企业改革的国内公共政策，最终发展为国际贸易和投资规则的关键所在。

综上，竞争中立原则主要是针对公有制企业（应该包括国有企业和集体所有制企业，但是主要以国有企业为主）与非公有制企业（主要是民营企业）在竞争环境中面临着由于政府歧视而产生的不公平竞争现象而设立的，其目的是创造不同所有制企业一视同仁的环境。

2. 国际视野下的竞争中立制度内涵的发展

竞争中立制度缘起于澳大利亚的国内法，在20世纪末由澳大利亚提出。澳大利亚将竞争中立作为一项内法的改革而推行和实施，其重点在于以公平竞争为核心推进澳大利亚的国企改革。

近年来，竞争中立转向国际贸易投资规则层面。美国致力于将竞争中立转化为由主导的国际贸易投资新规则。从 FTA、BIT 到 OECD、TPP 及 TTIP，美国都致力于在其 WTO 之外推行竞争中立制度，并在 USMCA 中基本确立了其认可的竞争中立国际规则模板。总体看，美国模板强调国有企业与国家指定垄断企业的"国家"色彩，将澳大利亚模式中主要针对国有企业治理的约束条款，扩张为针对政府和国企活动的评判标准。下一步，美国可能在全球范围内通过多双边协定积极推广竞争中立制度，使其成为一项具有评判功能的国际贸易与投资规则。

美国等发达经济体力推竞争中立原则国际化，固然有保护本国竞争优势、遏制所谓"国家资本主义"的意图，但竞争中立原则对于保障外国投资者与东道国国有企业、民营企业之间竞争的公平性可发挥积极作用，是国际投资者关注的核心问题。我国正在以开放促改革、促发展、促创新，推动形成全面开放新格局，"开放"意味着"国际性"，需要以包容的眼光看待国际经济规则的发展趋势。

（三）竞争中立成为我国国有企业领域制度型开放面临的最主要挑战

长久以来，我国企业间不公平竞争问题突出体现在国有企业和民营企业在市场竞争中面临着的差别化待遇。从国际实践来看，各国普遍认为违背"竞争中立"原则主要表现在国有企业在市场竞争中优先获得了以下优势：包括直接财政补贴、信贷优惠与担保、政策垄断及资源垄断、破产例外、信息披露与实际成本透明度低、税收与政府采购的优势、对国民长期较低的分红贡献比率等。借鉴"竞争中立"规则来推进我国国有企业改革，具有很强的现实针对性。目前，竞争中立规则对我国的挑战主要体现在以下几方面。

1. 受竞争中立规则约束的国有企业范围尚未明确

我国现行法律制度缺乏对国有企业的明确界定。截至目前，国资委并未就国有企业的定义进行统一的具体规定。近年来国资委发布的一系列规范性文件，体现了其对"国有企业"界定的基本态度，即国资委主要以其对所出资企业的全资控股、绝对控股或连续多层级的绝对控股，作为认定所出资企业"国有"身份的基本标准。

从理论上，国有控股企业包括国有绝对控股企业和国有相对控股企业两种形式。国有绝对控股企业是指在企业的全部资本中，国家资本（股本）所占比例大于 50% 的企业。国有相对控股企业（含协议控制）是指在企业的全部资本中，国家资本（股本）所占的比例虽未大于 50%，但相对大于企业中的其他经济成分所占比例的企业（相对控股）；或者虽不大于其他经济成分，但根据协议规定，由国家拥有实际控制权的企业（协议控制）。当前我国法律制度中，国有控股企业是否包括相对控股仍不明确。

从国际规则看，从 CPTPP 到 USMAC，对于国有企业界定呈现范围逐步扩大的趋势。最新的 USMCA 不仅在股权、投票权、任命权的要求上相较TPP 的范围更为扩大，还增加了决策权的约束。这使得受其规则规制的国有企业范围进一步扩大。

我国对于国有企业范围的界定关系到适用竞争中立规则的范围的大小，以及对我国国有企业影响的范围。在这方面明确法律规则与界定标准是我国实施竞争中立规则的基础。

2. 竞争中立对国有企业的商业运作要求显著提高

竞争中立规则的重点是国有企业商业活动的公司化与市场化，有效分离商业活动和非商业活动。从大方向看，竞争中立原则与我国国有企业改革的目标是一致的。竞争中立规则要求，对国有企业商业活动和非商业活动在结构上进行分离，并且实现对商业活动的市场化运营。

（1）OECD 明确要求国有企业应该对商业活动成本、非商业活动成本和资产进行分离

对于国有企业，如果承担公共服务，需要披露资金来源和成本结构，以避免产生不正当的交叉补贴和成本优势。OECD 提出以下标准：一是成本结构透明与信息披露，二是分离商业非商业性账户的成本和资产，三是明晰债务归属。另外，要求国有企业应该获得与市场水平一致的商业回报率。商业回报率要求国有企业能够真正实现商业化运作。最常用的方法是以市

场上从事类似商业活动的企业为标杆，来判断国有企业是否实现了适宜的回报率。

（2）美日欧对国有企业"市场化运营"提出共同立场

截至 2019 年 5 月，美国、欧盟、日本共发表六次联合声明，核心是第三国的非市场导向政策与做法。关于国有企业规则的诉求日益清晰。一是列举所谓的"市场导向条件"，将其作为判断国有企业是否"市场化运营"的重要参考。美欧日列举的"市场导向条件"包括：企业对价格、成本、投入、购销的决定是根据市场信号自由决定和作出的；企业的投资决策是根据市场信号自由决定和作出的；资本、劳动力、技术等要素价格由市场决定；企业或影响企业的资本配置决策是根据市场信号自由决定和作出的；企业实行国际公认的会计准则，包括独立核算；企业适用公司法、破产法、私有物权法；政府对上述企业经营决策没有明显干预。

（3）美国主导的竞争中立规则关于商业活动及商业考虑的要求

CPTPP 以及 USMCA 中的国有企业和指定垄断章节中关于商业活动和商业考虑的规则是一致的，要求各缔约方应保证其国有企业在从事商业活动时，依照商业考虑购买或销售货物或服务，但在履行公共服务授权的情况除外。其概念界定如下：

商业活动指企业从事的以营利为导向，生产货物或提供服务，并以由企业决定的数量和价格在相关市场上向消费者销售的活动。

商业考虑指价格、质量、可获性、适销性、运输，和其他购买或销售的条款和条件；或相关商业或行业的私营企业在商业决策中通常考虑的其他因素。

依据 CPTPP 和 USMCA，只要国有企业的经营活动没有完全遵从商业考虑，即构成了对协定义务的违反。就是说，在国际规则中已经基本确立了商业考虑原则，并以该原则来确定国有企业是否应受到竞争中立规则的约束。

（4）我国国有企业分类改革尚未取得实质性成效，商业类和公益类国有企业尚不能清晰区分

2015 年 12 月，国资委、财政部、发改委印发《关于国有企业功能界定

与分类的指导意见》（国资发研究〔2015〕170 号）。该意见立足国有资本的战略定位和发展目标，结合不同国有企业在经济社会发展中的作用、现状和需要，根据主营业务和核心业务范围，将国有企业界定为商业类和公益类。国有企业界分为商业类和公益类的改革契合了竞争中立原则中政府的商业活动和非商业活动相分离的要求。

商业类国企分为两类：

商业一类国企：主业处于充分竞争行业和领域的商业类国有企业，比如普通制造、服务企业等；商业二类国企：主业处于关系国家安全、国民经济命脉的重要行业和关键领域、主要承担重大专项任务的商业类国有企业，这类企业主要指国有垄断性央企。

公益类国企分为三类：

一是较少依靠财政扶持的公益性国有企业，比如供电网络、电厂建设等；二是很大程度依靠财政扶持的公益性国有企业，比如公交地铁等；三是几乎完全依靠财政扶持的公益性国有企业，比如环卫、城市建设等。

但从实践看，我国的国企分类至今尚未取得实质性进展。商业类和公益类国有企业仍不能清晰划分。因而，竞争中立规则中确立的商业活动及商业考虑要求在我国国有企业中仍难以作出明确的界定。如果完全按照USMCA 规则或美日欧的"市场导向条件"进行界定，则不利于按照我国国有企业的实际界定商业活动和商业考虑的标准。只有尽快完成所有国企分类，明确不同国企的功能定位，建立科学客观的分类标准，才能更好地对接竞争中立规则。

3. 非商业援助原则把税收优惠、融资优待等国有企业的补贴均纳入竞争中立的限制范围

（1）竞争中立国际规则明确非商业性援助的提供者除政府（公共机构）外还可以是其他国有企业

CPTPP 绕过了 WTO 反补贴规则实践中对公共机构认定的争议，明确非商业性援助的提供者可以是其他国有企业或国营企业，从而把国有企业之间的援助（例如贷款优惠、提供担保等）、上下游企业之间的援助均纳入限制范围。CPTPP 规定，对国有企业的货物贸易、服务贸易以及海外投资

行为同样不得采取非商业援助,这大大限制了国有体制模式下扶持补贴国有企业而获得竞争力的空间。关于界定国有企业获得的优惠资金或者债务减免是因为政府"凭借该国有企业的政府拥有权或控制权",CPTPP 提出四种情形:一是该缔约方或缔约方的国有企业明确将上述援助限定于其任何国有企业;二是上述帮助主要由国有企业享用;三是国有企业享用了不成比例的帮助;四是通过政府的自由裁量权在特殊情况下给予国有企业上述帮助。该项规则可以充分弥补美国等国家的安全审查制度对"政府所控制的交易"实施条件的缺陷,进一步严格限制了国有企业获得非商业援助的范围。

(2)USMCA 大大强化了 CPTPP 非商业援助的要求,明确禁止三项非商业援助

USMCA 的第 22.1 条列举了三种非商业援助的形式:一是直接或潜在的资金或债务转移;二是提供无法在普通商事交往中获得的货物或服务;三是在购买商品时提供比普通商事交往更有利的条件。这部分内容与《补贴与反补贴措施协议》相关内容基本一致。值得注意的是,该协议第 22.6 条第 1 款又列举了三种禁止提供的非商业援助行为,包括对信用状况不佳的国有企业提供贷款或贷款担保、对破产或濒临破产且无有效重组计划的国有企业提供非商业援助以及将国有企业的大量债权转换为股权的异常行为。按照该协议第 22.6 条的表述,这些行为本身即是被禁止的,而不用考量这些行为是否会对其他成员国造成不利影响。

在 CPTPP 框架下,虽然要求成员国不得采取非商业援助,但是成员国使用了非商业援助,只有在对另一方造成不利影响的时候,才能通过争端解决机制进行磋商,对于申请方来说,还必须证明被主张的不利影响是由非商业援助所造成的。因而,按照 CPTPP 的条款严格约束非商业援助并非易事。而 USMCA 第 22.6 第一项新增的禁止性规定针对性十分明显,因为这三项禁止采取的非商业援助恰恰是我国常用的对国有企业采取的扶持措施。

(3)我国国有企业的融资优待和税收优惠等特殊优惠待遇易受限于竞争中立规则

长期以来,受到多重因素的影响,我国尚未完全建立公平竞争的环境。

作为政府设立的经济实体，国有企业虽然通过公司化改革获得法人主体资格，减少或消除政府对其日常经营的干预，但政府还可以通过若干经济管理职能方式，确保国有企业获得在竞争性市场的优势地位。政府给予市场主体的财务支持主要涉及税收优惠和融资优待，国有企业仍可享受特定企业的税收优惠。

4. 竞争中立规则对国有企业的透明度约束进一步增强

（1）CPTPP、USMCA 均设置了国有企业的透明度条款，内容基本一致，这对国有企业透明度提出高标准要求

CPTPP 规定：各方应在本协定生效后 6 个月内，向其他缔约方或在官方网站上公布其国有企业名单，此后应每年更新该名单；各方应立即向其他缔约方或在官方网站上公布指定垄断或扩大现有垄断范围的情况及其指定条款；应另一方书面请求，一方应及时披露国有企业或政府垄断的情况，说明其可能如何影响各方间的贸易或投资，具体包括国有股权和投票权的比例，国有特殊股权、投票权或其他权利的情况，政府官员在企业董事会的任职情况，企业近三年的年度收入和总资产情况，企业根据缔约方法律享有的任何豁免情况，以及应书面请求公开其他可获得的年度财务报告和第三方审计报告等信息；应另一方书面请求，一方应及时披露非商业援助的情况，说明其可能如何影响各方间的贸易或投资。

CPTPP 和 USMCA 均要求主动披露与应请求披露相结合，披露内容应具体明确，股权、人事、经营、财务、非商业援助和股权注资皆为披露内容。USMCA 除了在第 22.10 条纳入与 CPTPP 相同的条款外，还要求披露股权注资的情况。同时在附件 22-E 第四款中还对墨西哥提出特别要求，如缔约方根据第 22.10 条的有关规定提出要求，墨西哥应在合理可行的范围内提供有关特殊目的机构（special purpose vehicle）提供的任何援助信息。

（2）欧盟—越南自由贸易协定（Vietnam-EU FTA）对国有企业股权结构以及与政府之间关系规定了较高的透明度要求

欧盟—越南 FTA 要求成员方披露以下信息：包括国有企业所有权比例和投票权的比例，不同于普通股权的特别股权或特别投票权等的说明；国有企业的组织结构、董事会的组成或能够直接间接控制该企业的机构，与

其他国有企业交叉持股的情况；监管国有企业的政府部门或公共机构，国有企业与监管机构之间的汇报关系；政府或其他公共部门在任命、解雇、决定经理人员报酬方面的权利和情况，年度税收或资产，对一国有企业的免税、豁免义务或其他不符措施等优惠；对达到起点收入的企业另一成员方有权要求更多的信息。

（3）我国国有企业的透明度实施情况与竞争中立的要求仍有一定差距

综上，国际规则对国有企业的透明度提出了要求。第一，要求缔约方在协定生效后6个月内主动披露国有企业清单。目前我国国资委官方网站披露的"央企名录"已满足这一要求。第二，应其他缔约方要求，一缔约方应披露国有企业的相关信息及其可能影响贸易和投资的行为。信息披露一直是我国国有企业的短板，我国目前的信息披露现状虽有进步，但仍不够透明。《社会责任报告》是我国国有企业主动披露的主要形式。截至2018年底，我国中央企业共发布72份社会责任报告，占全部中央企业的75%，相较2008年的17%有很大提升（见表2），但是报告内容在完备性、规范性方面仍有待改进。

我国国有企业的信息披露主体为国资委和企业，以企业为主体的信息披露制度仍待规范和完善。以《企业国有资产监督管理暂行条例》为例，其中规定"所出资企业中的国有独资企业、国有独资公司应当按照规定定期向国有资产监督管理机构报告财务状况、生产经营状况和国有资产保值增值状况"，其实行的是信息定向报告制而不是公开披露制，只有国资委的行政监管而缺乏社会监管。而规范国资委的信息披露制度，如《中华人民共和国企业国有资产法》规定，"国务院和地方人民政府应当依法向社会公布国有资产状况和国有资产监督管理工作情况，接受社会公众的监督"。此条款仅概括地规定应公开信息为国有资产状况和工作情况，而对披露的具体内容及披露方式未作出详细规定。

由于我国国有企业信息披露制度不健全，可能会由于所披露的内容不能达到相关透明度规则要求，而被东道国推定为"与政府存在紧密联系"，商业决策易受政府控制、获得了不当的政府隐性补贴、治理结构与治理模式存在缺陷等，并以损害国家安全和公共秩序为由拒绝我国国有企业的海外投资。因此，我国现行信息披露制度仍待完善，若接受 CPTPP 及 USMCA 的透明度要求，对我国而言将会是一个挑战。

三、国有企业领域推进制度型开放的思路及可行性选择

（一）思路

当前，竞争中立规则经由国内法、区域法、多边国际协定及国际软法等各种方式的法治化演进，已经形成较为一致的具体化要求。竞争中立的实质是约束政府在竞争性市场中的行为，实现国有企业商业行为的"公司化"，要求政府取消对国有企业的优惠措施以及不公平支持，保证国有企业和私营企业在公平的市场环境中竞争，消除因公有性质而造成资源配置扭曲，提供公平竞争效益。

我国结构性改革的核心是建立公平竞争的市场体系。使国有企业成长为不需要特殊优惠待遇，自主经营、自负盈亏、自担风险、自我约束、自我发展的国际市场主体是我国国有企业改革的终极目标和方向。竞争中立规则中蕴藏的公平竞争理念可以为深化我国国有企业改革提供动力和压力。中国要在国有企业规则建构的国际平台上提升话语权、发挥领导力，必须完善国有企业相关的国内法律制度，从而形成国际谈判的国内制度根基。

综上，我国国有企业推进制度型开放的思路是：立足我国社会主义市场经济体制运行特点，以推进市场公平竞争为核心理念，以对接国际主流的竞争中立规则为目标，大力推进国有企业领域的制度型开放和深化改革。依托海南自贸港及各自贸试验区的国有企业，按照"先行试点、逐步推进"的模式渐进实施竞争中立政策。践行竞争中立原则应明确其适用范围、完善国有企业治理机制、约束政府影响竞争的行为、建立相关的执行机制，使之成为法治化营商环境建设的重要内容。

（二）可行性选择及建议

1. 积极主动参与国际国有企业规则的制定，利用多双边区域贸易谈判，提出符合中国利益的国有企业规则

考虑到中美两国当前形势以及美国贸易保护主义政策导向，美国相关规则难以改变。在国际层面国有企业规则的谈判中，中国应当坚持以多边贸易框架为基础逐步推进国有企业规则的制度建构，拒绝直接接受或移植发达国家范本。建议：一方面在推进国有企业制度型开放的同时，以国际法视野完善国内相关法律规则；另一方面通过与"一带一路"沿线国家和地区签订、升级双边或多边贸易协定等，联合与我国有共同诉求的利益相关方，打造更加公平且符合中国及广大发展中国家利益的国有企业规则体系。

2. 明确我国界定国有企业的标准

根据 CPTPP 及 USMCA 的界定规则，国有企业的绝对控股权、控制权以及决策权是核心判断标准。目前我国的国有企业界定标准仍不很清晰，法律法规及规范性文件中对国有企业并无明确的统一的定义性规定。我国国有企业政府持股的比例较高，通常占到 50% 以上。如何定义企业的"国家所有"是一个复杂的问题，其中可能包括政府直接投资的份额和间接掌管的份额。我国参与竞争中立谈判时，对于竞争中立政策适用主体应该从国有企业的所有权或企业与政府决策的密切程度进行解释，如果能争取到广大发展中国家的共识，无疑有利于降低我国改革的成本。应结合当前阶段的国有企业混合所有制改革，最大限度发挥政府作为大股东的管理决策优势，防止多数国有企业被竞争中立政策规制。

3. 推动国内国有企业分类改革深化落地

在国务院《关于深化国有企业改革的指导意见》的基础上，以商业类国有企业和公益类国有企业的划分为基础，着重关注商业类国有企业相关政策中可能具有政策扶持导向的敏感规定。商业类国有企业经营的法律依据应尽量按照竞争中立要求下的非商业援助以及商业考虑等原则进行规制，避免商业类国有企业在市场化经营中获得政府的不公平优惠待遇。国

务院及国资委应出台相应分类工作细则，明确分类工作的主管部门——地方政府及国资委，明确管理主体的权力与责任所在。将国有企业分为商业竞争一类、商业功能二类、公益类等三大类企业。具体分类标准及结果如下：

商业竞争一类，以追求盈利为第一目标，通过竞争就能配置好资源的领域，政府绝不插手，遵循"竞争中立"原则，这些领域应占国企的绝大多数，大部分工业类、商业类企业应全部划入。

商业功能二类，以国家安全、经济命脉等战略实现为第一目标，如管网建设、铁路运输、水利电力等专营或自然垄断领域的企业，在其商业活动范围内遵循"竞争中立"，提高运营效率和经济效益。

公益类，以服务社会、满足民生为第一目标，在涉及基础民生与公共社会产品的领域，战略方向及发展定位由政府主导，但在运营效率与管理制度上可借鉴"竞争中立"原则，如供水、供电、供气、公交等可全部划入此类，划分难点在于商业功能二类与公益类边界的厘清。

4.借鉴越南经验在国际规则中纳入不符措施等豁免条款

越南在CPTPP协定中，针对CPTPP非歧视待遇和非商业援助两项条款列出了14项不符措施，作为国有企业议题的附加内容。主要包括政府为国有企业重组提供的融资、为保证经济稳定提供员工福利基金、为促进困难地区经济而要求实体购买货物、给予中小企业优惠待遇等。在非商业考虑方面，也给予特定领域的国有企业设定不符措施，包括石油天然气、水力、核电、煤炭、国家投资公司、国际金融交换中心、航空公司、船舶制造工业公司、国家咖啡公司、出版视听广播电视企业等，其限制条件是不会导致市场上份额显著增加，销售货物价格明显降低，或相同市场上显著的价格抑制、价格压低或滞销。

我国可以借鉴越南加入CPTPP纳入不符措施的缔约实践，在国有企业的国际规则谈判中设置好谈判底线，对于某些关系国民经济发展、国家安全、国家战略的重要行业在贸易谈判时争取行业整体豁免，并坚持将国有企业履行公共职能的行为、采取临时紧急措施的行为排除在国有企业规则之外。可借鉴越南不符措施，系统研究契合本国发展程度的国有企业规则豁免制度，包括产业除外、职能行为除外、政府采购除外、基金除外、小型国有企业除外、临时紧急措施除外等，进而建构较为系统的可以直接应用于贸易谈判实践的不符措施制度列表。

5. 完善国有企业信息披露制度，增强国有企业透明度，设定合理豁免

结合现有国际规则对国有企业透明度的高标准要求，完善国有企业信息披露制度。一是要明确信息披露的内容和形式。目前在《国有资产监督管理信息公开实施办法》中已有相关披露规定，但内容不够具体，应适当细化与补充，并制定统一的信息公开标准，使企业和政府在进行披露时有据可循。二是要完善信息披露的监管。由于国有企业与政府间的关系，仅靠国资委来对国有企业的信息披露进行监督是不合理的。可以借鉴上市公司的做法，引入外部的监督机制，如会计师事务所、审计事务所等第三方机构，对国有企业披露信息的内容和质量进行审核。

6. 合理对接非商业性援助原则，探索设立分账制度，着重避免对国有企业的交叉补贴

交叉补贴即政府对国有企业的公益性活动予以超过其成本的补贴，以至于该补贴延伸至国有企业的商业性活动中。出现交叉补贴后，国有企业并非按照真正的公平竞争实现优胜劣汰，容易产生"劣币驱逐良币"的结果，不利于实现资源的最优配置。建议针对国有企业公共服务成本定价、预算、核算的会计准则和财务管理制度，提高政府补贴的精准性和科学性，削减国有企业的公共服务和商业活动之间的内部交叉补贴。

可借鉴欧盟经验，采取分账制度，设立不同的账户，将国有企业的商业活动和非商业活动严格区分开来，对于商业活动严禁进行补贴，对于非商业活动的补贴也不能超过实际支出和合理成本。对国有企业分别建账进行监督，采取政府监督和社会监督相结合的方式。政府纪检监察机关定期对分账情况进行抽查，同时国有企业对自身的分账情况进行信息披露，以便其他企业和社会公众对其是否存在交叉补贴行为进行社会监督。

（执笔人：郝　洁）

我国在补贴领域推进制度型开放的思路研究

内容提要：近年来，美日欧对我补贴政策的质疑甚嚣尘上。在美西方推动下，产业补贴和国有企业补贴成为 WTO 改革的重要议题。目前，我国产业补贴政策与国际通行规则存在重大差异。一是我国以针对特定产业和企业的差异化、选择性补贴为主。二是个别情况仍然存在出口鼓励补贴补贴。三是我国补贴通知义务的履行有待提高。本文通过梳理分析产业补贴的国际经验，研判我国对接国际通行规则的利弊，得出我国改革产业补贴规则的思路和六大任务，提出深化补贴规则改革的对策建议。

党的二十大报告指出，构建高水平社会主义市场经济体制。完善要素市场化配置体制机制、促进经济高质量发展对我国产业补贴提出了进一步规范的要求。事实上，补贴作为政府管理经济、影响经济发展的重要手段，各大经济体均普遍使用。在我国生产、流通、消费的各个环节也广泛存在。例如，根据我国上市公司对补贴情况的披露，截至 2018 年 12 月，沪深两市上市公司获得政府补贴的企业共有 3612 家，共获得补贴金额 1551.09 亿元。获得补贴金额较大的行业包括技术硬件与设备、材料、汽车和汽车零部件、能源、制药、生物科技、耐用消费品等。[①] 由此可以看出，我国的产业补贴政策不少被投向了制造业，特别是高技术行业。

---

① 统计来自万德数据库。

由于我国产业补贴在内容上往往被曲解为"通过产业政策扶持高科技产业，达到完全替代外国供应商的目的"，与发达经济体维护自身产业利益存在较大冲突，近年来引发了美欧日对我所谓"非市场导向政策"和不公平竞争的指责，也成为中美所谓"结构性问题"之一。因此，对我国补贴政策对接国际规则进行研究，探索建立促进我国经济健康发展、符合国际规则惯例的补贴政策体系具有重要现实意义。

一、产业补贴概念与规则架构

（一）产业补贴的概念

产业政策有狭义和广义之分。广义的产业政策泛指一国支持本国产业发展的全部政策，包括基础设施建设、人力资本培育、营商环境改善、优惠的财税政策等。狭义的产业政策主要指政府对某些特定行业、企业的优惠政策，目的在于引导经济要素资源向特定行业、企业集中，促进相关产业的快速发展。产业补贴是产业政策的一种形式。

补贴是政府根据一定时期有关政治、经济的方针和政策，按照特定目的，由财政安排专项资金向微观经济活动主体（企业或个人）提供的一种无偿的转移支付。根据《企业会计准则》对政府补助的定义，政府补助主要有财政拨款、财政贴息、税收返还、无偿划拨非货币性资产四种形式。

根据世贸组织《补贴与反补贴措施协定》（简称 SCM 协议），国际贸易相关补贴的定义为：一成员政府或任何公共机构向某一企业或某一产业提供财政补助或对价格或收入的支持，结果直接或者间接地增加了从其领土输出某种产品或减少向其领土内输入某种产品，或者因此对其他成员利益造成损害的政府性行为或措施，是一种促进出口、限制进口的国际贸易手段。

（二）WTO 产业补贴规则架构

SCM 协议将补贴分为三大类：一是禁止性补贴，包括出口补贴和进口替代补贴；二是可诉性补贴，指那些存在专项性并对其他成员的利益造成不利影响的补贴；三是不可诉补贴，指不具专项性的补贴及符合一定条件的研发补助、环境补贴和落后补贴，但不可诉补贴已自 2000 年 1 月 1 日丧失效力。因此研发补贴、环境补贴和落后地区补贴实质上已归入可诉补贴范围。

再结合 WTO 对产业补贴的定义，不难看出在 WTO 框架下，可诉补贴认定有四个要件：一是给予方是政府或公共机构，二是补贴的接收方是一特定企业或产业，三是补贴的方式是通过提供补助或影响价格，四是补贴的结果是造成了国际贸易的扭曲。由此推断出，现有 WTO 补贴规则认为，普遍适用、非定向的补贴政策对正常经济秩序和国际贸易的扭曲作用较小，而针对特定企业、部门或行业的"专项性"补贴则可能会干扰资源配置，扭曲竞争和市场导向以及正常的经济秩序，造成国际贸易中的不公平。因此，当成员国考察某项补贴是否符合 SCM 协议时，首先会考察其是否具有专向性，若其具有专向性，则有违反 WTO 规则的可能，具有潜在的法律风险。

二、我国补贴政策对接国际通行规则的重要意义

（一）加快国企改革步伐，有效提升市场资源利用效率

国企补贴政策对接国际通行规则，逐步消除有些地方政府在实际操作中对国有企业的倾向性做法，减少国企在土地转让、信贷供给、财税补贴方面享有的特殊待遇，有利于消除国有企业不正当竞争优势，规范国企的商业行为，提升国企的治理能力，优化国有经济布局，从而有效提升资源利用效率。

（二）提振民企和外企信心，进一步激发市场主体活力

改革我国现行补贴规则，构建更加完善的要素市场化配置体制机制，有利于加快清理妨碍统一市场和公平竞争的各种规定和做法，处理好政府与市场的关系，营造公平竞争的市场环境，保障各个市场主体在要素获取、

经营运行、政府采购方面被平等对待，从而提振市场信心，进一步激化市场主体的活力和社会创造力。

（三）化解外部压力，主动参与新一轮国际经贸规则制定

补贴政策对接国际通行规则，一方面通过提振外资企业信心，充分营造"远者来、近者悦"的营商环境，增强对外商的吸引力，减轻部分外部压力。另一方面，补贴规则已经成为我国在双多边场合绕不开的结构性问题之一，发达经济体在 WTO 框架下谋求针对我国补贴模式修改相应规则，我国提前布局有利于在国际经贸谈判和规则制定中占据主动。

三、产业补贴规则的国际考察

（一）美国产业补贴规则的主要特征

长期以来，美国以市场经济体制的"主裁判"和"捍卫者"自居，频繁指责其他国家利用产业政策支持和发展本国经济。但事实上，美国推行产业政策的历史由来已久。1791 年，美国首任财政部长汉密尔顿向国会提交《关于制造业的报告》，强调了美国发展制造业的必要性，主张通过对工业制成品加征高额进口关税等措施扶持和保护本国幼稚产业的发展。汉密尔顿的主张成为此后一个多世纪美国坚持的经济国策。2008 年金融危机爆发后，美国经济遭受重创。为刺激经济增长，美国政府为金融和汽车行业提供了巨额补贴贷款。2017 年特朗普上任后，对本国农业、高技术制造业和服务业进行了大量的政府扶持。

但由于发展阶段、产业结构和经济制度的差异，美国虽然也实施了大量产业政策，但其实施方式和重点与我国存在不少差异。

一是美国各部门间政策协调性和统筹性较强。美国产业政策多以政府部门战略计划、咨询报告、发展战略、政策评估等形式发布，并由美国立法机构、行政机构和司法机构共同实施，在美国经济社会发展中发挥着重要作用。目前，美国产业政策体系由产业技术政策、区域政策和其他改善

经济环境、促进就业等方面的政策组成，由多个实施机构联合开展和推广（见表 1）。而在我国，由于中央和地方政府补贴政策协调性不够，不时出现交叉、重复补贴的情况，甚至出现政策"打架"、相互冲突的情形。

表 1　美国产业政策体系

内容	实施机构
产业技术政策	国防部、国立卫生研究院、能源部、国家航空航天局、国家科学基金、农业部、商务部
产业组织政策	联邦贸易委员会、司法部、各级司法机构
其他产业政策	联邦小企业管理局、经济发展局

资料来源：周建军，《美国产业政策的政治经济学：从产业技术政策到产业组织政策》[J]. 经济社会体制比较，2017（01）。

二是美国重视对基础性研究和前期研发的资金支持。美国对非营利性的科研机构提供大量研究经费，支持其对商业前景广阔的具体项目进行基础性研究。例如，美国商务部国家标准与技术研究院（NIST）通过设立 MEP 中心的方式在 50 个州开展了制造业拓展伙伴计划（Manufacturing Extension Partnerships，MEP）。该项目始于 1988 年，用以对抗来自日本的消费电子产品制造业和钢铁业等行业的竞争，主要面向中小公司，由中心总部提供技术、市场营销、财务建议以及培训。中心资金来源于联邦、州和地方政府拨款以及客户缴费。2008 年金融危机后，该项目得到了双倍的预算。截至 2019 年，MEP 中心与美国 14 个国家制造业创新中心加强合作，将正在开发的和已经成熟的技术嫁接给美国各地的中小型制造企业，有效促进了先进制造业科技成果的转移转化。

三是施策重点在于营造最优的产业发展大环境，以普惠型、功能型为主。以生命技术与医药产业为例，美国政府通过一系列制度供给及产业政策保障体系，提供了极为有利的产业发展环境，最终成就了美国生物医药领域在全球的领导地位（见表 2）。美国生物医药产业政策体系主要由政府研发资金支持政策、专利保护政策、新药许可政策、药品监管政策、药品定价和费用补偿政策、区域发展政策等几方面构成。如，在新药创制的专利保护方面，出台了《拜杜法案》，明确允许私人持有政府资助研究成果的专利所有权，并可将其转让给制药企业。

表 2　美国生命技术与医药产业政策

政策领域	名称	发布时间	内容	发布部门
基础研究	人类胚胎干细胞研究指导方针	2005 年	概括了有关人类胚胎干细胞研究的方案建议，加强对基础研究的转向资金支持	美国国家科学院
	人脑活动图谱研究十年规划	2013 年	将耗时 10 年、投资数十亿美元，为美国生物技术产业带来巨大收益	联邦机构、私人基金、美国国立卫生研究院
	精准医学计划	2015 年	推动个体化基因组学研究、依据个人基因信息为癌症及其他疾病患者制定个体医疗方案	美国科技部、美国国立卫生研究院
	21 世纪治愈动议法案	2016 年	加快 FDA 对药品和器械的审批和授权	美国联邦政府
法律监管	生物技术管理协调合作框架法规	2017 年	保护健康和环境的同时减少法规和不合理的法律	美国总统科技政策办公室、美国国立卫生研究院、FDA
药品定价和费用补偿	患者保护与评价医疗法案	2010 年	广泛增加美国人民的医疗保险覆盖率	美国联邦政府和各州政府
	全民健康保险计划	2010 年	巨额的政府公共卫生保健支出成为生物医药产业快速发展的资金后盾	美国卫生保健财政署和社会保障署
美国安全防御	美国生物盾牌计划	2004 年	10 年内提供 56 亿美元用于研制疫苗的诊断	美国联邦政府

来源：美国各部门网站。

总的来看，美国的产业补贴政策大多倾向上游基础科学、前沿科学，不以企业的所有制性质为补贴前提，以多维度支撑、营造良好发展环境为目标，隐蔽性强，相较我国差异化、选择性的产业补贴政策，美式产业补贴政策在实现产业目标的进程上或许相对慢，但长期看更有利于社会资源的优化配置、企业竞争力和创新力的提升，不易受到外部指责和诟病。

（二）美欧日推动的 WTO 改革所涉补贴规则及其主要架构

美欧日谋求在 WTO 框架下改革产业补贴规则，从历次联合声明看，将从六个方面对现行 WTO 的补贴与反补贴规则进行改革。

一是扩大禁止性补贴的范围。三方声明拟将禁止性补贴扩大到包括以下内容：无限担保，在无可靠重组计划的情况下，对资不抵债或困难企业提供的补贴，对处于产能过剩的部门或行业、无法从独立商业来源获得长期融资或投资的企业提供的补贴，以及某些直接的债务免除。

二是举证责任倒置。如果涉及过度的大额补贴、创造大规模制造业产能的补贴，那么另一 WTO 成员在请求与提供补贴的成员依据 ASCM 的规定进行磋商时，无须证明补贴对请求磋商成员国内产业造成的损害，或对其利益的丧失或减损构成严重侵害。而是由提供补贴的成员证明所涉补贴不存在对贸易或产能的严重负面影响，并证明所涉补贴实际上公开透明。

三是认定产能过剩是由于不当补贴造成。SCM 协议第 6.3 中所列举的严重侵害包括四种情形：取代或阻碍另一成员同类产品进入提供补贴的成员的市场；取代或阻碍另一成员同类产品自某一第三国市场的出口；对另一成员同类产品的价格造成削价、压价或抑价等；提供补贴的成员的世界市场份额增加。三方声明拟将提供补贴的成员导致的产能过剩作为严重侵害的第五种情形。

四是添加反向通报规则。SCM 协议第 25.10 条规定，如果一个成员未能按要求通报其补贴项目，那么另一成员可以提请该成员注意；如果该成员未能迅速通报，那么另一成员可以提请 WTO 补贴和反补贴委员会注意，即反向通报。对于一成员未通报的补贴，如遭到其他成员反向通报，将视同禁止性补贴，除非提供补贴的成员在规定时间内以书面形式提供所要求的信息。

五是扩大公共机构的定义范围。美国在 WTO DS379 案和 DS437 案的执行过程中，通过论证党和政府与国有企业的关系，认为我国政府对国有企业形成有意义的控制，从而认定国有企业构成公共机构。目前，中国在国有企业和国有银行被认定为公共机构问题上已经很难在争端解决机制下挑战美国的做法。同时，美国还希望在 WTO 改革过程中针对公共机构问题提出新的更宽松的标准，比如只要构成股权上的控制即可，而无须证明"拥有、行使和被授予政府职权"。

（三）美西方主导的 FTA 所涉及的补贴规则及其主要特征

奥巴马时期，美国就曾发起和主导跨太平洋伙伴关系协议（TPP），意图通过高水平经贸规则遏制以中国为代表的新兴经济体的竞争优势，推动全球化向更有利于美国的方向演进。在 2016 年 1 月的国情咨文中，奥巴马指出推动 TPP 谈判的主要目的是不让中国掌握规则的制定权。因此，在 TPP 的相关规则里，规制我国的意图非常明显。

TPP 通过建立三大原则限制国企补贴。这三大原则是非歧视待遇和商业考虑原则、反补贴原则、透明度原则。这三大原则都涉及限制我国产业补贴措施的内容。非歧视待遇原则要求国企在购买和销售货物、服务时，应该遵守非歧视待遇原则，给予所有企业同等待遇，一国的国企不得相互在原材料、能源、产品等方面优惠交易，互相补贴，上游国有企业自然也不得向下游厂商提供低价格产品以进行补贴。反补贴原则是对 WTO 反补贴规则的复制与完善，即将提供非商业援助的主体由政府扩大至国企，绕开了 SCM 协议中关于补贴主体"公共机构"的争议，将接受补贴的主体由国有企业扩大至海外投资设立的国有企业的子企业。透明度原则，要求公开的信息包括国企内部信息、补贴的形势、接受双方的名称、法律依据和政策目标、补贴的金额、年度预算等。

USMCA 强化了国有企业补贴的定义，并扩大了禁止性补贴的范围。从规则涵盖范围来看，WTO 框架下的国有企业规则只适用于货物国际贸易，而 USMCA 下国有企业的规则适用于货物、服务以及投资领域，超越了 WTO 范围。在"非商业性支持"条款中，USMCA 引入了 SCM 的纪律制度，对"不利影响"和"损害"作出了更宽泛的定义。在国有企业透明度规则方面，USMCA 也提出了比 WTO 更严格的要求。USMCA 对非商业援助的定义也做了变更，不仅指政府对国有企业的援助，还包括成员国政府、国有企业给予其他企业的援助。USMCA 明确规定了成员国不得对资信不佳的国有企业提供援助贷款或者贷款担保，不得对破产或濒临破产且没有制定可靠重组计划的国有企业给予非商业援助，不得将国有企业未清偿的债务转化为股权。（见表 3）

表 3　WTO 与 TPP、美墨加协议关于国有企业的定义

WTO	TPP	USMCA
仅有对国有贸易企业的定义	1. 直接拥有 50% 以上的股权； 2. 通过所有者权益、实际超过 50% 的投票权和表决权而拥有对企业的实际控制权； 3. 或拥有对董事会多数成员的任免权	1. 直接或间接拥有 50% 以上的股权； 2. 通过所有者权益、实际超过 50% 的投票权和表决权而拥有直接或间接对企业的实际控制权； 3. 或拥有对董事会多数成员的任免权； 4. 通过其他所有者权益，包括少数股东权益拥有对企业的控制权； 5. 拥有可以决定或者指示影响企业的重大决策的决策权

资料来源：根据公开资料整理。

欧盟的产业补贴规则散见于各自贸协定中，尚无统一范本。比如在《欧盟—加拿大全面经济贸易协定》（CETA）中的产业补贴规则和国有企业规则都很简单，而《欧盟—日本经济伙伴关系协定》（以下简称《欧日协定》）、《越南与欧美自由贸易协定》（以下简称《越欧协定》）均对所谓扭曲市场的产业补贴做出较强的限制性规定。《欧日协定》禁止政府或公共机构担保没有数额和期限限制的企业债务，禁止对没有可靠重组计划的濒临破产的企业提供补贴。《越欧协定》第 10 章补贴规则也做了类似规定。在补贴通知方面，《越欧协定》要求每一方应每四年通知另一方实施产业补贴的法律依据、形式、数额或预算，并在可能的情况下通知具体补贴的接受者，比《欧日协定》规定的每两年通知一次的时限要长。在补贴限额方面，《越欧协定》补贴规则适用范围有许多排除适用条款，在一定程度上减损了它对产业补贴的约束力，如只适用于 3 年内接受补贴超过 30 万特别提款权的企业等。

四、我国补贴规则对接国际通行规则的思路和主要任务

（一）我国补贴规则对接国际通行规则的思路

从外部看，美国对我国全方位打压日趋激烈。在全球治理层面，屡屡联合主要发达经济体，试图通过主导国际经贸规则改革限制我国国民经济发展，客观上要求我国加快规则等制度型开放，以拓展对外合作空间。从内部看，保持合理经济增长、推进高质量发展，要求我国构建更加完善的资源配置体制机制，在更高水平上促进要素和商品的自由流动。因此，当前宜加快与高标准国际经贸规则的对接和协调。

我国产业补贴规则对接国际通行规则，应秉持注重公平竞争、重视国际义务履行两大基本理念，落实竞争中性原则，加速推进产业政策由差异化、选择性向普惠化、功能性转变。对于已经出台的有违规风险的产业补贴，本着保护受补贴企业信赖利益的考虑，允许有期限的补贴合同继续执行完毕，无期限的补贴合同设定过渡期并执行至过渡期满，建立政策出台前的公平竞争审查制度，加强政策制定的科学性、合理性，杜绝有违规风险的新补贴措施的出台。

通过改革现行产业补贴规则，实现三个发展目标。一是最大限度改善因补贴导致的价格扭曲，优化要素配置机制，营造公平的竞争环境，激发各市场主体的创造力和主动性，推动我国经济高质量发展。二是提高补贴规则在 WTO 框架下的合规性，建设高标准市场经济体系，在 WTO 规则改革博弈中占据主动。三是通过与主要经济体规则的对接和协调，推动双边和多边自贸协定谈判，如 CPTPP、中日韩自贸区等。

（二）我国补贴规则对接国际通行规则的主要任务

1. 加强与 WTO 补贴规则的协调性

对标 WTO 规则相关规定，加速清理各地以出口业绩或进口替代为目标的支持政策，避免采用禁止性补贴。新制定的补贴政策应尽量遵循 WTO 有

关非专向性的要求，避免只针对部分企业和产业实施，明确规定获得补贴资格和补贴数量的客观标准和条件，任何企业只要达到条件即可自动获得补贴。在税收、信贷、基础研究资助、专利保护方面为产业发展提供更加优良的创新环境。

2. 尽快建立公平竞争审查制度

根据《国务院关于在市场体系建设中建立公平竞争审查制度的意见》，国家发改委等五部委制定和印发了《公平竞争审查制度实施细则（暂行）》。下一步，需要根据意见和细则，规范产业政策的制定，防止在产业补贴等方面出台排斥、限制竞争的政策措施，清理废除妨碍公平竞争的规定和做法。另一方面，需要进一步完善细则，真正建立健全公平竞争审查制度，保证产业政策促进竞争而非削弱或扭曲竞争。

3. 强化产业政策的可问责性

尽快建立健全产业政策的问责机制，完善产业政策的公共治理，保证产业政策从制定、实施、评估到考核、追责全过程的公开透明。引入独立第三方的专业评估，包括对补贴政策本身的事前评估、实施过程中的中期评估和最终效果的事后评估，依托外部力量促进补贴政策的制定和实施不断完善。加强社会舆论监督，降低产业政策的寻租风险。

4. 创新补贴政策实施方式和路径

补贴政策的设计需要注意方法，进一步完善补贴的方式。对充分竞争行业的商业类国有企业重塑"商业性"或"中性"身份，对其上下游的中小企业实施普惠型的补贴政策。将直接补贴生产端改为对研发与消费端的支持。建立符合公共需求的技术研发平台和人才培训机制。通过支持国防军工行业发展，带动民用产业发展。

5. 打造中国版本的"竞争中性"

在立法层面，将竞争中性作为重要原则贯穿于财税、金融、土地、环保等领域的立法和修法进程中。尽快以国务院名义出台指导文件，明确竞争中性的政策内涵、意义、目标，以及落实竞争中性的重点举措和保障措施。加强竞争政策与产业政策的协调，对所有增量政策实施公平竞争审查，防止出台偏向性或歧视性扶持政策。

6. 适度回应产业政策透明度要求

由国务院发布清理规范税收优惠政策的文件，对各地产业政策进行全面梳理，组织人手，及时向 WTO 提交通报。对于已经出台的有违规风险的产业补贴，应在过渡期满后向 WTO 进行通报。将履行国际义务纳入地方官员政绩考核体系，提高地方政府的 WTO 规则和我国对外承诺的重视程度。

（执笔人：李馥伊）

我国在知识产权保护领域推进
制度型开放的思路研究

内容提要：加强知识产权保护是我国扩大开放的重大举措之一，完善知识产权保护制度是提高我国经济和科技竞争力的重要保障。伴随经济全球化和新技术革命的发展，国际规则进入重构期，国际知识产权体系及法律框架也面临重构。我国应当更加积极主动地对接知识产权国际通行规则，参与知识产权全球治理，争取规则制定的主导权和话语权，推动构建开放包容、平衡有效的知识产权国际规则，加快建设"四边联动、协调推进"的知识产权国际合作新格局。

一、高标准知识产权国际规则的发展趋势

当前，知识产权国际治理多边体制主要是由世界贸易组织下的《与贸易有关的知识产权协定》（TRIPS）以及世界知识产权组织（WIPO）管理的《保护工业产权巴黎公约》（简称《巴黎公约》）、《保护文学和艺术作品伯尔尼公约》（简称《伯尼尔公约》）等多边知识产权国际公约所共同构建的。其中，TRIPS因其约束力最强而居于知识产权国际体系的核心地位，同时也是当前国际贸易体制的重要组成部分之一。近年来，随着国际社会对知识产权治理的重视与日俱增，知识产权国际规则不断演化，以欧美为代表的发达国家在与其他国家签订自由贸易协定时，往往会提出高于TRIPS保护

义务的知识产权条款（简称为"TRIPS-plus 条款"），但这些条款也具有一定的合理性，同样是当前国际知识产权规则体系的重要组成部分（见表 1）。总体来看，后 TRIPS 时代，国际知识产权规则呈如下四大发展趋势。

表 1　当前国际知识产权规则体系构成

框架	规则体系
WTO	•《与贸易有关的知识产权协定》*
WIPO	•《世界知识产权组织公约》* • 关于各类知识产权具体保护标准的条约（15）： 《保护工业产权巴黎公约》* 《保护文学和艺术作品伯尔尼公约》* 《制止商品来源虚假或欺骗性标记马德里协定》 《保护表演者、录音制品制作者和广播组织罗马公约》 《保护录音制品制作者防止未经许可复制其录音制品公约》* 《发送卫星传输节目信号布鲁塞尔公约》 《保护奥林匹克会徽内罗毕条约》 《关于集成电路知识产权的华盛顿条约》* 《商标法条约》* 《世界知识产权组织版权条约》* 《世界知识产权组织表演和录音制品条约》* 《专利法条约》 《商标法新加坡条约》* 《视听表演北京条约》* 《关于为盲人、视力障碍者或其他印刷品阅读障碍者获得已出版作品提供便利的马拉喀什条约》* • 关于知识产权国际注册管理的条约（6）： 《商标国际注册马德里协定》* 《工业品外观设计国际注册海牙协定》 《保护原产地名称及其国际注册里斯本协定》 《专利合作条约》* 《国际承认用于专利程序的微生物保存布达佩斯条约》* 《商标国际注册马德里协定有关议定书》* • 关于对发明专利、商标、工业品外观设计予以分类的条约（4）： 《商标注册用商品和服务国际分类尼斯协定》* 《建立工业品外观设计国际分类洛迦诺协定》* 《国际专利分类斯特拉斯堡协定》* 《建立商标图形要素国际分类维也纳协定》

框架	规则体系
其他国际组织	• 联合国教科文组织（UNESCO）： 《世界版权公约》* 《保护非物质文化遗产公约》* 《保护和促进文化表现形式多样性公约》* • 联合国环境规划署（UNEP）： 《生物多样性公约》* • 国际保护植物新品种联盟（UPOV）： 《国际植物新品种保护公约》*
FTA	• 《全面与进步跨太平洋伙伴关系协定》（CPTPP） • 《美墨加贸易协定》（USMCA）

注：标注"*"为中国已签署或已加入的国际公约。
资料来源：作者整理。

一是国际知识产权保护范围扩大化。作为早期最具代表性的知识产权国际规则，TRIPS 条款的主要适用范围为：版权及其相关权利、商标、地理标志、工业设计、专利、集成电路布图设计、商业秘密等。随着国际贸易投资往来的深化，知识产权的保护客体呈现深度和广度双向扩大的态势。从深度看，传统保护客体的涵盖范围逐渐丰富。例如，软件、遗传基因、商业方法等先后被纳入发达国家的专利保护范围；不以"视觉上可感知"作为商标注册的要求。从广度看，新增保护客体的种类逐渐多样化。实验数据、网络域名、国名、作品形象、数据库、汇编作品、卫星广播、网络传输、技术措施等相继对知识产权保护提出要求。同时，将遗传资源、传统知识和民间文艺等纳入知识产权保护客体范围内的国际规则也正在酝酿当中。

二是国际知识产权规则体系区域化。由于知识产权规则多边谈判面临高昂的成本，区域贸易协定逐渐成为国际知识产权合作的新平台。尤其是以美国为代表的发达国家，将 FTA 视为其推进 TRIPS-plus 的重要手段。截至 2022 年底，美国已与 20 个国家签订了 14 个涉及知识产权条款的自由贸易协定。其中，美国、墨西哥和加拿大三国签署的 USMCA 代表了知识产权"美式规则"的最高要求，大幅提高了现有的 TRIPS-plus 标准。例如，在生物制剂的数据保护问题上，美国曾经在《跨太平洋伙伴关系协定》谈判中主张 12 年的保护期，TPP 最终文本规定的是 8 年，而在 USMCA 中该期限被规定为 10 年；在版权保护的期限问题上，TRIPS 和《伯尔尼公约》的规定均为作者有生之年加 50 年，而 USMCA 则延长到作者有生之年加 70 年。此外，《全面与进步跨太平洋伙伴关系协定》（CPTPP）、《跨大西洋贸易与投资伙伴关系协定》（TTIP）、《欧盟—日本经济伙伴关系协定》（EPA）、《欧盟—越南自由贸易协定》（EVFTA）等新一代自由贸易协定均涵盖关于知识产权的单独章节。

三是国际知识产权规则需求分散化。发达国家、发展中国家、国际组织等都是当前国际知识产权规则改革的重要推动者。一方面，发达国家仍是推动国际知识产权规则改革的主导者。发达国家通过强化保护制度、提高技术标准、加强惩罚措施等方式，阻挠先进技术的扩散，扩大其与发展中国家之间的经济差距。例如，美欧日等发达国家主导的《反假冒贸易协定》（ACTA）旨在加强国际贸易中的知识产权执法标准，其内容主要涵盖针对知识产权保护的民事、刑事、边境及数字环境四类执法措施，但是其过度保护倾向导致至今仍未正式生效。另一方面，发展中国家，尤其是大型新兴经济体，在国际知识产权规则的制定中扮演着越来越重要的角色。依托 WTO 和 WIPO 等多边框架，发展中国家致力于推动公共健康、环境保护、生物多样性、传统文化等涉及发展领域的知识产权规则，诸如《生物多样性公约》《保护和促进文化表现形式多样性公约》等，推动知识产权规则向"包容、平衡、普惠"的方向发展。此外，包含发展中国家作为成员国的新型 FTA 也通常涵盖涉及民间文化、遗传资源、植物新品种等的知识产权条款。

四是国际知识产权规则执法严格化。无论在执法程序还是在法律责任上，都呈现更加明确和严格的趋势，主要体现在以下方面。其一，对知识产权民事侵权标准和救济提出了明确的规定，涵盖具体的救济方式、赔偿数额的计算、诉讼费用的承担、侵权工具与货物的处理、法定赔偿、惩罚性赔偿等。其二，临时措施和边境措施更加严格，给予缔约方极其宽松的知识产权执法裁量自由，将边境措施覆盖进出口和过境的各个环节，强化了海关的知识产权执法力度。其三，扩大执法范围，扩展著作权和商标权领域应纳入行政处罚范畴的违法行为，将侵犯商业秘密纳入刑事范围。

二、知识产权国际规则的主要内容

随着国际贸易的不断发展，通过转让技术、专利和商标的使用权及版权许可，含有知识产权的产品在国际贸易中所占的比重越来越大，如新药品、新科技产品、计算机软件、电影、音乐、书籍、植物新品种等。因此，知识产权规则逐渐与各类贸易协定挂钩，并且贸易协定中的知识产权规则日益呈现出引领全球知识产权治理的趋势。其中，TRIPS 是现行国际贸易中知识产权保护的基础，而以 CPTPP、USMCA、EVFTA 为代表的新型区域自由贸易协定代表着目前涉及知识产权领域内容最为丰富、保护水平最高的国际规则。其中，CPTPP 和 USMCA 在知识产权领域体现了更为严格的要求，但也不乏美国特色。

（一）以 CPTPP 为代表的高标准 FTA 指引了知识产权国际规则发展的主要方向

CPTPP 的前身是美国主导的 TPP，但随着美国的退出，日本成为推进 CPTPP 签署和生效的主导国家，其他成员国为澳大利亚、加拿大、新加坡、文莱、马来西亚、越南、新西兰、智利、墨西哥和秘鲁。因此，CPTPP 一方面代表了以日本为代表的发达经济体对知识产权保护的诉求，另一方面也代表了以越南为代表的发展中经济体在知识产权保护领域积极对接的方向。

在整体内容上，CPTPP 与 TPP 一致，包含了总则、合作、商标、地理标志、专利、试验数据或其他数据、工业外观设计、版权、知识产权执法、互联网服务提供商等小节。与 TPP 相比，CPTPP 冻结了 11 个与知识产权相关的条款（见表 2）后，扩大了国民待遇范围，缩减了专利客体种类，暂停了因不合理延迟而灵活延长专利保护期的途径、对披露药品专利试验数据的保障、生物制剂保护、版权保护期、技术保护措施、权利管理信息、保护载有加密节目的卫星和有线电视信号等相关条款。

表2　CPTPP暂时冻结的TPP知识产权条款

章节	有关内容
第一节 一般条款	18.8 国民待遇 删除注释中"为进一步明确，与作品、表演和录音制品而言，'本章专门规定的影响知识产权的使用的事项'，包括与本章所涵盖的版权和相关权的使用相关的任何形式的付酬事项，例如许可费、版税、法定许可费及补偿金。前述规定不影响缔约方对TRIPS协定注释3所规定的'影响知识产权的使用的事项'进行解释"
第六节 专利、未披露的实验或其他数据	第一分节 一般专利 18.37 可授予专利的客体 各缔约方确认：至少以下一种方式主张保护的发明可授予专利：已知产品的新用途、使用已知产品的新方法或使用已知产品的新工艺。专利至少可授予源自于职务的发明
	第一分节 一般专利 18.46 因专利局延迟导致的专利保护期调整 如缔约方不合理地延迟签发专利，该缔约方应依据专利申请人的请求，对专利保护期作出调整，以补偿该延迟。其中，不合理的延迟至少应包括自申请日起超过5年或自请求审查之日起超过3年仍未授予专利
	第三分节 与药品有关的措施 18.48 因不合理缩短导致的药品专利保护期调整 各缔约方应尽最大努力有效、及时地处理药品市场销售许可申请，避免不合理的延迟，并提供调整专利保护期的可能性，以对专利所有人进行补偿
	第三分节 与药品有关的措施 18.50 保护未披露的实验或其他数据 为获得市场销售许可而提供关于药品安全性和有效性的实验或其他数据的主体，自获得许可之日起5年之内享有对上述数据的独占权，有权阻止未经授权的第三方根据上述数据或市场许可，销售相同或类似药品
	第三分节 与药品有关的措施 18.61 生物制剂 对于含有生物制剂的新药品，比照18.50条保护
第八节 版权与相关权	18.63 版权与相关权保护期 以自然人生命为基础计算的，版权保护期至少应为作者有生之年加死后70年。不以自然人生命为基础计算的，版权保护期不少于首次经授权出版后70年；如创作完成后25年内并未授权出版，则不少于创作完成之日起70年（如缔约方法律规定以"固定"而非"授权出版"作为计算基准，则可以继续沿用该规定。）

章节	有关内容
第八节 版权与 相关权	**18.68 技术保护措施** 以下行为应被追究民事、行政责任：（1）知道或有合理理由应当知道，而在未授权的情况下实施规避控制接触的技术措施；（2）制造、进口、销售、许诺销售、出租或以其他方式提供装置、产品、零部件，或提供服务，而这些产品和服务具有如下特点：1）行为人为规避有效技术措施的目的，对其进行促销、推广；2）除规避有效的技术措施之外，只有有限的商业上重要的用途；3）其设计、制造或使用的主要目的是为了规避有效的技术措施。对于以获取商业利益为目的故意实施上述行为的，应施以刑事处罚。缔约方可以规定技术措施保护的限制和例外，但不得损害关于保护技术措施的法律规定的有效性
	18.69 权利管理信息 明知或有合理理由知道可能会引诱、促成、包庇侵犯著作权和相关权的行为或者为其提供便利，仍从事下列行为的，应被追究民事和行政责任：（1）故意去除或改变权利管理信息；（2）知道权利管理信息已被未经许可更改，仍故意发行、为发行目的而进口该权利管理信息；（3）知道权利管理信息被去除或更改，仍故意发行、为发行目的进口、广播、向公众传播或提供作品、表演或录音制品的复制件。对于以获取商业利益为目的故意实施上述行为的，应施以刑事处罚
第九节 执法	**18.79 保护载有加密节目的卫星信号和有线信号** 要求缔约方规定以下行为构成犯罪： （1）制造、组装、改变、进口、出口、销售、出租或以其他方式发行有形或无形的设备或系统，且明知或有合理理由应当知道该设备或系统意图用于帮助，或主要用于帮助，或主要功能仅限于帮助未经信号的合法传播者授权的、针对承载节目的加密卫星信号的破解行为。 未经信号的合法传播者授权的、针对承载节目的加密卫星信号的破解行为。 （2）明知承载节目的加密卫星信号未经合法传播者授权而被破解，仍故意接收或进一步传播该被破解的信号。 各缔约方应对故意实施以下行为的人规定刑事处罚或民事救济：（1）知道某设备将用于未经授权接收承载节目的加密卫星信号，制造或发行该设备；（2）未经承载节目的加密卫星信号的合法传播者授权，接收或帮助他人接收该信号
第十节 互联网服务 提供商	**18.82 法律救济与避风港** 要求缔约方为互联网服务提供商提供法律激励，使其与版权人、相关权人合作，遏制未经授权存储和传输受版权和相关权保护的材料的行为；同时，在网络服务提供商并无控制、发起或主导侵权行为的情况下，豁免其金钱赔偿责任

资料来源：作者整理，《〈跨太平洋伙伴关系协定〉全译本导读》，《后 TRIPS 时代知识产权国际保护的新发展及我国的应对》。

以 CPTPP 为代表的国际高标准自由贸易协定扩充了知识产权的保护范

围，极大地提高了对知识产权保护的要求，成为推动国际知识产权规则重构的重要力量，主要体现在：强化传统知识产权保护、明确知识产权保护标准、扩展知识产权保护内容、增设知识产权保护类别、规定严格的执法程序和法律责任等。

从传统知识产权保护看，对 TRIPS 进行了更新与强化。在版权领域，延长了作品、表演或录音制品的版权和相关保护期；重视网络环境下的版权保护问题，明确了版权人享有以电子复制权、无线的方式向公众传播作品的权利。在商标领域，降低了商标注册限制，扩大了商标注册的范围，规定不得以可被视觉感知作为商标注册的条件，应对声音商标予以保护，尽可能允许登记气味商标；延长商标保护期至不少于 10 年；加强了对域名和国名的保护，对国家顶级域名管理中的隐私与个人数据政策提供争端解决程序。在专利领域，扩大了可授予专利的客体范围，只要发明具有新颖性、包含创造性步骤、可供工业应用就可以授予专利，TPP 和 USMCA 还主张已知产品的新用途、使用已知产品的新方法或使用已知产品的新工艺可以授予专利。

从新增知识产权保护内容看，高标准 FTA 引入新的知识产权保护类别并明确其内涵。CPTPP 等协定专门规定"与药品有关的措施"，在传统药品专利保护之外增加药品试验数据保护、药品销售保护、药品专利期延长等有关制度，强调药品知识产权的重要性与特殊性。虽然 CPTPP 冻结了 TPP 中部分与药品有关的知识产权保护条款，但是 USMCA 继续推行药品试验数据保护和专利期延长制度，进一步将生物制剂纳入药品试验数据的保护范围，并将保护期从 8 年延长至 10 年。

从数字知识产权保护看，高标准 FTA 引入互联网服务提供商责任限制条款，强化技术保护措施和权力管理信息的规定安排。TPP 首次在多边贸易协定中规定了"避风港"制度，包括互联网提供商的免责条件、"通知—删除"规则、信息披露义务、错误通知责任承担等，并将包含数字环境下的技术保护措施和权利管理信息条款纳入版权和相关权利小节，扩大了规则的使用范围。上述条款虽然在 CPTPP 中被冻结，但是在 USMCA 中继续保留并进一步加强。例如，USMCA 的"法律救济和避风港"条款增加了互联网服务提供商的限制条款，要求提供商采用并实施"在适当情况下终止重复侵权者账户"的措施。特别地，USMCA 新增的数字贸易小节中也涉及数字知识产权保护的问题。在"交互式计算机服务"条款中，明确指出若互联网服务提供商传递的信息涉及知识产权侵权，仍应作为内容提供商承担连带责任，不予豁免，进一步强化互联网服务提供商在知识产权保护方面承担的责任。

从执法程序和法律责任看，知识产权执法更加明确和严格。以 CPTPP 为代表的高标准 FTA 更加重视知识产权侵权的新样态，强调针对数字环境下商标、版权及相关权侵权行为的执法，以有效解决网络侵权泛滥的问题。相比于 TRIPS，CPTPP 还在如下方面加强了执法力度：一是加大侵权触发力度，规定对于侵犯版权、相关权以及假冒商标的行为，各缔约方应建立或维持事先设定赔偿金或者附加赔偿金制度；二是拓宽边境措施的实施范围，由 TRIPS 所规定的进口货物延伸至出口和转口货物；三是降低刑事处罚门槛，对 TRIPS 中规定的"达到商业规模"进行了扩张性界定，规定即使不以营利为目的而故意实施的重大行为，如果该行为对版权或相关权利人的市场利益造成实质性损害，也可能构成"达到商业规模"而受到刑事处罚。此外，CPTPP 强调为权利人提供更为充分的救济，如在民事和行政救济条款中，允许根据权利人的请求销毁侵权商品，不再需要考虑侵权的严重程度与给予的救济以及第三方利益之间的均衡性；在临时措施条款中，删除了保障被告利益的条款。

（二）USMCA 彰显了美式知识产权规则的核心利益诉求

美国在退出 TPP 后，积极推动 USMCA 取代《北美自由贸易协议》（NAFTA），维护"美国优先"的核心利益。USMCA 被美国总统特朗普称为"历史上最现代、最先进、最平衡的贸易协定"，是未来美式经贸规则发展的模板。USMCA 的知识产权规则除了保留 CPTPP 冻结的 11 个条款外，还提出了更为严格的要求。

USMCA 旨在保护美国的创新者和创造者，主要在如下领域对知识产权规则进行加强。在版权和专利权方面，实行全面的国民待遇；为制药和农业创新者提供强有力的保护；将歌曲表演等作品的最低版权期限延长，并确保通过技术保护措施保护数字音乐、电影和书籍等作品。在互联网服务方面，建立版权的"避风港"制度和"通知—删除"原则。在地理标志方面，为新地理标志的认定提供重要的程序保障，包括：为防止地理标志名称重复使用建立严格的标准；建立伙伴国之间的地理标志磋商机制。在商标权方面，加强商标尤其是著名商标的保护，以帮助公司建立品牌的商誉。在生物制剂方面，延长生物制药数据的保护期限并扩大受保护的产品范围。此外，在数字贸易章节中，USMCA 还提出与数字贸易有关的知识产权规则，如禁止将关税和其他歧视性措施应用于以电子方式分发的数字产品；保护消费者在数字贸易中的隐私权；限制政府要求披露源代码和算法的能力；加强应对网络安全挑战的应对合作；促进对政府生成的公共数据的开放访问。（见表3）

表3　NAFTA 和 USMCA 知识产权条款的比较

	NAFTA	USMCA
版权与相关权	国民待遇不完善	实施全面的国民待遇
版权保护期限	以自然人生命为基础计算的，版权保护期至少应为作者有生之年加死后50年；不以自然人生命为基础计算的，版权保护期不少于首次经授权出版后50年	以自然人生命为基础计算的，版权保护期至少应为作者有生之年加死后70年；不以自然人生命为基础计算的，版权保护期不少于首次经授权出版后75年
网上盗版	没有版权的避风港系统以阻止网上盗版	建立适当的版权避风港系统以遏制网上盗版
数字环境	没有明确要求数字环境下的强制性义务	明确要求数字环境下的强制性义务
工业设计	为工业设计提供至少10年的保护	为工业设计提供至少15年的保护
专利保护期限	不会因专利局的不合理行为或监管的延误而延长专利保护期	因专利局的不合理行为或监管的延误需延长专利保护期
盗录（camcording）	不受刑事处罚	接受刑事处罚
商业秘密	保护较弱	对商业秘密进行严格的民事和刑事保护，如禁止国有企业侵占商业秘密
农业化学品	5年的数据保护期	10年的数据保护期
地理标志	对不透明的地理标志保护数据管理系统极少进行保护	提高地理标志保护数据管理系统的透明度，并加强保护

	NAFTA	USMCA
防范对技术保护的规避	没有明确的针对规避技术保护的防范手段	要求针对规避技术保护的措施进行防范
可疑的假冒商品	海关官员没有职权强制制止可疑的假冒商品	要求海关官员根据职权制止可疑的假冒商品
电缆盗窃（cable theft）	不要求对电缆盗窃进行刑事处罚或民事赔偿	要求对卫星和电缆盗窃进行刑事处罚或民事赔偿
公共健康	未提及知识产权保护与公共健康安全的平衡	重申《TRIPS 与公共健康的多哈宣言》

资料来源：作者整理，美国贸易代表办公室。

（三）EVFTA 体现了以越南为代表的发展中国家知识产权规则的对接方向

EVFTA 是目前越南承诺条件最多、欧盟承诺条件最多的国际经贸协定，确保了双方的利益平衡，为越南营造公开、透明、便利的营商环境奠定了法律基础，越南国内的法律制度也将因一系列高标准国际经贸规则的签署而进行改革。

在知识产权章节，EVFTA 包含总则、知识产权保护的标准、知识产权执法三大部分，涵盖版权及相关权、商标、地理标志、工业设计、专利、未披露信息、植物品种等内容。整体看，EVFTA 在知识产权领域的保护力度低于 CPTPP，如对于版权的保护期限设定为 50 年、未建立版权的"避风港"制度、对于农业化学品的保护期限设定为 5 年、未提及数字环境下的知识产权保护等内容。但是，EVFTA 对越南国内知识产权法律制度的建设具有极大的推动作用。

根据越南议会的第 102/2020/QH14 号决议（以下简称"第 102 号决议"），部分 EVFTA 的知识产权条款从协议生效之日（2020 年 8 月 1 日）起直接适用，无须对现行国内法律法规进行任何修改，而其他条款则需在对知识产权法进行修订后实施。在修订的《知识产权法》颁布之前，越南直接采用 EVFTA 的临时条款（第 102 号决议的附件 3）。临时条款主要设计专利、工业设计、商标等方面的内容（见表 4）。

表4　越南政府关于 EVFTA 知识产权规则的临时条款

	越南现行的《知识产权法》	EVFTA	临时条款
商标	如果一个注册商标可能会使公众对带有该商标的商品或服务的性质、质量或地理来源产生误解，那么必须以"该商标在注册或获得保护时不符合保护要求"为由宣告其无效，以停止此类商标的使用。但是，无效程序的期限仅为自授予之日起5年。一旦超过该时限，将无法再使此类商标无效。上述无效措施只有在商标注册时已经发生误导性使用的情况下才适用。如果误导性使用仅在商标注册后发生，则没有可撤销商标的法律依据	如商标所有人或他人经其同意在其注册的商品或服务上使用注册商标的行为对公众产生误导，尤其是涉及商品或服务的性质、质量或地理原产地时，则该商标应予以撤销，或者根据相关国内法禁止使用。（第12.22条）根据 EVFTA 的规则，在注册或受保护商标的有效期内随时可执行撤销措施，即使该商标在注册时并未误导公众，但其后续使用可能会误导公众，则该商标可能会被撤销	该条款规定将于2020年8月1日生效并执行，直至通过《知识产权法》修订将其转化为国内法
专利	无	越南将首次建立新的机制，对因不合理延误首次上市销售许可（market authorisation）授权而导致的专利有效期缩短给予药品专利所有人补偿，可以采用专利期限延长的方式进行补偿，最长期限不超过两年（第12.40条）	免除专利所有人为在延迟期内使用受保护发明的费用。但是，专利所有人必须在销售许可发布之日起的12个月内，向越南知识产权局提交越南药品管理局（DAV）发出的不合理延误书面确认书。如果在提交日后超过24个月未收到越南药品管理局对已提交的销售许可文件的反馈或意见，则可以确认为延误
工业设计	工业设计定义为"以形状、线条、颜色或其任意组合展示的产品外观"	为了使产品的组件设计可被注册以得到保护，必须使其在组装成品的状态下可见（第12.35条）	工业设计定义为"成品或用于组装成品的组件的外观，外观以形状、线条、颜色或其任意组合展示，并且在产品使用过程中可见"

资料来源：作者根据第102号决议的附件3整理。

三、我国知识产权规则发展现状及与国际通行规则的差异

（一）我国知识产权规则发展现状

随着经济全球化和科学技术的深入发展，知识产权日益成为国际竞争力的核心要素。因此加强知识产权保护对于我国参与国际经济治理具有重要的意义。

从国内看，知识产权保护意识不断提高，保护体系逐渐完善。我国已制定了《中华人民共和国专利法》《中华人民共和国专利法实施细则》《中华人民共和国商标法》《中华人民共和国商标法实施细则》《中华人民共和国著作权法》《中华人民共和国著作权法实施细则》《中华人民共和国反不正当竞争法》《中华人民共和国植物新品种保护条例》《中华人民共和国知识产权海关保护条例》《集成电路布图设计保护条例》《计算机软件保护条例》《奥林匹克标志保护条例》《专利代理条例》等涉及知识产权保护的法律法规。我国还于 2008 年出台《国家知识产权战略纲要》，旨在加强知识产权保护国际合作、提高知识产权治理能力和治理水平、开启新时代知识产权强国建设的征程。2015 年，国务院出台《关于新形势下加快知识产权强国建设的若干意见》，指出全球新一轮科技革命和产业变革蓄势待发，我国经济发展方式加快转变，创新引领发展的趋势更加明显，知识产权制度激励创新的基本保障作用更加突出，为深入实施创新驱动发展战略，应深化知识产权领域改革，加快知识产权强国建设。2019 年，中共中央办公厅、国务院办公厅出台《关于强化知识产权保护的意见》，进一步完善知识产权制度和优化机制，进一步打造知识产权强国。国家知识产权局数据显示，2007 年至 2019 年，国内（不含港澳台）有效发明专利拥有量从 8.4 万件增长至 186.2 万件，有效注册商标总量从 235.3 万件增长至 2521.9 万件。仅 2018 年当年全国专利密集型产业增加值达到 10.7 万亿元，占国内生产总值（GDP）的比重达到 11.6%。

从国际看，我国知识产权发展水平稳步提高，但与发达国家仍存差距。在 WIPO 框架下，我国于 1980 年成为 WIPO 的成员国，并相继加入《保护工业产权巴黎公约》《商标注册马德里协定》《保护文学和艺术作品伯尔尼公约》等一系列知识产权保护国际公约。此外，《视听表演北京条约》（以下简称《北京条约》）于 2012 年在北京缔结，于 2020 年正式生效，是新中国成立以来第一个在我国缔结、以我国城市命名的国际知识产权条约。《北京条约》赋予表演者依法享有许可或者禁止他人使用其在表演作品时的形象、动作、声音等表演活动的权利，全面提升国际社会对表演者权利保护的水平，推动视听产业健康发展，保护传统文化和民间文艺，进一步完善国际知识产权体系。在 WTO 框架下，我国于 2001 年成为 WTO 成员方，并开始全面实施 TRIPS 的相关条款，逐步履行知识产权保护承诺。入世以来，我国建立健全知识产权法律法规，构建符合 WTO 规则和中国国情的知识产权法律体系；强化知识产权保护司法主导作用，提高违法成本，发挥法律威慑作用。随着知识产权保护体系的健全和完善，我国在知识产权国际舞台的地位不断提升。WIPO 数据显示，2019 年中国《专利合作条约》（PCT）框架下国际专利申请量位列全球第一，增速达 10.6%，较第二名美国的增速高 7.8 个百分点；在专利申请前十名的公司中，中国占据 4 家，分别为华为、OPPO、京东方和平安科技。（见表 5）

表5　2019 年国际专利申请数量前十名国家

排名	国家	专利申请数量	增幅
1	中国	58990	10.6%
2	美国	57840	2.8%
3	日本	52660	5.9%
4	德国	19353	−2.0%
5	韩国	19085	12.8%
6	法国	7934	0.2%
7	英国	5786	2.7%
8	瑞士	4610	0.7%
9	瑞典	4185	0.4%
10	荷兰	4011	−3.0%

资料来源：世界知识产权组织。

虽然我国知识产权保护水平不断改善，但是仍然频繁遭受来自发达国家的责难。知识产权保护一直是中美贸易往来最具争议的核心问题之一。自 1991 年以来，美对我共发起 6 次"301 调查"（见表 6），其中，1991 年、1994 年、1996 年和 2017 年涉及知识产权。区别于前三次调查集中于知识产权法律体系，2017 年的"301 调查"重点关注强制性技术转让，聚焦于涉及国际贸易和技术进出口领域的知识产权问题，目的是防止中国高新技术的发展，此次"301 调查"也成为中美经贸摩擦的前奏。在最终达成的《中美第一阶段协议》中，中美就加强知识产权保护达成共识，内容涵盖商业秘密保护、与药品相关的知识产权问题、专利有效期延长、地理标志、打击电子商务平台上存在的盗版和假冒、打击盗版和假冒产品的生产和出口、打击商标恶意注册，以及加强知识产权司法执行和程序，进一步推进我国改革完善知识产权保护体系。

表 6　中美涉及知识产权的"301 调查"

时间	内容	结果
1991 年 4 月	具体指控包括如下内容： 专利法有缺陷，尤其是对药品和农业化学品不提供产品专利保护； 对首次发表于中国之外的美国作品，不提供著作权保护； 著作权法及有关法规对著作权的保护水平过低，版权法没有完全制订出来，计算机软件没有按照文学作品来保护； 对商业秘密的保护不足； 另外中国缺乏对于知识产权，包括商标权的有效保护	1992 年 1 月，签署《中美关于知识产权保护的谅解备忘录》
1994 年 6 月	美国认为中国在实施立法方面不力，并且实质上也没有保护著作权作品的立法，盗版严重，尤其是音像制品和计算机软件	1995 年 2 月，签署《中美知识产权保护协议》
1996 年 4 月	中国被美方列为当年唯一的"301 条款"重点国家。美方提出因为中国的盗版行为，美国出版业 1995 年的损失达 23 亿美元。美方认为，中方未采取有效行动解决盗版问题，且在市场准入方面没有取得实质性进展	1996 年 6 月，中美达成知识产权的第三个协议，协议由部长换函和"关于中国在 1995 年知识产权协议项下所采取的实施行动的报告"两部分组成

时间	内容	结果
2017 年 8 月	针对"在技术转让、创新和知识产权保护方面，中国政府的政策和措施是否对美国的贸易利益有不合理的歧视或损害"启动调查	2020 年 1 月，签署《中美第一阶段协议》

资料来源：作者整理，《中美知识产权争端及其对策分析》。

（二）我国签署的知识产权规则与国际通行规则的差异

截至 2022 年底，我国已签署了 19 个自由贸易协定，涉及 26 个国家和地区，其中只有与毛里求斯、格鲁吉亚、韩国、冰岛、秘鲁、澳大利亚、瑞士、哥斯达黎加和新西兰 9 国的协定以及《区域全面经济伙伴关系协定》（RCEP）中包含知识产权的单独章节。早期，我国签署的自由贸易协定主要关注贸易和投资自由化以及相关保护事项。2008 年，中国一新西兰 FTA 首次设置了知识产权章节，但内容多为象征性的说明或 TRIPS 的权利与义务，没有进行实质性突破。其后，我国与秘鲁、哥斯达黎加、冰岛等国签署的自贸协定对知识产权议题的处理方式与中国一新西兰 FTA 类似。直到中国一瑞士、中国一澳大利亚、中国一韩国 FTA（分别简称"中瑞 FTA""中澳 FTA""中韩 FTA"），知识产权章节才开始出现了实质性内容，其后的中国一格鲁吉亚 FTA（简称"中格 FTA"）内容与中澳 FTA 内容类似。因此，中澳 FTA 和中韩 FTA 中的知识产权章节在我国签署的 FTA 中具有代表性。

从内容上看，中澳、中韩等 FTA 章节体系丰富，新增了明确的、具体的硬性要求条款，涵盖目标、原则、国际协定、知识产权各领域的具体规定、执行措施、结构设置等方面。相比于中澳 FTA，中韩 FTA 知识产权章节具有更好的系统性，包含版权和相关权，商标，专利和实用新型，遗传资源、传统知识和民间文艺，植物新品种保护，未披露信息，工业品外观设计等具体小节。同时，我国签订的 FTA 中也体现了发展中国家的特色：一是强调知识产权保护与社会公共利益的平衡，如强调知识产权与公共健康的关系、专门规定遗传资源、民间文化、传统知识的保护等；二是中瑞 FTA 专门提到双方尽所有合理努力批准或加入《视听表演北京条约》；三是中韩 FTA 中强调实用新型的保护，并明确承认了"声音商标"等。

但是，受发展水平、开放程度以及国际环境多重因素的影响，我国自贸协定中的知识产权条款尚与发达国家存在差异（见表7）。一是知识产权文本缺乏系统性。在我国目前签订的 FTA 中，中韩 FTA 具有相对完善的知识产权保护体系，但是其后签署的中格 FTA 没有秉承中韩 FTA 的模式，而是采用中澳 FTA 的模式，缺乏知识产权保护体系的一致性。从条款设置看，中澳、中韩等 FTA 也各有不同，如中韩 FTA 未专门设置地理标志小节、中澳 FTA 设置国民待遇条款但其他 FTA 未设置、中瑞 FTA 强调《北京条约》但之后的 FTA 不再提及等。总体而言，近年来我国签署的 FTA 中知识产权章节缺乏一致性。二是对知识产权的保护程度与发达国家仍有差距。发达国家签署的 FTA 中的知识产权条款对版权、商标等的保护期均有所延长，如几乎所有美式 FTA 均将 TRIPS 下的 50 年版权保护期延长至 70 年，体现了发达国家强化知识产权保护的趋势。三是关注的知识产权保护客体种类存在差异。发达国家增加气味商标、域名、国名、试验数据、生物试剂等保护客体，扩大可授予专利的客体，强调网络时代的知识产权保护。发展中国家强调遗传资源、传统知识和民间文艺等的保护。对知识产权保护客体的关注重点不一致增加了我国与发达国家在国际贸易领域进行知识产权谈判时的障碍。

表7　高标准 FTA 知识产权条款与中韩 FTA 的对比

条款	TPP/CPTPP	USMCA	中韩 FTA
版权保护期限	作品、表演或录音制品的保护期：保护期不得少于作者有生之年加死后 70 年或者首次授权发行日历年年底后不少于 70 年；如自创作之日起 25 年内未授权发行，自创作日历年年底后不少于 70 年（冻结）	作品、表演或录音制品的保护期：保护期不得少于作者有生之年加死后 70 年或者首次授权发行日历年年底后不少于 75 年；如自创作之日起 25 年内未授权发行，自创作日历年年底后不少于 70 年	广播的保护期不得少于广播首次播出之日起 50 年

续表

条款	TPP/CPTPP	USMCA	中韩 FTA
数字版权保护措施	技术保护措施（冻结）；权利管理信息（冻结）；互联网服务提供商法律救济和避风港（冻结）	进一步强化技术保护措施、权利管理信息和互联网服务提供商的责任。新增数字贸易相关条款	技术保护措施、权利管理信息概括规定，无互联网服务提供商相关条款
商标注册条件	不得因标记仅由声音组成而拒绝商标注册，尽最大努力注册气味商标（保留）	同 TPP	不得因标记仅由声音组成而拒绝商标注册
商标保护期限	初始注册和每次续展注册的有效期不少于 10 年（保留）	同 TPP	同 TRIPS：初始注册和每次续展注册的有效期 7 年
驰名商标	对驰名商标扩大保护：《巴黎公约》第六条比照使用到与驰名商标不相同或者不相似的商品或服务上，无论注册与否，只要在该商品或者服务上使用该商标会指示其与商标所有人存在联系，并且该商标所有人的利益可能因为该使用受到损害（保留）	同 TPP	只保护已注册的驰名商标
域名和国名	对于国家顶级域名的管理，应以《统一域名争议解决政策》所建立的原则为基础或类似方法提供适当的争端解决机制（保留）；对于国名，应为利害关系人提供法律手段，防止以在货物原产地方面误导消费者的方式在货物上商业地使用缔约方的国名（保留）	同 TPP	无
外观设计	同 TRIPS	缔约方应给予工业品外观设计至少 15 年的保护期，建立工业设计电子系统	同 TRIPS：缔约方应给予工业品外观设计至少 10 年的保护期

条款	TPP/CPTPP	USMCA	中韩 FTA
可授予专利的客体	无论是产品还是方法，只要此类发明具有新颖性、包含创造性步骤且可供工业应用，均可授予专利（保留）； 每一缔约方确认以下至少一种类型主张的发明可授予专利：已知产品的新用途，使用已知产品的新方法、使用已知产品的新工序（冻结）； 缔约方有权拒绝授予植物以专利权，但是专利至少可授予源自植物的发明（冻结部分）	同 TPP	同 TRIPS： 无论是产品还是方法，只要此类发明具有新颖性、包含创造性步骤且可供工业应用，均可授予专利
药品、农业化学品保护	如产品提交关于安全性和有效性的未披露试验或其他数据或其他领土先已获得上市许可的证据，则自该新农业化学品在该缔约方获得上市许可之日至少 10 年内，不得运去第三方未经先前提交此类信息的人同意而上市销售相同或类似产品（保留）。 因不合理缩短而调整专利保护期（冻结）。 保护未披露试验或其他数据（冻结）	进一步将生物制剂纳入药品试验数据的保护范围，并将保护期从 8 年延长至 10 年	无
植物新品种	无	无	至少涉及受保护品种繁育材料的下列活动应获得育种者授权：以商业为目的的生产或繁殖、以商业繁殖为目的的处理、许诺销售、销售或其他市场行为以及进口或出口

续表

条款	TPP/CPTPP	USMCA	中韩 FTA
遗传资源、传统知识等	"传统知识领域的合作"条例中概括规定	无	根据各缔约方的国际权利与义务以及国内法律，缔约双方可采取或者保持促进生物多样性保存以及公平分享利用遗传资源和传统知识所产生的惠益的措施
执法	在确定补偿性赔偿金额时，每一缔约方的司法机关应有权考虑权利人提交的任何价值评估，包括：利润损失、以市场价或建议零售价估算的被侵权的货物或服务的价值。在有关侵犯保护作品、录音制品、表演或商标的民事司法程序中，允许征收额外赔偿，包括惩罚性赔偿（保留）。各缔约方的主管机构应依据其司法规定就涉及知识产权的救济请求不做预先通知地快速作出处理（保留）。将边境措施适用于进口、出口和过境三个环节等严格的条款（保留）。各缔约方应规定至少适用于具有商业规模的故意假冒商标或者故意盗版案件的刑事程序和处罚（保留）	单列小节强调商业秘密，给予明确定义，强化侵权的执法措施：在确保有效防止不正当竞争的情况下，每一缔约方应确保个人具有法律手段以防止合法控制下的商业秘密在未经同意的情况下被他人（包括国有企业）披露、获取或使用	同 TRIPS

资料来源：作者整理。

（三）我国知识产权规则与国际通行规则存在差异的原因

一是知识产权国际规则缺乏对标范本，不同经济体之间出现规则分化。随着科学技术的快速发展，知识产权的外延不断扩大，除传统的版权、商标、专利等议题外，实验数据、网络域名、国名、作品形象、数据库、卫星广播、网络传输等相继对知识产权保护提出要求。以 TRIPS 作为当前国际贸易中知识产权规则的范本不够与时俱进，遭到来自发达国家和发展中国家的双重诟病。发达国家认为当前的 TRIPS 对知识产权的保护力度明显不足，因此大力推行区域自由贸易协定以满足其对知识产权保护的诉求。发展中国家则认为 TRIPS 过度强调对版权、商标、专利等新型智力成果的保护，缺乏对遗传资源、传统知识和民间文艺等发展中国家关注议题的保护，因此发展中国家也在积极推进在国际经贸规则中增加关于上述议题的条款。

二是发达经济体强调自身利益维护，知识产权霸权主义情绪高涨。自 20 世纪 70 年代以来，高技术产品在国际贸易中所占比重越来越大，与之相关的工业产权和商业秘密成为国际贸易的重要考虑因素。为维护自身利益，发达国家开始在全球范围内推行知识产权强保护策略，推动建立高标准的知识产权国际规则，试图将其国内的知识产权规则在全球范围内予以推广。例如，美国专利商标局（USPTO）2018 年 11 月发布的《2018—2022 战略规划》指出，"在全球范围内发挥领导作用，改善全球知识产权政策、执法和保护"是未来美国专利商标局工作的三大目标之一。当前，以 CPTPP、USMCA 为代表的国际经贸规则中的知识产权条款也充斥着"美式规则"的身影。

三是不同经济体发展阶段存在差异，知识产权保护难以达成共识。当前，发展中国家的知识产权规则仍主要以 TRIPS 为范本，但 TRIPS 中部分知识产权保护标准过高，发展中国家受发展水平的限制短期内难以达到要求。例如，发展中国家认为，TRIPS 对商业用途专利和与公共健康安全有关的药品专利作不加区分的一体保护，导致药品研制能力较弱的发展中国家难以应对流行疾病导致的公共健康危机。《TRIPS 与公共健康多哈宣言》通过后，WTO 允许其成员国在面临艾滋病、结核病、疟疾等传染病导致的公共健康危机时，启动药品专利的强制许可制度，从而加强发展中国家应对流行疾病的能力，并提高国际经贸规则中知识产权保护与公共健康安全的平衡。

四、我国对接国际高标准知识产权规则的思路

当前，应积极推进我国知识产权规则与国际对接，参与知识产权全球

治理，推动构建开放包容、平衡有效的知识产权国际规则，加快构建多边、周边、小多边、双边"四边联动、协调推进"的知识产权国际合作新格局。

一是树立规则意识，加快我国知识产权规则对接国际通行标准。规则是推动经济全球化的重要保障，在继续完善国家知识产权制度、提高知识产权保护水平的同时，我国应更自觉地站在国际高度，以更自觉的"规则主导"意识，从国家整体利益出发，考量并对标国际规则和标准，健全和完善我国知识产权制度。在研判国际知识产权发展趋势的基础上，明确参与规则制定的角色定位，积极推进有利于全球化发展的知识产权保护规则。

二是明确发展导向，推动构建更加公平合理的国际知识产权规则。积极参与联合国框架下的发展议程，重视和维护 WTO 和 WIPO 作用的发挥，推动《TRIPS 与公共健康多哈宣言》《视听表演北京条约》等知识产权国际公约的落实，参与《保护广播组织条约》《生物多样性公约》等规则的国际谈判，推进加入《工业品外观设计国际注册海牙协定》和《马拉喀什条约》进程，推动知识产权国际规则向开放包容、平衡有效的方向发展。

三是推动创新发展，提升发展中国家在知识产权全球治理的话语权。坚持发展中国家的地位与立场，团结和联合发展中国家，积极主动提出立场主张，提倡"包容、互惠、平衡"的知识产权理念，推动建立以"保护权利"和"促进发展"为核心的知识产权全球治理新结构。谋求发展中国家参与知识产权国际规则变革的主动权，加强与全球开放协调，积极参与、推动知识产权国际规则制定和完善，构建公平合理国际新秩序，为市场主体参与国际竞争创造有利条件，实现优进优出和互利共赢。

四是坚持"四边联动、协调推进"，加强知识产权对外合作机制建设。加强多边合作，深化与世界知识产权组织、世界贸易组织及相关国际组织的合作关系，积极参与知识产权全球治理。深化同主要国家知识产权、经贸、海关等部门的合作，巩固与传统合作伙伴的友好关系。加强周边合作，积极推动区域全面经济伙伴关系和亚太经济合作组织（APEC）框架下的知识产权合作，探索建立"一带一路"沿线国家和地区知识产权合作机制。加强小多边合作，积极参与中美欧日韩、金砖五国、中蒙俄等知识产权合作。加强双边合作，推进国内外知名地理标志产品的保护合作，促进地理标志产品国际化发展。

五、我国对接国际高标准知识产权规则的建议

加强知识产权保护是我国推动高质量发展、推进制度型开放、建设更高水平开放型经济新体制的必然要求。我国应积极对接国际通行规则，健全和完善知识产权保护体系；依托双多边自由贸易协定、区域合作组织、国际组织等平台，积极参与知识产权全球治理，提高我国在知识产权领域的话语权；依托"一带一路"建设，打造知识产权国际合作协调机制，营造平等、互惠、开放、发展的区域知识产权国际秩序。

把握知识产权保护的国际发展趋势，提升国家知识产权战略的国际竞争力。当前，新一轮科学技术革命蓄势待发，知识产权保护制度对创新的激励和保障作用日益突出，相关的规则体系也因此迎来改革和重构。在此背景下，我国应尊重国际知识产权的发展规律，完善中国特色知识产权制度，充分发挥知识产权保护制度激励创新、促进成果转化的关键作用。同时，我国应密切跟踪我方缺席的 CPTPP、ACTA 等的谈判进程，提前就相关条款开展知识产权保护水平压力测试，做好应对的政策储备。实施好 RCEP 等自贸协定，争取把握与知识产权有关的区域协定规则的主导权，推动开展植物新品种、遗产资源保护、知识产权反垄断等议题的谈判，积极制定符合我国国家利益的条款。

依托双多边自由贸易协定，完善知识产权规则体系。明确知识产权相关定义，细化维护知识产权的执行标准。明确并细化知识产权涵盖内容，如对商业机密、专利、商标、著作权等的定义与理解，并将技术进步带来的知识产权保护问题纳入协议框架中，如互联网衍生产业对原有知识产权体系的挑战等。完善知识产权相关的法律法规，就侵犯知识产权行为的处罚达成共识，促进执行层面上对知识产权的保护。加强知识产权执法力度及透明度，建立知识产权维权和争端解决机制。

加强在知识产权国际舞台上的发声，提升发展中国家在知识产权全球治理中的地位。在 WTO 框架下，推行符合发展中国家利益的知识产权议

题。在世卫组织框架下，推动知识产权与公共健康权保护的讨论，积极推动发挥专利制度在促进药品研发与应用方面的重要作用。在《生物多样性公约》缔约方大会、联合国粮农组织框架下，推动知识产权与生物多样性、粮食安全等议题的讨论，积极推动遗传资源运用过程中的惠益分享。在联合国贸易和发展会议框架下，推动知识产权与发展的讨论，推动知识产权制度发挥技术援助的作用。在联合国开发计划署、联合国环境规划署、联合国教科文组织框架下，提出运用知识产权促进发展、保护文化多样性等议题。加强与国际组织、区域多边组织的合作，不断提高我国在知识产权规则制定过程中的参与度和主导权。

构建知识产权国际合作协调机制，深化"一带一路"知识产权合作。打造"一带一路"知识产权国际合作平台，促进不同国家知识产权制度和文化的协调与融合。积极探索和构建在知识产权领域加强对话与合作的机制，努力建立良好的知识产权生态体系，营造有利于创新和可持续发展的环境。推动世界知识产权组织为"一带一路"沿线国家合作提供技术援助和支持，就涉及"一带一路"建设中的知识产权海关保护、技术转让、争议解决等相关问题进行协商，并形成知识产权监控的联动机制。整合沿线国家知识产权信息资源，建设"一带一路"沿线国家知识产权信息服务平台与服务中心，为企业提供信息检索、查询、展示等服务。

发挥政府、行业协会、企业、智库等的优势，完善我国参与知识产权国际谈判的应对机制。知识产权谈判具有高度专业性和行业敏感性，应当调动全社会专业力量参与到对外谈判中，尤其是摸清企业在对外谈判中的需求与诉求。充分发挥行业协会和社会智库在对外谈判中的作用，使其成为企业和政府信息沟通的桥梁，共同形成知识产权对外谈判的合力，提升我国在知识产权全球治理中的谈判能力。

（执笔人：张一婷）

我国在数字贸易领域推进制度型开放的
思路研究

内容提要：随着数字技术在传统经济领域的广泛应用，我国数字经济特别是数字贸易蓬勃发展，在世界范围内居于领先地位，这为我国提高参与全球经济治理的能力提供了历史契机。我国应当强化国家统筹谋划和整体应对，从战略高度重视数字贸易规则事宜，依托我国电子商务第一大国地位，现阶段重点推动跨境电商多边贸易规则，深入分析数字贸易规则重点议题，提出我国数字贸易规则政策主张，并强化网络安全和重要数据保护。

近年来，随着现代信息技术在传统行业中的深度应用，全球产业结构、生产组织方式和产品内容等都发生了深刻变化。而作为资源配置的核心环节，贸易也在经历数字化的深刻变革。借鉴二十国集团杭州峰会关于数字经济的定义，并结合联合国、美国国际贸易委员会的定义，数字贸易是以现代信息网络为载体，通过信息通信技术的有效使用，实现传统实体货物、数字产品与服务、数字化知识与信息的高效交换，进而推动消费互联网向产业互联网转型，并最终实现制造业智能化的新型贸易活动，是传统贸易在数字经济时代的拓展与延伸。①

数字贸易的交易标的主要包括三类。第一，在电子商务、跨境电商上交易的传统实体货物，现阶段主要以电子产品、服装鞋帽、生活日用、健康美容、儿童玩具等类别的商品为主。第二，数字产品与服务。数字产品包括软件、视频、音乐、游戏等通过数字编码方式传播，独立于物理载体的产品；数字服务包括信号、文字、图像等信息的传输服务，视听内容的广播服务，电子化网络实现的服务等。第三，数字化知识与信息，对应于传统贸易中的生产要素，主要是指数字经济时代的关键性生产要素——数据。

一、数字经济与数字贸易的发展

数字经济快速发展带动国际贸易方式的创新变革，数字贸易成为国际贸易发展的新趋势。目前全球 50% 以上的服务贸易已经实现数字化，超过 12% 的跨境货物贸易通过数字化平台实现。预计今后 10—15 年全球货物贸易、服务贸易分别呈年均 2%、15% 左右的增长，而数字贸易则呈年均 25% 左右的高速增长，20 年后世界贸易将形成三分之一货物贸易、三分之一服务贸易、三分之一数字贸易的格局（黄奇帆，2019）。从服务贸易角度看，数字贸易主要体现在贸易对象的数字化，据显示，2008—2018 年，全球数字服务出口规模从 18379.9 亿美元增长到 29314.0 亿美元，年平均增长率约

---

① 联合国贸易和发展会议（2015 年）将电子商务定义为"通过计算机网络进行的购买和销售行为"，涉及搭配实物商品以及以数字方式提供的无形（数字）产品和服务。2013 年 7 月，美国国际贸易委员会在《美国与全球经济中的数字贸易》中正式提出了"数字贸易"定义，采用了相对狭窄的数字贸易定义，排除了大部分的实体商品贸易，比如在线订购的商品和需要数字副本对应的实体商品，像书、软件、音乐还有电影都通过 CD 或 DVD 的方式售卖。通过互联网传输产品和服务的国内商务和国际贸易活动，包括四个方面的内容：一是数字化交付内容，如音乐、游戏；二是社交媒体，如社交网络网站、用户评价网站等；三是搜索引擎；四是其他数字化产品和服务，如软件服务、在云端交付的数据服务等。2017 年，美国贸易代表办公室发布的《数字贸易的主要障碍》报告认为，"数字贸易"应当是一个广泛的概念，不仅包括个人消费品在互联网上的销售以及在线服务的提供，还包括实现全球价值链的数据流、实现智能制造的服务以及无数其他平台和应用。

为 5.8%。从服务构成看，2018 年占比最高的三类数字服务贸易是工程研发、保险金融、知识产权。从国别结构来看，发达国家在数字服务贸易的影响力更甚于货物贸易，发展中国家面临新的发展挑战（中商产业研究院，2020）。

美欧日等发达经济体仍是全球数字贸易的引领者。美国占据全球 36% 的 B2B 销售额，其后是英国（18%）、日本（14%）、中国（10%）。美国中小企业基于互联网的货物和服务出口增长率超过了总出口增长率。发达国家正在不遗余力地推动全球数字贸易规则，试图在数字贸易中继续抢占先机。目前美国数字经济全球占比约为 35%，1997—2017 年美国数字经济平均年增长率为 9.9%，比 GDP 增长率高 4 倍。近年来，欧盟致力于构建数字单一市场。欧洲数字经济全球占比为 25%，仅次于美国。目前利用 eBay 从事出口业务的欧盟公司出口范围平均达 27 个出口国。分地区来看，中欧数字贸易出口的国家和地区最多，北欧和西欧国家相对比较富裕，对电子商务的发展重视程度要比南欧和中欧弱（王晓红，2019）。

在世界数字贸易发展的浪潮中，我国依托国内电子商务的产业优势，大力发展跨境电商等相关产业，走在了世界各国前列。自 2013 年 8 月以来，国务院及商务部、财政部等陆续出台了 30 多项促进跨境电商健康快速发展的政策措施，并在全国范围内设立三批共 35 个跨境电子商务综合试验区。据海关统计，2018 年中国跨境电商零售进出口总额达到 1347 亿元，同比增长 50%，2020 年我国跨境电商进出口规模达 1.62 万亿元人民币，增长 25.7%。2021 年我国跨境电商进出口规模达 1.92 万亿元人民币，增长 18.6%，实现连续两年高速增长。2022 前 8 个月，我国跨境电商表现出非常好的增长势头。数字产品与服务贸易同样呈现高速增长态势。商务部数据显示，我国知识密集型服务进出口稳定增长。2022 年，知识密集型服务进出口 25068.5 亿元，同比增长 7.8%。其中，知识密集型服务出口 14160.8 亿元，同比增长 12.2%；出口增长较快的领域是知识产权使用费、电信计算机和信息服务，分别增长 17.5%、13%；知识密集型服务进口 10907.7 亿元，同比增长 2.6%；进口增长较快的领域是保险服务，增速达 35.8%。

据中国信通院发布的《中国数字经济发展白皮书（2022）》显示：数字

经济作为国民经济的"稳定器""加速器"作用更加凸显。2021年，我国数字经济发展取得新突破，数字经济规模达到45.5万亿元，同比名义增长16.2%，高于同期GDP名义增速3.4个百分点，占GDP比重达到39.8%，数字经济在国民经济中的地位更加稳固、支撑作用更加明显（见图1、图2）。

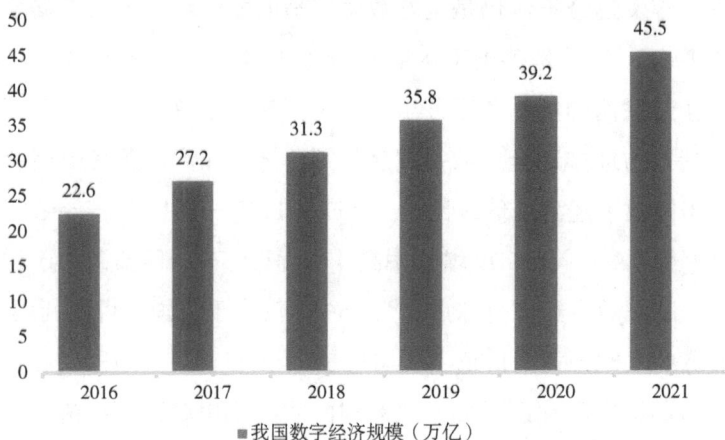

图 1　我国 2016—2021 年数字经济规模（万亿元）

数据来源：中国信息通信研究院。

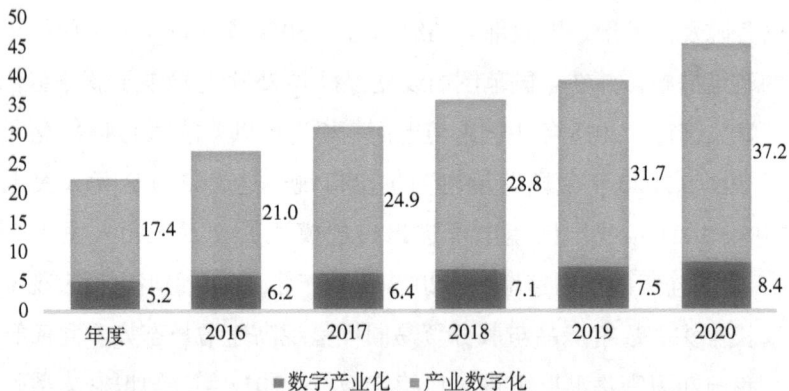

图 2　我国 2016—2021 年数字经济内部结构数据（万亿元）

数据来源：中国信息通信研究院。

与西方发达国家相比，我国数字贸易发展虽然起步较早，但在国际规则的制定方面尚缺乏话语权。目前，以美国为首的西方发达国家已经通过一系列多边或双边自贸协定，将其国内规则国际化，因此，发展数字贸易进而争取国际规则的话语权，对我国来说尤为重要。

国内数字贸易统计数据缺失较为严重，统计部门没有建立相应的数据统计机制，甚至也没有对数字贸易的四种类型进行专门的分门别类统计；相关部委在数字贸易统计数据方面也存在一定空白，零散的数据体现在个别报告中，无法形成成体系、跨时间的数据库。由于数字贸易的统计数据存在划分不清、数据连续性不强等问题，人们难以据此在微观上对数字贸易发展的真实情况进行精准把握。

二、主要国家关于数字贸易的主要立场

数字贸易作为一种新型贸易方式，其主要依托互联网体现出自由化和开放性等特点，这也造成了不同国家对于数字贸易的态度各不相同。

（一）美国数字贸易竞争优势明显，正全力主导全球数字贸易规则体系的构建

美国是网络信息技术的发源地、产业生态的主导者，也是数字贸易的受益者，数字贸易日益成为美国经济增长的关键引擎。基础设施方面，到2017年底，美国与各国联网带宽合计72.8Tbps，占全球四分之一。从产业看，美国拥有苹果、英特尔、高通、英伟达、IBM、谷歌、亚马逊、微软、脸谱等一流软硬件企业，它们共同定义和主导着全球网络信息产业发展方向。从GDP和就业看，美国国际贸易委员会（USITC）数据显示，通过数字贸易提高生产率和降低贸易成本，带动美国GDP增长3.4%—4.8%，雇佣就业岗位240万个。为巩固自身优势，最近两年美国明显加大数字贸易规则塑造力度。

1. 在战略目标上，明确谈判目标是保护开放和自由的互联网

对互联网采取管控举措很可能会阻碍数字贸易发展。USITC研究表明，取消国外数字贸易壁垒可能会使美国实际GDP增长0.1%—0.3%，并在数字密集型产业新增40万个就业岗位。为此，美国2015年6月《贸易促进授权法》明确列出数字贸易谈判的四大目标：确保将WTO当前承诺适用于数

字贸易，对数字贸易待遇不低于商品贸易待遇；禁止强制性的本地化要求，或对数据流动施加限制；保持现行的电子传输免税规则；确保法律法规设定尽可能少的贸易限制。

2. 在组织推动上，各部门合力应对国外数字贸易壁垒

为落实数字贸易战略目标，国会方面，2016年众议院筹款委员会组织"扩大美国数字贸易和消除美国数字出口壁垒"听证会；2018年6月国会联合经济委员会召开"需要确保美国在数字贸易领域领导力"的听证会；国会研究局2017年、2018年连续发布《数字贸易与美国贸易政策》研究报告，全面识别美国数字贸易面临的各类问题。美国联邦贸易代表处2016年7月组建数字贸易工作组，2016年至2018年连续三年发布《外国贸易壁垒评估报告》，标识出世界各国的数字贸易障碍。美国国际贸易委员会2017年8月发布《全球数字贸易：市场机会和关键的国外贸易限制举措》调查报告。

3. 在议题关切上，重点聚焦国外的六大数字贸易壁垒

从国会、美国国际贸易委员会（USITC）、美国贸易代表办公室（USTR）关于数字贸易的报告看，一是关注本地化壁垒，指要求把服务器放在境内，使用本国标准，优先采购国内生产或提供的产品或服务等，由此抬高美国企业成本。二是关注各异的隐私保护要求。当前欧盟有《通用数据保护条例》、亚太经济合作组织有隐私框架，各国要求差异较大，增加了美国企业合规成本。三是关注知识产权壁垒。网络盗版每年带来的损失大约有1600亿美元，损害了美国企业利益；同时，部分欧盟国家要求美国互联网平台企业为入驻商家的侵权行为担责，美国则主张平台企业无责。四是关注互联网内容审查。包括直接封堵和过滤美国的互联网站及内容；或者进行冗长的内容审查，导致美国企业的数字产品发布时间延迟。五是关注限制数据跨境流动。这打破了云计算服务或互联网服务的远程提供，难以优化配置资源。六是关注传统关税壁垒。主要指关税、通关程序等措施影响美国中小企业数字贸易效率。

4. 在规则落实上，正利用双边或多边机制推广其主张

为了应对国外数字贸易壁垒，首先在WTO体系下，2017年12月70

个成员国共同发布《关于电子商务的联合声明》、启动探索性工作达成共识后，美国在2018年4月WTO总理事会提交了关于电子商务谈判的文件，其中提出了七项议题，包括数据自由流动、数字产品的公平待遇、保护机密信息、数字安全、促进互联网服务、竞争性电信市场和贸易便利化，展现出美国的规则立场。其次在谈判的北美自贸区（NAFTA）中，美国的目标包括禁止对跨境数据流动的限制或对服务器实行本地化要求，禁止披露源代码或算法等。此外，在G20、OECD等场合，美国倡议开放互联网和允许数据流动，加强知识产权保护，重视网络安全和消费者保护等。

在《国际服务贸易协定》（TISA）关于电子商务和数字贸易议题的谈判中，美国提出了主要包括数据信息的自由流动、网络的自由访问和使用等七个方面的议题，主张要求确保数据的自由流动，不得将购买本土服务或在当地建造基础设施作为市场准入的条件，因各方分歧较大，谈判也未取得实质性进展。

（二）欧洲、日本等其他国家的立场及其与美国的分歧

1.欧盟

尽管欧盟的数字贸易发展水平与美日接近，但是其数字贸易政策却表现出较大的独特性，在数据监管和网络平台管理方面较之美日有较大区别。首先，来看数据监管，欧盟一直以来相当重视数据隐私保护，旨在确保数据安全的情况下推进跨境数据流动，为欧洲数字企业提供更广阔的数据市场。其中，法国和德国的数据监管政策最为严格。目前，欧盟出台了许多数据管理和隐私保护的法律，包括《电子私隐指示》（2002/58/EC）、《611/2013监管条例》、《通用数据保护条例》等。其次，从网络平台管理来看，欧盟的知识产权保护较为严格，有关法律法规包括2001年《版权指令》《欧盟专利制度》，目前关于欧盟使用专利制度的竞争政策和其他补救措施有很多案例。再次，在数字产品和服务贸易政策等方面，欧盟总体上自由化程度较高，例如欧盟仅对双重用途的产品出口实行限制政策，包括计算机、电信和信息安全等，对进口产品没有特殊限制。最后，数字企业的本地进入政策方面，法国和德国的投资壁垒较高。例如，法国存在歧视

性反收购规定，允许法国公司对不适用互惠条例的外国公司采取反收购措施，包括授予现有股东通过股票购买认股权证购买折现股份来增加杠杆的权利。此外，法国和德国的几家电信运营商为终止来自欧盟以外的国际业务而对其收取高于其他贸易企业的费用。

2. 日本

日本也是全球数字经济和数字贸易发展水平最高的经济体之一，其数字贸易政策与美国较为类似，但是在产品和服务贸易政策方面跟美国略有差异。首先，在数据监管方面，日本的管制水平普遍较低，没有烦琐的跨境数据传输限制，其政策重点主要在于对数据安全的管理。例如日本对金融行业的数据安全管理较为严格，要求公司必须设立专门的数据保护部门。日本允许合法合理的数据跨境传输，但是要求数据传输的第三方提供数据主体的许可签名。其次，在网络平台管理方面，日本没有在网络中介责任和网络内容审查上设置特殊的政策要求，而是重点强调了知识产权保护。自 2013 年以来，日本建立了"日本知识产权桥"的主权专利基金，这一基金由日本几家网络公司出资创建，旨在防止海外实体对日本企业知识产权的侵犯。再次，在数字产品和服务贸易领域，日本实施了自由化程度较高的政策。例如日本对线上销售的最低免征关税额为 90 美元，允许电子签名；日本的数字产品零关税覆盖率为 99.38%。最后，关于数字企业的本地进入政策，日本没有明确限制电信或信息通信技术的投资，仅设定了直接投资的提前通知要求。但是日本对媒体领域的外商投资要求比较严格，将外国对广播公司的投资份额限制在 20%—33%。

3. 俄罗斯

较之美日欧等经济体，俄罗斯的数字经济和数字贸易发展水平不高，但是其数字贸易政策有一定的代表性。首先来看数据监管，俄罗斯是数据监管程度最高的国家之一。俄罗斯设立了严格的数据管理要求，要求电信和互联网供应商至少保留数据 12 个小时，以便为俄罗斯联邦安全局提供数据资料。此外，俄罗斯存在数据本地化规定，要求俄罗斯公民数据的记录、系统化、积累、储存、修改和检索均要使用位于境内的数据库。俄罗斯数据隐私管理较为严格，将"被遗忘权"写入《公民隐私权保护条例》，拓宽隐私权的覆盖范围,相对于欧洲其他国家更为严格。其次来看网络平台管理,俄罗斯设立了严格的网络内容准入要求。实施包括深度检查和监视系统等在内的在线过滤系统。此外,俄罗斯还设立了严格的 ISP 中介责任制,规定了中介责任不到位的惩罚措施,明确了对侵权行为处理时间的要求。再看数字产品和服务贸易政策,俄罗斯的管制水平也比较高。例如俄罗斯数字产品的零关税覆盖率为 62.25%,对销售数字产品的外国企业征收 18%的增值税。其没有遵循国际公认的技术认定标准,而是单独制定了俄罗斯适用的通信标准。最后再看数字企业的本地进入政策,俄罗斯的限制壁垒较高。例如,俄罗斯对电信、媒体企业的外商投资设限较高。电信服务只能通过许可证制度提供;用户超过 50% 的视听服务企业,只允许非俄罗斯公民最多持有 20% 股权;媒体企业的外国所有权不得超过 20%。此外,俄罗斯重点关注战略性产业的外商投资,涉及国家战略性产业的企业的外国投资者不能获得超过 50% 的投票权,外国投资者必须向联邦反垄断局通报任何在经济体战略实体中获得 5% 或以上股份的交易。

4.印度尼西亚

作为发展中国家,印度尼西亚的数字经济和数字贸易发展水平较低,但其数字贸易政策具有发展中经济体的一般特性。首先来看数据监管,印尼有着严格的数据本地化措施。印尼要求公共服务电子系统经营者必须在境内设立数据中心,互联网提供商必须使用本地 IP 号码并在境内存储数据。印尼没有禁止数据跨境流动,但个人数据的跨境传输必须征得数据主体的书面同意。其次来看网络平台管理,印尼存在网络内容许可和准入限制。印尼要求必须采用 DNS、Nawala 和信任定位的系统进行网络内容过滤,但没有明确 ISP 在版权侵犯行为方面的作用和责任。再看数字产品和服务贸易政策,印尼对数字产品的进口审查较为严格。印尼禁止酒精产品、加密货币的在线销售,存在域名注册要求。并且线上销售的最低关税免征额为 100美元,数字产品零关税覆盖率为 33.7%。另外,印尼存在本地化内容限制,交互式网络电视(IPTV)提供商的网络机顶盒应包含至少 20% 的本地内容,IPTV 运营商应在其广播服务中提供至少 10% 的国内内容,4G 智能手机至少拥有 30% 的本地部件,用于无线宽带的设备应包括至少 40% 的本地内容。最后再看数字企业的本地进入政策，印尼的监管壁垒较高。印尼不允许外国投资者拥有基站或蜂窝塔，外国投资者必须向印尼投资协调委员会登记并取得许可证。此外，印尼对政府控股公司的外国投资份额设定 49% 的上限，有限责任公司的首席执行官只能为印度尼西亚公民，提供 IPTV 的任何财团必须由至少两个印尼实体企业组成。

（三）我国网络安全和数据保护政策被美国认为是设置数字贸易壁垒

我国是全球互联网大国，是美国数字贸易的重要目标市场。近年来，我国加强了网络安全和数据管理，但美国认为我国所采取的举措阻碍了全球数字贸易。主要如下：

1. 在本地化要求方面，我国要求个人信息和重要数据境内存储

全球来看，从 2007 年到 2016 年间，各国采取的本地化措施数量由 32 件增长到 84 件。我国 2016 年颁布的《网络安全法》第三十七条规定："关键信息基础设施的运营者在中华人民共和国境内运营中收集和产生的个人信息和重要数据应当在境内存储。因业务需要，确需向境外提供的，应当按照国家网信部门会同国务院有关部门制定的办法进行安全评估。"2017 年 4 月，国家互联网信息办公室推出《个人信息和重要数据出境安全评估办法（征求意见稿）》。2022 年 7 月 7 日，《重要数据出境安全评估办法》正式公布，并已于 2022 年 9 月 1 日起施行。

美方认为上述规定限制了云计算、跨境支付等关键业务发展，强迫企业修改商业模式，为此美国在 2017 年、2018 年度数字贸易壁垒报告中，把我国本地化要求和限制数据跨境流动列为关键壁垒。

2. 在网络安全方面，我国要求设备安全可控和使用国内标准

近年来，网络犯罪包括黑客攻击、窃取商业机密等案件多发，据估计，全球每年因网络犯罪所带来的损失有 4000 亿美元到 3 万亿美元之多。为保障我国网络安全，一方面在多个政策文件中提出安全可控要求，另一方面《网络安全法》对网络安全产品、《商用密码管理条例》以及《中华人民共和国密码法》对密码技术，都作出了使用国内技术标准、密码的相关规定。

美方认为，安全可控要求模糊，涉嫌排挤外国企业。要求企业使用国内加密技术和标准，而不是国际主流标准或规范，可能会加大境外企业合规成本，造成了对外国企业的所谓"歧视"。

3. 在内容审查方面，我国对部分网站实施封堵和过滤

互联网上的数字内容日趋丰富，难免出现非法内容。出于确保国家安全和加强网络执法的目的，近年来全球范围内封堵或关停网站的举措在增加。美方认为，我方选择性地阻断或过滤一些网站的互联网协议地址（IP地址）、超链接地址（URL地址）或虚拟专线账号（VPN账号），且内容审查机制不透明；USTR发布的2018年度关键数字贸易壁垒报告指责我方封锁了全球30大网站中的12个（如谷歌、脸谱、推特、Youtube等），封锁网站数量合计在3000个左右，这些举措限制了美方企业提供服务的能力，劣化了用户体验，影响了美国数十亿美元的潜在商业机会，构成了数字贸易市场的准入壁垒。

4. 在传统市场准入方面，我国有序开放外资准入并提出股比条件

在业务准入方面，我国将外商投资增值电信业务的比例限制在50%以下，基础电信业务则在49%以下，对于新兴的云计算业务，则纳入第一类增值电信业务管理，外资需以合资形式进入中国市场。2017年1月工业和信息化部出台的《关于清理规范互联网网络接入服务市场的通知》禁止企业自行建立或租用专线等开展跨境经营活动，美方认为这实际上使境外企业无法跨境开展云计算业务。

总体上看，美国首次在WTO框架下引入跨境数据流动、禁止数字基础设施本地化、保护源代码等"数字贸易"议题，重点关注美国具有较强竞争优势的数字产品和服务部门，强调数字贸易"自由性"。值得注意的是，美国向WTO递交的提案中开始将"数字贸易"和"电子商务"概念并用，但欧盟、加拿大、中国等大多数国家认为应坚持WTO于1998年以来一直使用的"电子商务"概念，不应偏离导致混淆。欧盟强调电子商务公平性原则和个人隐私保护。欧洲个人隐私保护法案《通用数据保护条例》（GDPR）正式生效，针对互联网公司在欧盟内的行为制定准则，标志着欧盟完成了在保护公民数据隐私安全、加强个人信息监管方面的法律建设，

在加强国内规则框架方面提供了"欧洲模板";欧盟也提出将电信议题纳入电子商务的谈判范围,确保政府对电信市场监管的非歧视性。日本以 TPP/CPTPP 条款为基准,提出政府不得限制特定网站和互联网服务、不得违反正当程序要求企业披露数据和商业秘密等数字贸易领域的高标准。俄罗斯强调应首先厘清现有 WTO 框架下电子商务的规则及其适用性,弥补规则漏洞。中国主张应坚持发展导向,重点关注通过互联网实现交易的跨境货物贸易及物流、支付等相关服务;关注发展中国家面临的挑战,制定发展合作条款,解决数字鸿沟问题,加强对发展中成员技术援助与能力建设。

三、全球数字贸易政策的发展趋势

基于全球主要国家所签订和正在谈判的贸易协定,全球数字贸易政策的发展呈现出如下主要趋势。

(一)更加注重对消费者隐私的保护

《美墨加贸易协定》第 19.8 条第三款指出"个人信息保护"中的主要原则包括限制收集、选择、数据质量、目的规范、使用限制、安全保障、透明度、个人参与和责任。在其他双边贸易协定中,也有很多加强消费者隐私保护的内容。例如,《中国—澳大利亚自由贸易协定》和《中国—韩国自由贸易协定》均要求各方应尽可能地为使用电子商务的消费者提供保护,并纳入了电子认证和电子签名要求。如《欧盟—韩国自由贸易协定》(2012年)第 7.43 条要求缔约方遵守保护个人的基本权利和自由的承诺,应当采取保护隐私的相关措施,尤其在个人数据传输方面。《美日数字贸易协定》(2019年)允许使用电子身份验证和电子签名来进行数字交易,同时保护消费者和企业的机密信息,并确保将可执行的消费者保护应用于数字市场。除了强调加强消费者安全保护之外,各类贸易协定中均出现对国际标准化、普适性保护规则的诉求。USMCA 第 19.8 条要求,各缔约方在建立保护电子商务用户的个人信息的法律框架时,应考虑有关国际机构的原则和准则,例如《APEC 隐私框架》和《经合组织关于保护隐私和跨境个人数据流量指南的理事会建议书》（2013 年）。

（二）更多提倡有条件的跨境数据自由流动

从最新签订的贸易协定来看，大部分国家基本已经就推进跨境数据自由流动达成共识，自由化的程度不断提高，同时也规定了数据必须在商业必要和安全可靠的条件下才能跨境自由传输。《美国—韩国自由贸易协定》（2007 年）第 15.8 条首次提出了跨境数据自由流动，以软性约束的条款要求缔约国应"尽量避免对跨境数据流动施加不必要的阻碍"。USMCA 第 19.8 条第三款强调了缔约方需确保任何限制"跨境个人信息流动"的措施只是为了保护个人信息且是必要的，并与所提出的风险成比例。USMCA 强化了"跨境数据自由流动"的约束力和执行力。《欧盟—韩国自由贸易协定》第 7.43 条规定，缔约方应当在保护个人基本权利和自由的前提下，通过合理措施保护个人数据传输。

多数国家提倡跨境数据流动的分类监管，例如限制金融部门的数据跨境传输，只有美国极力主张无部门例外的数据流动。CPTPP 第十一章附件中规定，允许另一缔约方的金融机构为了实现正常业务而进行信息传输，但是不禁止缔约方要求外国金融企业的数据必须源自本地设置的服务器，这意味着金融数据的跨境流动仍存在一定限制。USMCA 的第 17.18 条明确要求各缔约方不应要求金融服务者必须在该缔约方辖区内使用或定位计算设施，不得阻止另一缔约方服务者以电子或其他方式将包括个人信息在内的信息转入和转出该缔约方境内。从当前的数字贸易规则谈判情况来看，美国与其他经济体之间存在较大分歧：欧盟、澳大利亚等提议需考虑个人隐私安全、文化例外等情况，主张有限制的自由移动；美国则坚持将跨境数据流动置于个人隐私保护之上，明确指出本地化规制应当让位于跨境数据流动。

（三）更多限制使用强制本地化和源代码披露的措施

CPTPP 第 14.13 条强调，协议缔约方不得强制性执行计算设施本地化要求，既不能要求企业在本地成立数据中心，也不可强制其使用本地的数据设施等当地化的数据保护主义方式，来为企业的最佳选择和发展提供保障和基础。CPTPP 规定，任何缔约方均不得要求转让或访问另一方的人所拥有的软件的源代码，作为在该国销售产品的条件。但是，该条仅限于"大众市场软件或含有该软件的产品，不包括关键基础设施所使用的软件"（第 14.17 条第二款）。USMCA 第 19.16 条则直接剔除了该限制条件，包括银行等金融机构的基础设施软件也被纳入"源代码非强制本地化"的范畴中。此外，USMCA 还将"算法""密钥"和"商业秘密"新增至"开放禁令"列表。USMCA 也明确了加密保护的概念，禁止缔约方在对方"知识产权受到侵害"的情况下将获得加密密钥作为向外国技术开放国内市场的前提。

（四）推崇更加自由的网络访问和使用权

过去部分国家往往对外来网络内容和技术进行筛选，限制国外服务商提供的新闻、广播等媒体内容的传播，即文化例外和视听例外。近年来，各类贸易协定逐渐推行自由开放的网络访问环境，减少对网络供应商服务内容的限制。美国主导的自由贸易协定在网络内容和技术的选择自由方面，表现最为激进。《美国—新加坡自由贸易协定》（2004 年）承诺抛弃文化例外，同意对其视听服务部门作出具体承诺，同时按照美国关于视听服务的要求，同意停止使用现行的用于视听服务的歧视性法规。《美国—韩国自由贸易协定》第 15.7 条要求，在不被缔约方法律禁止的前提下，消费者拥有自主选择并使用数字产品及服务的权利，允许其自由地将设备接入缔约国的互联网。

（五）界定更加清晰的 ISP 中介责任

互联网中介责任要求中介商对侵权承担监督和处理责任，这一要求往往会造成中介商难以明确其责任界限。故最新的贸易协定中对 ISP 的责任进行明确，并加大 ISP 在知识产权保护方面的责任。USMCA 采用了更严格的 ISP "安全港"条款，同时也增加了互联网提供商的义务。一方面，USMCA 第 20.88 条增加了互联网服务提供商的限制条款，规定双方应当认识到促进继续发展作为中介商的合法在线服务的重要性，并以符合《TRIPS 协定》第四十一条的方式强制执行程序，允许权利人有效和迅速地采取行动，各方应建立或维护与互联网服务提供商在线服务相关的"安全港"。第十九章数字贸易章中，USMCA 首次引入"交互式计算机服务条款"，旨在将互联网中介的免责范围扩展至非知识产权领域，明确豁免了网络平台提供者在内容提供者涉及人权以及隐私等非知识产权侵权中承担连带责任（第 19.17 条第二款）。另一方面，USMCA 第 20.88 条第六款要求提供商在其能够控制该活动且无直接经济利益的情况下，终止侵权者账号的重复使用。这一规定扩充了互联网服务提供商的义务范围，进一步压缩了互联网服务提供商的责任豁免范围，一定程度上增加了提供商负担。

四、我国在数字贸易领域推进制度型开放的思路

立足全球视野，把握国内数字贸易发展的现状与趋势，中国构建数字贸易规则体系的主要思路，应把握以下着力点：

一是强化国家统筹谋划和整体应对，从战略高度重视数字贸易规则事宜。数字贸易是经济社会数字化、网络化、智能化发展的产物，发展潜力巨大，美国以及欧洲均抓紧布局数字贸易规则，来捍卫各自产业利益和国家利益，并成立专门机构，加强数字贸易评估、识别关键贸易壁垒，通过双多边机制宣扬理念主张。随着我国网络信息技术产业走出国门，以及海外企业进入我国分享市场红利，数字贸易壁垒势必成为关键影响因素。建议我国放眼未来贸易格局变革，高度重视数字贸易及其战略应对，统筹商务、网信、工信、公安、外交等部门，建立数字贸易专题工作组，平衡好网络安全、个人数据保护、贸易发展等目标优先次序，评估数字贸易状况、对经济和安全影响、国际规则动向、贸易壁垒识别、我国攻防策略等，强化战略上的整体应对。

二是依托我国电子商务第一大国地位，现阶段重点推动跨境电商多边贸易规则。目前我国电子商务规模全球第一，具有塑造全球电子商务规则的良好基础。从 2018 年 4 月日本、美国、俄罗斯、巴西等国向 WTO 理事

会提交的电子商务规则提案来看，涉及的规则涵盖贸易便利化、电子认证互认、消费者保护、电子传输永久免关税、数据跨境流动、限制设施本地化、非歧视待遇等方面。考虑到现阶段我国以产品贸易为主，建议以跨境电子商务为切入点，推动简化通关手续如无纸化交易、促进数字证书和电子签名互认等；提高各方法律法规和政策透明度，以及消费者保护、隐私保护、知识产权保护等相关议题，增强国外消费者的信心和便利度。

三是深入分析数字贸易规则重点议题，提出我国数字贸易规则政策主张，强化网络安全和重要数据保护。这些措施有利于规范产业发展，但美国 USITC 和 USTR 把我国列为数字贸易壁垒最高的国家之一，最近欧洲国际政治经济中心发布的 2018 年度《数字贸易限制性指数报告》对 64 个国家中限制程度进行排名，我国限制最为严厉。建议重点针对本地化要求、数据跨境流动、网络内容审查、市场准入限制、知识产权保护、隐私保护等六大议题进行通盘研究，深入分析全球态势，分析我国规则与国外的异同点，在兼顾支持国内产业和维护国家安全的基础上，加快形成我方数字贸易规则立场和主张。

四是准确把握各方关切和政策诉求，逐步推动并形成数字贸易规则共识。随着数字贸易快速发展，越来越多的国家开始重视数字贸易所伴生的网络安全和用户数据保护问题，美国与其他国家的诉求差异可能日益明显。例如，在个人数据流动问题上，美国主张个人数据自由流动，但以欧盟为代表的多个国家对数据管理提出严格要求。在数据本地化方面，俄罗斯、印度尼西亚、越南、土耳其等国纷纷力推设施本地化或数据本地化要求，限制公民数据或诸如电子支付等敏感业务数据出境。这反映出各方的产业基础不同、利益关切不同、法律基础不同、政策主张不同。

五、我国在数字贸易领域推进制度型开放的政策建议

（一）推动制定全球跨境电子商务规则、法律与标准

中国构建数字贸易规则体系，应立足于比较优势，维护中国在数字贸

易领域的利益诉求。中国数字贸易领域，主要优势体现在跨境电子商务。随着中国互联网基础设施的进一步完善，电子商务的发展趋势有着广阔的前景。巩固中国数字贸易大国的地位，实现向数字贸易强国跨越，必须维护中国相关企业的利益，积极推动制定全球跨境电子商务规则、法律与标准。然而，与传统贸易模式相比，跨境电子商务具有碎片化、小额化、高频次的特征，给相关规则、法律与标准的制定带来了很大挑战。

推动制定全球跨境电子商务规则、法律与标准，着力点在于：第一，应加强科学研究，明确全球跨境电子商务发展趋势与障碍，并积极通过多边谈判的机制，解决跨境电子商务发展中的难题。第二，进一步加快信用体系建设，推动跨境支付的便利化，保护网络消费者安全，为消费者提供支付便利。第三，紧扣"一带一路"倡议，优先推动与"一带一路"沿线国家全球跨境电子商务规则与法律的制定，构建跨境电子商务标准框架，形成可推广可复制的经验，为中国数字贸易其他领域规则制定提供参考。

（二）实施跨境数据流动分级分类管理制度

美国作为数字贸易强国，为了推动其数字贸易发展，积极推动跨境数据的自由流动，反对数字信息存储本地化。对此应要有清醒的认知，既要吸取"美式模板"的经验，也应因地制宜推动跨境数据流动。全球数字贸易进一步发展，离不开跨境数字贸易的自由流动，然而，如果不考虑本国在全球价值链的位置，全面推动跨境数据流动自由化，不仅对本国数字贸易长远发展不利，也会对国家安全、个人隐私等带来不少风险。因此，中国构建数字贸易规则体系，也应在跨境数据流动中形成中国的主张，实施分级分类管理的制度，既不能因担心国家安全而完全阻止跨境数据流动，也不能完全实施跨境数据自由流动而危及国家安全。

从我国经济发展实际情况出发，跨境数据流动分级分类管理，可从以下几个方面着手：对涉及国家经济命脉的重点领域，比如金融、石油、电力、水利等关键基础设施，实施跨境数据流动限制，并严格要求将数据中心建在国内，以便于监管，防止关键数据流失，维护国家安全；为中小企业提供服务而产生的跨境数据，如果不涉及国家经济命脉，应适当放宽数据自由流动的要求。对不同类型的数据，也应做分类处理，与政府有关的数据、企业商业秘密数据以及涉及个人隐私的敏感数据，严禁跨境数据流动，不得跨境转移；对其他普通的企业数据和个人数据则允许跨境流动。

（三）加快数字贸易相关立法

数字贸易相关立法会影响到跨境数据流动，进而影响到数字贸易发展。然而，与国外发达国家相比，例如英国、美国、日本等，中国在数字贸易领域的立法相对比较滞后。因此，中国构建数字贸易规则体系，应加快数字贸易相关立法。通过相关立法，明确数字贸易界限，对跨境数据流动立法作出明确规定，增加数据使用与审查的透明度，减少阻碍数字贸易发展的国内外障碍；随着《个人信息保护法》的制定，对个人隐私敏感数据的使用作出明确规定；健全知识产权立法，严厉打击各种网络侵权假冒行为，增强全社会对网络知识产权的保护意识；在加强立法的同时，也应做好相关的配套工作，制定跨境数据流动标准格式合同管理、安全协议限制和跨境数据流动风险评估机制等配套监管手段。

（四）完善国内数字贸易规则体系建设

就目前而言，国内数字贸易规则体系尚不完善，主要表现为数字产品和服务的生产、支付等规则尚不健全、相关数字服务标准尚不规范、数据使用规则不明确、统计数据缺失较为严重等。建议积极推动个人和企业数据使用规则、数据管理规则和电子交易相关规则建设；推动数字经济相关行业的行业自律机制以及监管体系建设；建立数字贸易核算体系，建立数字贸易数据库。

（五）积极参与国际贸易新规则谈判与制定

中国在完善国内数字贸易规则体系建设的同时，也应积极参与国际贸易新规则的谈判和制定，提升中国在国际贸易新规则制定中的话语权。应积极维护 WTO 贸易争端解决机制，维护多边贸易体制，推动与其他经济体的自贸区建设。以自贸区为抓手，加强区域之间的贸易协作，探索国际贸易新规则，推动中国数字贸易规则的建立；积极主动地参与双边区域数字贸易规则的谈判。以全面深化改革为契机，进一步推动我国高水平开放，以开放促改革，为数字贸易规则发展与国际贸易新规则谈判提供良好的国内环境。

（执笔人：杜　琼）

我国在跨境人才流动领域推进
制度型开放的思路研究

内容提要：充分利用外国人才是我国人才工作的重要组成部分，是贯彻新发展理念、加快建设人才强国、助力构建"双循环"新发展格局的重要战略方针。本报告聚焦外国人才，区分不同类型人才分析我国跨境人才流动的制度现状，包括签证体系、管理制度、政策创新等，指出我国利用外国人才存在部分专业服务行业自然人短期流动限制多、外国人就业名额紧缺、执业资格互认少、评价机制不健全、永居管理体制未成型、外国人日常工作生活不便利等问题，并从进一步放松配额限制、落实"积分落户"制度、健全执业资格互认和评价体系、便利化专业服务领域自然人跨境流动、为外国人才提供生活工作便利等方面提出针对性的政策建议。

一、研究背景

党的二十大报告指出，我们要坚持为党育人、为国育才，全面提高人才自主培养质量，着力造就拔尖创新人才，聚天下英才而用之。充分利用外国人才是我国人才工作的重要组成部分，是贯彻新发展理念、加快建设人才强国、助力构建"双循环"新发展格局的重要举措。

从是否发生人员跨境流动以及时间长短的角度，广义的"利用外国人才"至少可以分为四种模式。一是不涉及人员跨境流动的"远程服务"模式，即外国人才远程提供服务而不需要入境。二是涉及短期人员流动的

"短期跨境服务"模式，即外国人才短期入境、为相关机构提供服务。三是涉及较长时期人员流动但不涉及永久居留资格的"中长期工作"模式，即外国人才入境并获得工作签证，在较长时期内为相关机构提供服务。四是涉及永久居留资格的"长期工作生活"模式，即外国人才获得永久居留资格、长期在华工作生活。

从规制的角度，以上第一种模式管控最为简单，仅仅涉及服务交付和费用支付。第二、三、四种模式的管控难度递增，涉及签证政策、人员管理甚至公民待遇。从各种双边多边自由贸易协议来看，主要涉及以上第二种模式，部分涉及第三种模式，往往以"短期自然人移动"（temporary natural person movement）的形式存在于关于服务贸易的协定中。从制度型开放的角度，党的二十大报告强调"聚天下英才而用之"，要求实施更加全面、有效、灵活、开放的利用外国人才政策。

本报告聚焦外国人才，区分不同层次、不同领域人才分析我国跨境人才流动的制度现状及其问题，借鉴美欧日等经济体利用外国人才的政策，提出更好地利用外国人才的政策建议。

二、我国利用外国人才的历史沿革

新中国成立初期，科技人才严重缺乏，大力引进苏联和东欧的外国技术专家成为恢复经济和推进工业化的重要举措。为做好外国专家接待工作，1950 年，我国成立政务院专家招待处和专家工作联络室，1954 年升级为专家工作局，由周恩来总理和习仲勋同志领导。从新中国成立前夕刘少奇带回第一批专家到 1960 年 8 月苏联全部撤退专家前的 12 年间，我国从苏联和东欧国家共聘请了 3.1 万余名各种类型专家。这些外国专家遍及政府和军队各个系统的领导和管理机构，以及大型企业、重点大专院校和技术兵种的基层部队，甚至包括卫生和体育部门。外国专家不仅给新中国带来了先进技术和设备，还帮助中国建立了企业管理和科研管理的规章制度，培养了大批本土科技人才。

改革开放初期，我国相继出台《关于引进国外智力以利四化建设的决定》以及《关于引进国外人才工作的暂行规定》，将利用外国人才的重点放在吸引华侨华人华裔上，采取了利用有限资源、设置各类高端引才计划、集中聘请海外专家的人才吸引模式。

随着改革开放走向深入，我国正式提出"人才强国战略"，推出了"千人计划"等全球顶尖人才引进计划。党的十八大以来，党和国家高度重视外国人才引进工作，出台《外国人入境出境管理法》《外国人入境出境管理条例》《外国人才签证制度实施办法》《外国人在中国就业管理规定》《外国人在中国永久居留享有相关待遇的办法》等法律法规，近年来又推出"允许优秀外籍高校毕业生在华就业"等新政策，探索《外国人永久居留管理条例》（目前处于"征求意见稿"阶段）等新法律，利用外国人才越来越体系化、规范化、制度化。各地方尤其是自贸试验区等开放载体也纷纷推出具有本地特色的利用外国人才新举措，力图建成集聚全球英才的开放高地。

三、我国目前利用外国人才的制度现状

（一）签证体系和管理规定

2012 年以前，外国人出入境和居留受《中华人民共和国外国人入境出境管理法》及其实施条例管理，2013 年起纳入《中华人民共和国出境入境管理法》统一管理。为了规范签证的签发和外国人在中国境内停留居留的服务和管理，2013 年国务院发布《中华人民共和国外国人入境出境管理条例》，对各类签证给出详细定义和规定，涉及利用外国人才的主要是 Z 字签证（发给申请在中国境内工作的人员）、F 字签证（发给入境从事交流、访问、考察等活动的人员）、R 字签证（发给国家需要的外国高层次人才和急需紧缺专门人才）、M 字签证（发给入境进行商业贸易活动的人员）、D 字签证（发给入境永久居留的人员）以及 L 字签证（发给入境旅游人员，因申请较为容易，部分入境服务提供者以 L 字签证从事商务活动）（见表 1）。

除签证外，外国人在华工作必须申请外国人来华工作许可，获得《外国人工作许可通知》《外国人工作许可证》或者《外国专家来华邀请函》。

表1 《中华人民共和国外国人入境出境管理条例》涉及利用外国人才的签证种类及申请材料

签证种类	面向对象	所需材料
Z字签证	申请在中国境内工作的人员	除护照、申请表等外，需要提供以下材料之一：（1）人力资源和社会保障部门签发的《外国人就业许可证书》，工作期限不超过90日的，还需提供《外国人在中国短期工作证明》，且申请人须在《外国人在中国短期工作证明》上注明的起始日期前申请签证，工作时间不能超过《外国人在中国短期工作证明》所注期限；（2）外国专家局签发的《外国专家来华工作许可证》或《外国人工作许可通知》；（3）工商行政管理部门签发的《外国（地区）企业常驻代表机构登记证明》；（4）文化行政主管部门签发的营业性文艺演出批件（只适用于来华进行营业性演出的申请人），演出期限不超过90日的，还需提供《外国人在中国短期工作证明》，且申请人须在《外国人在中国短期工作证明》上注明的起始日期前申请签证，演出时间不能超过《外国人在中国短期工作证明》所注期限；（5）中国海洋石油总公司签发的《外国人在中华人民共和国从事海上石油作业邀请信》
F字签证	入境从事交流、访问、考察等活动的人员	除护照、申请表等外，还需要中国境内有关单位或个人出具的邀请函件。该邀请函须包含以下内容：（1）被邀请人个人信息，如姓名、性别、出生日期等；（2）被邀请人访问信息，如来华事由、抵离日期、访问地点、与邀请单位或邀请人关系、费用来源等；（3）邀请单位或邀请人信息，如邀请单位名称或邀请人姓名、联系电话、地址、单位印章、法定代表人或邀请人签字等
R字签证	国家需要的外国高层次人才和急需紧缺专门人才	除护照、申请表等外，要求符合中国政府有关主管部门确定的外国高层次人才和急需紧缺专门人才的引进条件和要求，并按照规定提交相应的证明材料
M字签证	入境进行商业贸易活动的人员	除护照、申请表等外，还需要提供中国境内贸易合作方出具的商务活动文件、经贸交易会请柬等邀请函件。该邀请函须包含以下内容：（1）被邀请人个人信息：姓名、性别、出生日期等；（2）被邀请人访问信息：来华事由、抵离日期、访问地点、与邀请单位或邀请人关系、费用来源等；（3）邀请单位或邀请人信息：邀请单位名称或邀请人姓名、联系电话、地址、单位印章、法定代表人或邀请人签字
D字签证	入境永久居留的人员	除护照、申请表外，还需要提供中国公安部签发的外国人永久居留身份确认表原件及复印件

签证种类	面向对象	所需材料
L字签证	入境旅游人员	除护照、申请表外，还需要提供往返机票订单和酒店订单等行程材料，或中国境内单位或者个人出具的邀请函件。该邀请函须包含以下内容：（1）被邀请人个人信息：姓名、性别、出生日期等；（2）被邀请人行程安排信息：抵离日期、旅游地点等；（3）邀请单位或邀请人信息：邀请单位名称或邀请人姓名、联系电话、地址、单位印章、法定代表人或邀请人签字等。 因个案不同，领事还可能要求提供与申请有关的其他材料

数据来源：中国领事服务网，http://cs.mfa.gov.cn/wgrlh/lhqz/。

（二）针对不同层次人才

1. 针对高端人才

为了更好引入国外人才，国家外国专家局制定《外国人来华工作分类标准（试行）》，综合运用计点积分制、外国人在中国工作指导目录、劳动力市场测试和配额管理等，将来华工作外国人分为A、B、C三类，包括：外国高端人才（A类）、外国专业人才（B类）和其他外国人员（C类）。

国家外国专家局、外交部、公安部2017年印发《外国人才签证制度实施办法》，明确R字签证（国家需要的外国高层次人才和急需紧缺专门人才）发放对象为国家经济社会发展需要的外国高层次人才和急需紧缺人才，符合"高精尖缺"和市场需求导向的科学家、科技领军人才、国际企业家、专门人才和高技能人才等（《外国人来华工作分类标准（试行）》所定义A类人才），具体标准由国家外国专家局会同外交部、公安部，根据经济社会发展需要和人才资源供求状况适时调整。符合外国高端人才标准条件的，省级政府外国人工作管理部门负责出具《外国人才确认函》，我驻外使馆、领馆或者外交部委托的其他驻外机构负责办理R字签证，签发有效期为5—10年、可以多次入境，并为其配偶和未成年子女签发有效期相同、多次入境的相应种类签证。

持有R字签证的外国高端人才在华工作，仍然需要申请外国人来华工作许可，由用人单位所在地的地方人民政府外国人工作管理部门负责，实行"绿色通道"和"容缺受理"服务，不设数量限制。

2. 针对一般专业人才

外国专业人才（B类）是指符合外国人来华工作指导目录和岗位需求，属于中国经济社会事业发展急需的外国专业人才。根据《外国人来华工作分类标准（试行）》，其主要包括具有学士及以上学位和2年及以上相关工作经历的指定领域外国专业人才，持有国际通用职业技能资格证书或急需紧缺的技能型人才，外国语言教学人员，平均工资收入不低于本地区上年度社会平均工资收入4倍的外籍人才，符合国家有关部门规定的专门人员和实施项目的人员以及计点积分在60分以上的专业人才。这类专业人才申请工作许可证有名额限制，名额由外国专家局会同人社部、公安部等部门根据市场需求动态调整。

近年来，我国大力鼓励符合条件的外籍高校毕业生直接在华工作，不再要求"2年及以上相关工作经历"。2016年，中共中央印发《关于深化人才发展体制机制改革的意见》，要求"出台学位研究生毕业后在华工作的相关政策"。为贯彻这一思路，2017年，人力资源和社会保障部、外交部、教育部联合发布《关于允许优秀外籍高校毕业生在华就业有关事项的通知》，一是首次允许对外籍高校毕业生直接发放"就业许可证书"和"就业证"，包括在中国境内高校取得硕士及以上学位且毕业一年以内的外国留学生，以及在境外知名高校取得硕士及以上学位且毕业一年以内的外籍毕业生，要求学习成绩优秀、无犯罪记录、有明确聘用单位且薪酬不低于城镇职工平均工资等；二是明确"就业证"期限首次为1年，期满续聘期限不超过5年，在岗工资需要超过规定标准；三是明确外籍高校毕业生在华就业实行配额管理，由各省申请、人社部统一分配。

3. 针对普通劳动力

对于其他外国人员（C类），主要包括实行配额制管理的人员，从事临时性、短期性（不超过90日）工作的人员以及符合现行外国人在中国工作管理规定的其他人员。C类人员办理工作许可有数量限制。

近年来，我国劳动力供给有不足态势，"招工难、用工贵"问题开始凸显，催生了对越南等地劳工的用工需求。以广西防城港为例，根据笔者调研结果，国内普通劳工日工资在100元以上，而越南劳工只需要50元左右。

边境省份推出了一些具有地方特色的跨境劳务合作便利化政策。例如，广西 2017 年印发《中越跨境劳务试点方案》，在东兴和凭祥两个重点开发开放试验区先行先试。越南签发《越南社会主义共和国边境地区出入境通行证》(下称《越南边民证》)，境外边民凭此证可以通过中越边境口岸即进入广西边境地区，停留 72 小时。公安机关根据境外边民提供的《越南边民证》签发《广西边境地区外国人临时居留证》，有效期 6 个月，多次往返，到期可以续期两次、每次 3 个月。人社部门根据境外边民提供的《越南边民证》签发《境外边民入境务工证》。检验检疫部门负责签发《健康检查证》。同时，人社部门向符合条件的企业签发《聘用境外边民用工证》，企业需要与入境务工边民签订《聘用境外边民劳动协议书》，并为其购买意外伤害和工伤商业保险。

除以上试点区外，笔者调研了解到，广西边境地区执行"30 天"入境政策，即越南边民入境务工，需要每 30 天由边民本人持《越南边民证》到口岸核验一次，但往往不设置入境的次数限制。边境地区基层政府和企业普遍反映，这白白增加了用工成本，企业需要定期组织员工到口岸核验，在误工的同时也增大了员工流动性。基层政府和企业呼吁，将核验周期延长到三个月甚至半年。

（三）针对不同群体

1. 短期居留

短期居留主要涉及服务贸易项下的自然人流动。自然人流动是服务贸易的"第四类模式"，世界贸易组织《服务贸易总协定》定义自然人流动为"一成员的服务提供者以自然人的存在在任何其他成员境内提供服务"，在《GATS 下提供服务的自然人流动附录》进一步明确该种自然人流动限于短期服务，不涉及公民资格、永久居留和长期就业。自然人流动的壁垒主要包括母国有关跨国服务贸易经营者资格的限制性规定，东道国对自然人类型、数量、停留期限和所需资格等设定的市场准入条件，以签证为代表的入境限制以及进入东道国后的待遇和生活环境限制。

我国对于服务贸易领域自然人流动的限制程度在不同行业间差异较大，双边 FTA 成为放松限制的重要工具。在部分重要服务业领域我国对自然人流动的限制程度明显高于美欧日等发达国家以及南非等发展中国家。例如，根据 OECD 服务贸易限制指数数据库，在快递行业，我国对自然人流动的限制程度在有数据的 46 个国家中排名第一；在会计行业，我国对自然人流动的限制程度明显高于美国、德国、日本、英国等发达国家以及巴西、俄罗斯、南非等发展中国家。而在仓储物流、建筑设计、建筑施工、工程、远程通信、航空运输、公路运输、铁路运输、计算机相关服务等行业，我国对自然人流动的限制程度较轻。从时间序列来看，2014—2019 年间，我国在各个子行业中对自然人流动的限制下降不明显，自然人流动自由化的进展乏善可陈。我国在 WTO 框架下对自然人流动的承诺主要是水平承诺，主要包括与商业存在挂钩的公司经理、高管、专家等（居留期限往往为三年）以及短期的服务销售人员（入境期为 90 天）。在双边 FTA 中，我国往往作出更多承诺，例如在中国—东盟 FTA 中我国单独针对合同服务提供者以及机器设备配套维修和安装人员作出承诺，这两类人群都不依赖于商业存在，但有具体行业或者技术（职业）资格方面的要求。当然，无论是在 WTO 框架下，还是在双边 FTA 中，我国所做部门承诺均不多。

2. 工作

外国人在我国就业（申请 M 字签证）受到《外国人在中国就业管理规定》（下称《外国人就业规定》）的约束。该规定于 1996 年由劳动部、公安部、外交部、对外贸易经济合作部首次发布，人社部于 2010 年和 2017 年做了两次修订。《外国人就业规定》明确了"用人单位聘用外国人从事的岗位应是有特殊需要，国内暂缺适当人选，且不违反国家有关规定的岗位"。（见表 2）

3. 永居

为了规范外国人在中国境内永居管理，我国正在制定永居管理条例，2020 年 2 月已经发布《中华人民共和国外国人永久居留管理条例（征求意见稿）》。据此，可以申请永居的外国人主要包括七类：一是对中国经济社会发展作出突出贡献的；二是在经济、科技、教育、文化、卫生、体育等领域取得国际公认杰出成就的;三是因国家经济社会发展需要引进的;四是已经依法在中国境内工作,且达到一定条件的;五是以自然人身份或者作为控股股东的企业投资,且达到一定条件的;六是外国人有家庭团聚需要的;七是其他正当理由。具体标准由国家移民管理部门会同国家有关主管部门以及各省、市、自治区政府确定。(见表 2)

表 2 《中华人民共和国出境入境管理法》对外国人工作和永居的管理规定对比

类别	工作	永居
证件	工作许可和工作类居留证件	永居证
审批方	对应国家的使领馆、当地劳动行政部门和公安机关等	公安部
管理办法指定方	外国人在中国境内工作管理办法由国务院规定。国务院人力资源社会保障主管部门、外国专家主管部门会同国务院有关部门根据经济社会发展需要和人力资源供求状况制定并定期调整外国人在中国境内工作指导目录	外国人在中国境内永久居留的审批管理办法由公安部、外交部会同国务院有关部门规定

（四）各地政策创新

1. 进一步降低外籍毕业生直接在华工作的硬性门槛

部分地区更进一步,为外籍毕业生在华工作设置了更为宽松的条件,主要表现为放松学历要求。例如,海南针对"双一流"高校毕业的外国留学生,学历要求放宽至本科。根据 2020 年海南发布的《全球人才吸引政策:海南自贸港向全球国际人才提供就业支持》,在中国境内"双一流"建设大学获得学士及以上学位的优秀应届毕业外国留学生,所学专业与拟聘工作岗位匹配的,可视情免除其相关工作经历要求,允许其在海南直接申请外国人来华工作许可。上海对拟在张江国家自主创新示范区和上海自贸试验区(下称"双自"地区)就业的外国毕业生放松学历要求至本科。根据 2017 年上海市发布的《关于外籍高校毕业生来沪工作办理工作许可有关事项的通知》,优秀外籍高校毕业生直接来沪工作主要包括如下四类:一是在上海地区高校取得本科及以上学历拟在"双自"地区就业的外国留学生;二是在中国境内高校(非上海地区)取得硕士及以上学历拟在上海就业的优秀外国留学生;三是在国(境外)外高水平大学取得本科及以上学位,拟应聘在"双自"地区的跨国公司地区总部、投资性公司和外资研发中心的优秀外籍毕业生；四是在国（境）外高水平大学取得硕士及以上学位拟在上海就业的优秀外籍毕业生。此外，40 岁以下在国（境）外高水平大学或中国境内高校从事博士后研究的外籍青年人才可直接以外国高端人才（A类）申请办理外国人来华工作许可。

为了吸引海外人才来华创业、工作和服务，2004 年，中国科协和 35 个海外科技团体正式启动实施"海外智力为国服务行动计划"，在若干地区建立试点，2015 年起试点地区逐步升级为"海外人才离岸创新创业基地"。截至 2020 年 12 月，中国科协已在全国设立 20 多家海外人才离岸创新创业基地。这些基地往往依托当地的高校、科研院所、高新区、产业园以及重点企业等资源，以"不求所在，但求所用"的理念，创新海外人才政策，吸引国际人才开展离岸创新创业，推动创新资源集聚。例如，2020 年 7 月获批的海口国家海外人才离岸创新创业基地将以海口复兴城互联网创新创业园为核心区，以海口国家高新区、江东新区和海南师范大学国家大学科技园为共建区，形成"1+3"一核三区的国际离岸创新创业基地整体布局，海南自贸港将借此实施更加积极、更加开放、更加有效的人才政策，探索更为开放灵活的国际招才引智模式和创新创业体制机制，面向海外人才构建低成本、便利化、全要素、开放式的空间载体。

2. 吸引海外高层次人才来华创新创业

2017 年初，公安部专门针对有关自贸区和全面创新改革示范区推出了7 项出入境政策新政，以吸引外籍人才。其中最核心的政策是授权自贸区管委会等单位推荐外籍人才及家属申请在华永久居留，这为外籍高层次人才留在中国长期发展提供了极大的便利。以上海自贸区为例，区域内的高等院校、科研院所、企业等单位可向其所在片区管理局提出申请，推荐符合认定标准的外籍高层次人才，包括三类：一是知名奖项获得者或高层次人才计划入选者，包括世界级、国家级、市级知名奖项获得者以及浦东新区"百人计划"入选者、浦东新区"500 首席科学家"计划当选者等重大人才计划入选者；二是外籍知名专家、学者、专业技术人才，结合张江建设综合性国家科学中心的需求，自贸区内的国家实验室、工程实验室、外商投资研发中等科研机构的负责人均可申请；三是企业创新创业外籍高层次人才，主要包括自贸区内鼓励发展的不同类型创新创业企业人才，特别是金融、航运、贸易机构、总部型重点企业和"四新"企业，及其他具有特殊专长和高超技能并为上海自贸区紧缺急需的外籍人才。审核通过的申请人可以获得《中国（上海）自由贸易试验区外籍高层次人才申请在华永久居留推荐函》，凭此可办理永居，审批时限明显缩短。

各地在引进高层次人才方面具有较大的自主权。北京市引入了"积分落户"政策。根据公安部 2015 年下发的《关于支持北京创新发展有关出入境政策措施的通知》，2016 年起，中关村开展外籍人才申请永居政策试点，外籍人才既可以走正常的"直接申请"渠道，包括中关村外籍高层次人才直通车、中关村外籍华人直通车、北京市税收达标直通车等政策，也可以走"积分评估"渠道，评估标准围绕学历、年龄、在华工作年限、工作方式等设置了八项一级指标和若干项二级指标。上海市允许外籍人才在自贸区、张江示范区进行兼职创新创业，突破外籍人才仅能在一家单位工作的限制。西安市取消外国人才来华工作不能超过 60 周岁的规定。

相比于一般地区，各自贸区、新区的人才引进优惠政策普遍力度更大，这与国家政策的支持密切相关。但是，目前这些人才政策的惠及面仅限于部分自贸区和改革示范区，绝大多数地市无法享受红利，也无权自行为外籍人才提供工作和居留许可方面的便利，这对于吸引外籍人才来华工作是不利的。

四、存在的问题

（一）从服务贸易角度，在某些专业服务业我国对于自然人流动的限制程度较高

根据 OECD 服务贸易限制指数（STRI）数据库，整体上我国对于自然人流动的限制程度并不高，22 个子行业分类中只有 5 个行业的限制程度超过平均数（有统计数据的国家为 46 个），只有 6 个行业超过美国、9 个行业

超过日本。但是在会计、法律、快递、录音、动画等专业服务领域，我国对自然人流动限制程度较高，主要是停留期限短、资格证要求高、业务范围限制多且要求经济需求测试（即国内人才供给达不到要求才能雇佣外国人）。例如，在律师行业，我国 2001 年出台《外国律师事务所驻华代表机构管理条例》，规定外国律师事务所、外国其他组织或者个人不得以咨询公司或者其他名义在中国境内从事法律服务活动，必须申请在华设置代表机构和派驻代表，且只能从事不包括中国法律事务的部分活动，例如提供该外国律师事务所律师已获准从事律师执业业务的国家法律的咨询、办理在该外国律师事务所律师已获准从事律师执业业务的国家的法律事务等。此外，外国律师事务所代表机构不得聘用中国执业律师，聘用的中国辅助人员不得提供法律服务。

（二）从外国人就业的角度，我国存在较高的显性和隐性壁垒

1. 聘用外国人限于"特殊需要"，配额少

外国人在我国就业适用《外国人在中国就业管理规定》，其中明确了"用人单位聘用外国人从事的岗位应是有特殊需要，国内暂缺适当人选，且不违反国家有关规定的岗位"。无论是吸引外籍毕业生在华就业，还是引进外国高层次人才，都有较高要求。例如根据 2017 年发布的《关于允许优秀外籍高校毕业生在华就业有关事项的通知》，外籍毕业生在华就业需要在中国境内高校或者境外知名高校取得硕士及以上学位，薪酬不低于城镇职工平均工资。且各省市并无自主权，仅能向人社部报送相关需求，由人社部统一确定各地配额。国外高层次人才引进则适用外国专家局出台的《外国人来华工作许可服务指南（暂行）》《外国人来华工作分类标准（试行）》《积分要素计分赋值表（暂行版）》，主要面向国家经济社会发展需要的外国高层次人才和急需紧缺人才、符合"高精尖缺"和市场需求导向的科学家、科技领军人才、国际企业家、专门人才和高技能人才等。符合条件的外国人需要向各地或者各主管部门提出申请，汇总后统一由人社部审核、发放许可证，执行严格的配额制。而配额的分配机制和决策过程又缺乏透明度，外籍人士和用人单位申请过程中都要承担较大的不确定性，客观上降低了

外籍人士在华寻找工作和用人单位招聘外籍人士的意愿。

2. 执业资格互认少

目前我国政府与其他国家签订的执业资格证书互认协议较少，大多数行业外国人在华工作需要持有中国执业资格证书，而外国人在境内参加执业资格鉴定考试需要特殊申请且只能用中文应试，这显著加大了外国人在华就业的难度。在这一意义上，外国人申请在华就业的难度甚至超过申请在美国、欧盟就业。

3. 利用外国人才评价体系不完善

一是对外国人才本身素质的评价体系不完善。引进外国人才往往以学位、职称、论文、荣誉称号等作为评价指标，存在"五唯"倾向（唯学历、唯资历、唯"帽子"、唯论文、唯项目），导致人才引进中存在"重表面业绩，轻实际贡献"的现象，导致对人才信息掌握不全面、与产业结合度不高、知识产权规范监督不严等问题，对本地经济社会发展的实际需求和人才价值贡献潜力考虑不充分，引才实际效果打了折扣。

二是对用人单位和地方政府引才工作的评价体系不完善。在部分领域和部分地区往往将吸引外国人才和诸多具体指标盲目挂钩，例如高校将招收留学生和外籍教师作为本校国际化水平的指标，地方政府将引进外籍专家作为本地国际化创新能力的指标，商业活动将邀请外籍人士参加作为项目组织方国际化视野的指标等，甚至出现了部分外籍人士享受"超国民待遇"的现象，打击了中国本土人才的士气和动力。

4. 跨境税收国内外制度协调不畅

在跨境税收方面，截至 2022 年底我国税收协定网络已覆盖 112 个国家（地区），外籍人士可以享受按照相关双边税收协定办理减免税。例如，《中华人民共和国政府和美利坚合众国政府关于对所得避免双重征税和防止偷漏税的协定》第十九条教师和研究人员条款规定，"任何个人是、或者在直接前往缔约国一方之前曾是缔约国另一方居民，主要由于在该缔约国一方的大学、学院、学校或其他公认的教育机构和科研机构从事教学、讲学或研究的目的暂时停留在该缔约国一方，其停留时间累计不超过三年的，该缔约国一方应对其由于教学、讲学或研究取得的报酬，免予征税。"但是，部分合作协议与国内税制缺乏协调甚至存在内在冲突，导致效果不佳。例如，当前双边税收协定与中国国内税制缺乏相互协调，国内个人所得税相关法律又缺乏逻辑自洽，因此在立法和执法层面存在非居民工资薪金所得来源地认定规则不清晰等问题。且按照现行规定，大部分双边税收协定中针对研究人员的税收抵免限于学校和科研院所，而对民间科研机构缺乏包容性。

（三）从申请永久居留的角度，我国尚未形成完善的外国人永居管理体系

2020 年 2 月，我国发布《中华人民共和国外国人永久居留管理条例（征求意见稿）》。据此稿，可以申请永居的外国人主要包括七类：一是对中国经济社会发展作出突出贡献的；二是在经济、科技、教育、文化、卫生、体育等领域取得国际公认杰出成就的；三是因国家经济社会发展需要引进的；四是已经依法在中国境内工作，且达到一定条件的；五是以自然人身份或者作为控股股东的企业投资，且达到一定条件的；六是外国人有家庭团聚需要的；七是其他正当理由。但是，这一体系缺乏清晰、透明的标准和落地机制。例如，征求意见稿中规定"国家移民管理部门会同科技、人力资源社会保障部门适时制定积分评估制度"，但是从 2017 年北京市率先启动实施外籍人才申请永久居留积分评估制度以来，进展较为缓慢。且外国人永居相关规定容易引发国内争议。《中华人民共和国外国人永久居留管理条例（征求意见稿）》发布后，舆论上曾出现"崇洋媚外论"乃至"卖国论"，在我国城乡和区域发展不平衡、进城务工农民工公民化程度滞后、户口问题导致公民待遇不平等等问题尚未得到妥善解决的情况下，部分民众对外籍人士取得永居权后挤占国内就业岗位和社会公共福利资源甚至在中国社会中享受"超国民待遇"等存在担忧，司法部和国家移民管理局已经表示，将高度关注群众关切，在充分吸纳相关意见、进一步修改完善之前不会仓促出台正式条例。

（四）从实际生活的角度，我国大部分地区缺乏外籍人士需要的国际化生活环境

在华就业的外籍人士享受"准居民待遇"尚有较大提升空间，目前外籍人士在公共服务（包括在公立医院就医、子女义务教育等）和商业服务（包括申请信用卡、申请住房贷款等）等方面面临若干歧视性规定，同时在日常生活中有较多不便利。外籍人士使用护照就医、高铁取票以及入住酒店等尚存在较多不便，例如部分地区综合性医院尚不支持外籍人士线上预约就诊、酒店接待外籍人士必须具备涉外资格等。

五、美国等经济体针对海外人才的政策分析

（一）在双多边协议中降低短期人员流动壁垒

自然人短期流动，尤其是商务人员短期跨境流动，是双多边自由贸易协议中的重要部分。成员国以互惠为原则，为对方的服务提供者提供跨境便利措施。整体来看，呈现两大特征：一是从开放水平来看，针对自然人短期跨境流动的开放程度显著低于货物贸易和其他类型服务贸易的开放程度，经济需求测试、签证制度、执业资格认证这阻碍自然人流动的"三座大山"仍然高耸；二是从发展趋势看，便利自然人流动的互惠措施灵活性增强，且逐渐从高层次、高技术人才向专业技工乃至普通劳动力扩散，对跨境劳动力的权利保障逐渐完善；三是短期来看，反全球化浪潮迭起，部分国家谋求收紧对自然人流动的限制，例如匈牙利、波兰等国出台针对外国人入境工作的人数限制，规定跨国公司内部调动人员临时工作签证的最长工作时间，美国、欧盟、加拿大等陆续出台措施限制短期服务人员的工作签证发放、提高申请费标准、强制缴纳社保等。

以下我们专门介绍 CPTPP 中关于"商务人员短期流动"的规定。

专栏 1 CPTPP 中关于"商务人员短期流动"的规定

CPTPP 协议中有关自然人流动的条款主要集中在第十二章 Temporary Entry for Business Persons 中，其余章节还有少量零散的条款与自然人流动有关联。这些条款有以下几项主要特征：一是与商业存在紧密相关，而与服务贸易等相关的、更为纯粹的"人员流动"涉及较少；二是各国大多对高技术人才或专业人才有针对性规定；三是聚焦于短期人员流动，基本不涉及人才引进等长期性流动。

CPTPP 协议中各国有关自然人流动的承诺，基本围绕商业人员展开。在商业人员的具体分类上，主流的分类包含投资者、商业活动相关的访客、公司内部调动、高技术和专业人才 4 类。部分国家在此基础上还有额外的分类，如澳大利亚对从国外购置的机器设备相关的安装和服务人员亦有入境管控规定，日本对法律、会计和税务从业人员则有专门的管控规定。但无论具体的人员类别如何划分，其共性是必须与企业等商业实体关联，即要么是外国公司前来进行商业谈判或投资、交易等活动的访客，要么是与在本国境内的实体有雇佣或其他合同关系的访客，纯粹的外国服务提供者和寻找工作的外国劳动力不能享受相关的优惠入境政策。尽管 CPTPP 协议中有专门涉及服务贸易的章节，并在附录中提供了相当详尽的有关于服务贸易的准入规定，但这些规定多与从业和准入资格等有关，几乎不涉及服务贸易人员的流动管控。换言之，服务贸易相关的自然人流动是协议中比较薄弱的一方面。

在各国提供的自然人流动相关承诺中，高技术人才和专业人才的专门性规定出现频率颇高。其一，在履行合同的服务提供者（通常指受外国商业实体委派，根据与本国商业实体签订的合同，到本国提供某些服务的人）与独立专业人才（通常指以个人身份与本国商业实体签订合同，到本国提供某些服务的人）的入境管控规定方面，各国普遍要求这两类入境人员必须具备一定的专业资质，否则不符合入境优惠条件。这些规定或是明确要求"能够满足本国对相关行业从业人员设定的标准"，或是模糊地说"具备相关领域的高级专业知识"等等，但普遍均设有门槛。而对符合条件的人员，各国给出的入境优惠政策也往往是力度较大的，如日本允许 5 年停留，澳大利亚允许两年停留，加拿大和新西兰允许一年停留，等等，且通常可延长、允许子女和配偶陪同。从这些规定中可以看出，一方面各国均对自己本国的劳动力市场施加一定的保护，不鼓励本国商业实体引入外国的低技术、非专业性人才；另一方面各国也均对能对本国经济、管理和科学技术起到帮助的高技术和专业人才提供力度较大的入境优惠，且普遍实施专业资格互认，并为他们解决家庭上的后顾之忧，以期他们能够长期为本国企业服务。其二，个别国家对特定领域的专业技术人才也有特别的入境优惠政策。例如日本对法律、会计和税务相关领域的专业人才有专门的政策，允许符合资质的人员（无须与在日商业实体有雇佣或其他合同关系）在日停留 5 年，可以延长，并允许子女和配偶陪同。这也是 CPTPP 协议中为数不多的涉及纯粹的服务贸易人员流动的条款。中国在与其他国家签订类似的贸易协议时，也可参考这种做法，在部分国际化程度较高、我国紧缺相应人才的领域，如资本市场改革涉及的金融和会计领域等，提供较低门槛、不与商业活动挂钩的入境优惠政策，以吸引外国专业人才来华服务；而对于一般的领域，则可要求必须与商业活动挂钩，且对入境人员的专业知识或技能、学历及工作经验等设置一定门槛，以在增强国际商业交流的同时保护本国人才的就业岗位。

聚焦于短期的人员流动也是 CPTPP 协议中自然人流动部分的重要特点。尽管有相当一部分国家对特定人群出了一年或更多的入境政策，但这些政策仍然属于短期的范畴，不涉及长期的自然人流动。对于高端人才的引进和永久居留，以及外国留学生毕业后的就业及居留等方面，CPTPP 协议中均未作出相应规定。对我国而言，吸引高科技领域外国高端人才到中国长期居住和工作，以及吸引外国相应专业留学生留在中国境内工作，也应当是人才战略的重要组成部分。在就短期的自然人流动政策进行相关研究和谈判的同时，也应当注重长期自然人流动政策的设计。

数据来源：CPTPP 文本。

（二）利用移民政策广纳全球人才

美国当前的移民政策是在 1990 年移民法的基础上修改完善而成的，主要包括吸引外国科学家与工程师以及国际学生的技术移民、H-1B 临时工作签证与学生交换签证。这三种签证政策为不同条件、不同要求的外国科技人才提供通往美国的渠道。加拿大（1967 年）、澳大利亚（1989 年）、新西兰（1991 年）、英国（2001 年）先后实行了移民计分制，由政府制定清晰、透明、量化的标准和要求，引进本国最需要、最能为本国发展作出贡献的技术移民。日本政府积极扩大招收外国留学生规模，于 2016 年 6 月出台《日本再兴战略 2016》，其中提出到 2020 年将外国留学生在日本国内就业率从现状的 30% 提高到 50%。

美国前总统特朗普上台后一直谋求改革现有签证制度和移民管理制度，加强移民限制，配合其"买美国货、雇美国人"计划，更加强调移民的"经济效益"，更加侧重高技能人才和专业人士。拜登政府则强调，美国最大的优势之一是有能力吸引全球人才，利用全球人才助推学术发展、技术进步、经济竞争力提升。拜登政府更加强调科学、技术、工程、数学（简称 STEM）领域人才的引进，例如继续加大对 STEM 领域国际交换生和访问学者的支持，持续拓宽 STEM 领域国际学生在获得学位后留在美国开展"实践培训"的专业范围，在"非凡能力"签证发放以及移民资格认证中更加重视 STEM 领域人才等。

专栏 2　特朗普政府移民政策进一步向高素质劳动力倾斜

一是加强移民类签证管理，移民接纳淡化"人道主义"和"国际化"，重视"经济利益"。2019 年 5 月，特朗普政府公布移民制度改革方案，其中，在维持每年发放大约 100 万张绿卡数量不变的前提之下，"价值人才"（包括优秀学生、专业人士、职业高技能人才等）从原本占据永久居留者份额的 12% 提升至 57%。"价值"人才所占份额比例提升的同时，家人团聚类"绿卡"数量（曾占绿卡总量的 60%）调低，家庭关系从原本的包括父母和成年兄弟姐妹收窄至配偶和子女。同时，改革传统"绿卡抽签"体系，之前强调背景多元化，对历史上移民美国人数少的国家予以倾斜，现在强调个人素质。2019 年 7 月，特朗普政府改革了原本的 EB-5（以就业为基础的第五优先类别签证计划）投资移民体系，大幅提升了投资门槛：目标就业区最低投资额则从 50 万美元增加到 90 万美元；非目标就业区的最低投资额从 100 万美元提高至 180 万美元；同时，目标就业区划分的权力从地方收回联邦。2019 年10 月，特朗普政府又实施了一项"公共负担"（public charge）新法规，要求申请移民的申请者必须能"自给自足"，并且英语流利。如果曾经享受过美国的社会福利（例如医疗补助、社安辅助金、家庭急救金、住房补助和食品券等），会被认为缺乏"自给自足"能力，无法申请绿卡。

二是加强对非移民类工作签证管理，保护本国劳工。2017 年 4 月，特朗普总统签署行政令，要求改革 H-1B 签证的签发机制，变"抽签"为"评分"，确保获得签证的是真正高素质劳动力，同时保护本国劳工的工作机会。具体措施包括严格限制 H-1B 签证的发放数量，为企业雇佣持有 H-1B 签证的员工设定最低薪酬标准等。2019 年 4 月，特朗普签署行政令，对于签证已经到期但仍滞留美国的外国居民，加大识别力度并强制离境。2020 年 6 月，特朗普签署行政令，暂停发放若干非移民类签证，至少持续到年底、视情况有可能进一步延长，包括针对高技能外籍劳工的 H-1B 工作签证及其配偶的 H-4 签证，针对跨国企业高管的 L-1 工作签证，针对季节性临时劳工的 H-2B 签证，以及针对外籍科研学者、教授及其他文化或工作交流项目的 J-1 访问学者签证，仅有少数情况可以申请豁免。此政策的主要目的是在新冠肺炎疫情对就业造成严重冲击的情况下保护本国劳工工作机会和权益。

资料来源：笔者根据网络资料整理。

六、政策建议

（一）进一步改革符合条件的外籍高校毕业生直接在华工作的机制

根据 2017 年人力资源和社会保障部、外交部、教育部联合发布《关于允许优秀外籍高校毕业生在华就业有关事项的通知》，对符合条件的外籍高校毕业生和外国留学生可以直接发放"就业许可证书"和"就业证"，不再需要两年工作经历限制，随后上海、海南等地进一步放松相关限制。但目前外籍毕业生在华就业仍受制于"配额制"，由各省申请、人社部统一分配，事实门槛仍然较高。未来应进一步增加配额，在配额范围内，由审批制变成积分制，按照外籍毕业生个人能力、毕业高校、工作岗位等具体情况给出打分，达到分数要求的外籍毕业生即可直接就业。

（二）进一步推进外籍高层次人才"积分落户"的覆盖面

2017 年，北京市率先启动实施外籍人才申请永久居留积分评估制度。外国专家局出台《外国人来华工作许可服务指南（暂行）》《外国人来华工作分类标准（试行）》《积分要素计分赋值表（暂行版）》。2020 年，司法部发布《中华人民共和国外国人永久居留管理条例（征求意见稿）》，规定"国家移民管理部门会同科技、人力资源社会保障部门适时制定积分评估制度"。但是目前"积分落户"制度尚未正式落地。未来应逐步扩大外国人"积分落户"制度的覆盖面，为外国人在华申请永久居留提供稳定的、清晰的心理预期，吸引高层次人才在华长期投资、就业、居住。应推动主要城市"积分落户"体系的跨地区互认，实现"积分跟着人走"，当外国人跨市、跨省择业时，之前已有的积分在新的城市可获累计认可。

（三）建立健全外国人执业资格审查制度，加强执业资格互认

应加强我国同主要经济体和国际组织的执业资格互认，同时加强国内

各地执业资格互认,实现"一张证跨境走全国"。但是,这种执业资格互认应定期评估、严格把关,对于不符合质量要求的境外执业资格证书应及时清除,避免因为资格证"套利"而给予部分外国人"超国民待遇"。

(四)借鉴CPTPP在我国新设或者升级FTA时对高技术人才跨境流动作出更高水平的承诺

CPTPP各国提供的自然人流动相关承诺中,往往针对高技术人才和专业人才作出专门承诺,如日本允许5年居留,澳大利亚允许两年居留,加拿大和新西兰允许一年居留等等,且通常可延长、允许子女和配偶陪同。我国在新设或者升级FTA时应对高技术人才跨境流动作出更多承诺,在部分国际化程度较高、人才紧缺的领域,如资本市场改革涉及的金融和会计领域等,主动降低门槛,为相关人才提供更长的居留周期,且不要求与商业存在挂钩,以吸引外国专业人才来华服务。同时,对于一般服务领域,为了在增强国际商务交流和技术交流的同时保护本国公民就业岗位,居留相关优惠措施可以要求与商业存在挂钩,且入境人员需要在专业知识或技能、学历及工作经验方面有较为明显的优势。

(五)为在华外籍人士提供生活便利,包括教育、医疗、社会服务等

为在华就业创业的外籍人士提供准居民待遇,逐步实现外籍人士凭护照号或者居留证号可以享受与境内居民同等的公共服务(包括在公立医院就医、子女义务教育等)和商业服务(包括申请信用卡等),减少在操作环节的各种不便利。推动外籍人才融入本地工作环境,与本土人才密切合作,推动外籍人才与本地人才享受同样的福利待遇和激励政策,既不"穿小鞋"也不"开小灶"。

(六)进一步完善外国人才的评价机制和地方政府吸引外国人才的考核机制,保证外国人才人尽其用

建立针对外国人才的动态评价机制,破除吸引外国人才的"五唯"倾

向，避免地方政府和用人单位将聘用外国人才跟某些具体目标（例如提升国际化水平）盲目挂钩，吸引外国人才的相关政策应重点强调为人才提供高质量服务而非为外籍人士提供"特权"，充分发挥各类市场主体吸引、利用外国人才的主动性，从用人单位的实际需求出发，做好外国人才的引进工作。

（执笔人：陈大鹏）

制度型开放背景下我国维护信息安全的
思路研究

内容提要：近年，我国信息产业迅速发展，工业信息化水平逐渐提高。"十四五"时期我国将进一步提升信息服务业对外开放水平，现有信息安全体系面临新的挑战。应以保障国家安全作为发展根基，以全面、法治、高效为发展前提，以信息产业发展为战略抓手，以推进"数字丝绸之路"建设为发展机遇，逐步建立起有利于国内信息产业发展和国际信息互联互通的新型国家信息安全体系，让互联网更好造福国家和人民，推进全球互联网治理体系变革。

一、信息安全问题提出背景

党的二十大报告提出，要推进高水平对外开放，稳步扩大规则、规制、管理、标准等制度型开放。如何在制度型开放过程中强化信息网络和数据安全治理，建立和完善数据流动与利用监管立法，构建信息安全保障体系，将是我国实现高水平对外开放亟须解决的问题。

二、我国信息产业发展现状和主要问题

"信息安全"概念最早出现于 20 世纪 40 年代，意为保护信息及信息系

统免受偶然或有意发生的未经授权的入侵、破坏、修改、监控及销毁。早期信息安全研究多关注通信保密（COMSEC），90 年代后期信息安全涵盖领域进一步拓宽，研究重点从早先的通信保密逐渐向计算机科学、网络技术、通信技术、密码技术、信息对抗等综合性技术转变。近年，随着能源、交通、医疗和金融等部门对信息技术依赖程度的逐渐提高，信息安全相关研究也突破传统边界，开始向社会、政治、科技、军事等多领域延伸，各国政府对信息安全的认知也从早先的通信安全和数据安全向以维护国家安全为核心，构建综合防护体系转变。

以建设制造强国和网络强国战略为引领，我国电信产业实现跨越式发展，2019 年我国互联网上市企业总市值达 11.12 万亿元，较 2018 年增长40.8%，全球市值排名前 30 的互联网公司中，中国占据近三分之一席位，2019 年全国一体化在线政务平台上线运行，年底注册用户达到 2.4 亿。电信产业实现跨越式发展的同时，信息安全体系建设也逐渐暴露出问题，具体表现为：信息产业只大不强。目前我国部分电子信息核心技术仍被美国等西方发达国家垄断，大量民用、商用甚至国防产品生产仍依赖外国进口，国内信息安全难以得到保证，国内数据传输和个人信息保护仍存漏洞。根据《第 45 次中国互联网发展状况统计报告》，截至 2019 年 12 月，国家信息安全漏洞共享平台收集整理信息系统安全漏洞约 1.6 万个，较 2018 年增长 14%，其中收集整理信息系统高危风险漏洞 4877 个，境内被篡改网站则多达 18 万个。

为应对日益复杂的信息安全形势，提升国际信息技术合作主动权，我国近年持续通过技术研发、人才培养、政策制定等加强网络安全能力建设。如在人才培养方面，截至 2019 年末，我国已有 40 余所大专院校成立了网络空间安全学院，逐步形成人才培养、技术创新、产业发展的良性人才储备体系，为我国信息安全体系建设提供了大量高素质人才。在市场监管方面，制定一系列信息安全国家标准，进一步规范了行业的发展，为信息安全产品的选用和研发提供了标准和依据，对信息安全行业的发展起到了积极的引导作用。在网络信息内容管理方面，国家互联网信息办公室发布《互联网新闻信息服务管理规定》和《互联网信息内容管理行政执法程序规定》，一方面规范传统新闻媒体的互联网新闻采编、转载和传播行为，另一方面规范互联网信息内容管理执法全流程。在关键信息基础设施安全保护方面，出台了《关键信息基础设施安全保护条例》，从关键信息基础设施范围、运营者安全保护、产品和服务安全等方面阐述了相关作出规定。网络产品和服务管理方面，出台了《网络产品和服务安全审查办法》，对安全审查的试用范围、内容和机构等进行了规定。

三、信息安全体系构建的国际经验

各国政府都将信息安全摆在国家安全核心位置，表现在各国政府加大信息技术领域资金投入、大力推进高新技术产业发展、通过立法确保国家信息安全体系不受威胁、加强国际合作、改善国际信息安全环境等。如，美国政府早期将大量资金投入维护本国信息传输设施安全性方面，"9·11"事件后，为防止国际恐怖组织对本土网络发起大规模攻击，美国逐渐将信息安全重心向提升盟友间合作、构建国际信息安全网络方向转变。作为全球信息系统和业务流程软件（BPM）开发的首选外包地，印度信息安全体系构建更多是为了维护本国及跨国信息技术企业发展不受损害，因此在核心技术研发方面投入了大量人力、物力、财力。日本政府认为，物联网技术的发展导致现实世界和虚拟世界的边界逐渐模糊，人们在享受物联网的高效便捷的同时，也面临着网络犯罪的威胁，因此日本政府通过不断建立完善的信息管理体系来保护本国政府和个人数据安全性，降低网络犯罪对社会稳定性带来的威胁。

（一）将信息安全提升到国家安全战略高度——美国信息安全体系构建的特征

随着互联网攻击手段的多样化，美国国家信息安全体系面临巨大挑战。根据美国管理和预算办公室（OMB）报告，2021年美国本土涉及黑客攻击、互联网诈骗、存储介质丢失等在内的信息安全事件超4万起（见图1）。

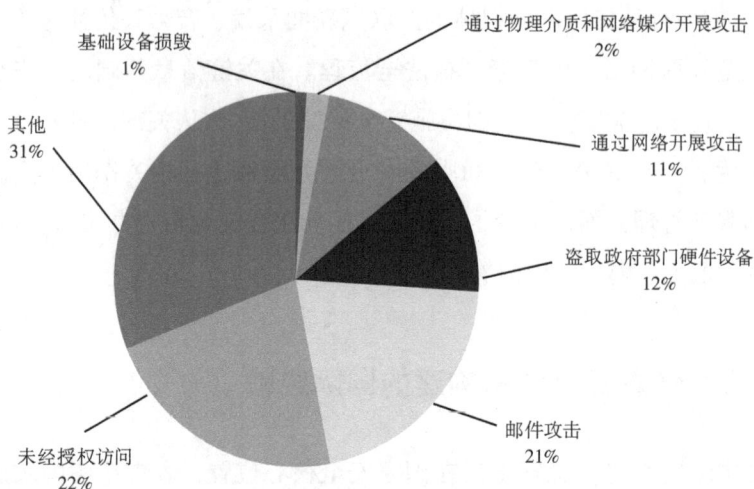

图 1　美国网络安全事件分类

资料来源：美国政府问责署。

为更好地维护国家安全体系，防止网络攻击对美国国家安全带来的不利影响，美国政府近年通过立法和财政拨款手段大力推进国家信息安全体系建设（见表 1）。

美国网络信息安全治理机制主要包括网络信息安全治理的宏观战略、法律制度、组织体系和审查原则四个方面。以 1946 年出台的《原子能法》为开端，美国国会先后通过涉及国内信息安全体系建设的相关法案共 130余项。

表 1　美国历任政府信息安全体系主要政策梳理

总统任期	主要举措
克林顿任期	为保护美国本土基础设施安全，成立总统关键基础设施保护委员会（Marsh Commission），该机构的主要职能包括评估关键基础设施脆弱性并制定相关保护措施
	签署第 63 号关键基础设施防护总统令，要求各政府部门限期编制网络基础设施漏洞检测报告并制定相关改进方案
	制定"联邦网络系统防护计划"，该计划作为 63 号总统令的指导说明，具体列出 10 项改进措施，包括排查关键基础设施漏洞、建立跨部门风险信息共享机制、加大信息安全专业技术人员培养力度、鼓励开展信息技术研发工作以及提升民众信息安全防范意识等

总统任期	主要举措
小布什任期	"9·11"事件后，美国政府将网络安全提升到国家战略高度。2003年白宫发布《国家安全网络战略》，该战略中要求美国政府在构建信息安全体系过程中应充分发挥本国信息技术公司的研发优势，通过构建"政府＋企业＋个人"的新型信息技术研发网络，共同维护美国本土网络安全
	为防止恐怖分子利用互联网对美国全境基础设施和战略资源进行破坏性打击，美国白宫2003年发布7号总统令（HSPD-7）。该总统令替代63号令，成为小布什执政时期的国家信息安全维护指导性文件
	制定"国家基础设施保护计划"（NIPP），该计划旨在进一步加强政府和企业之间合作网络建设，同时各州政府可以此为工作指南，最大限度利用政府拨款修复现有网络安全缺陷，将信息安全风险降至最低
	2008年，美国总统启动国家网络安全综合计划（CNCI），该计划要求美国境内各机构均需要参与可信互联网接入计划（TIC），即对外部链接盘点和造册、对当前规范执行结果进行评估、制定相关改进方案
奥巴马任期	2009年修订《国家基础设施保护计划》，首次将教育系统纳入重要基础设施建设
	发布《网络世界的国际战略：网络世界的繁荣，安全和开放》，强调不同国家间需进一步加强合作来抵御境外恐怖势力对美国信息体系发动攻击和维护全球网络安全
	2013年，白宫发布关于改善关键基础设施网络安全的13636号行政令，要求国土安全部（DHS）对境内重要基础设施编制资产清单，并对可能遭受网络攻击的关键设施梳理造册。该行政令还要求信息安全部门定期发布网络攻击预警，将企业遭受网络攻击风险降到最低
	2016年发布《FACT SHEET：网络安全国家行动计划》，该计划通过制定如下措施，提升美国网络安全性：（1）建立促进国家网络安全委员会；（2）设立IT现代化基金；（3）推动个人信息识别技术发展；（4）加拨网络安全项目预算
特朗普任期	2017年发布"建立美国技术委员会"总统行政令，该委员会的主要职能包括：制定信息技术发展路线，辅助信息安全部门为总统提供相关建议
	2018年9月，美国白宫首次发布《网络安全战略规划》。该规划提出未来美国信息安全发展的重点方向，包括确保美国信息网络稳定运行；培育数字经济和提升技术创新水平；加强与其战略盟友合作；通过参与国际网络环境治理提升美国国际影响力
	2019年5月，特朗普总统签署"信息产业供应链安全"行政令，要求各级政府部门不得擅自安装购买对美国信息安全产生潜在威胁的国外厂商提供的通信设备或相关服务，以防止政府部门数据泄露
	2020年3月，美国安全和可信通信网络法案获批通过，该法案在"信息产业供应链安全"行政令基础上将禁购令扩大至本土企业，该项法案同时对未来美国5G技术发展提供了政策指导

资料来源：根据美国白宫网站历任政策令梳理。

为确保美国信息安全技术始终处于全球领先位置，拜登政府进一步加大信息安全技术研发工作相关投入。根据 2024 财年预算提案，美国政府将为网络安全和基础设施安全局（CISA）拨款 31 亿美元用于提高联邦调查局（FBI）的网络调查能力，加强美国政府的信息系统现代化建设等（见表 2）。

表 2　美国信息安全体系建设预算方案

部门	预算分配目标	具体方案
网络安全和基础设施安全局	提升应对风险能力	9800 万美元用于实施 2021 年《关键基础设施网络事件报告法》；4.25 亿美元用于提高 CISA 内部的网络安全与分析能力
财政部	提升企业上网安全性	2.15 亿美元用于保护和捍卫敏感机构的系统和信息
司法部	追查网络威胁	6300 万美元将用于扩充人员规模、增强响应能力并加强情报收集和分析能力

资料来源：根据网络公开资料整理。

（二）通过信息产业发展推动信息安全建设——印度信息安全体系构建的特征

2021 年，印度数字产业产值已近 2000 亿美元，约占 GDP 的 10% 左右，预计到 2025 年，印度数字产业总产值将占到 GDP 的 12%—15%。伴随信息产业迅速发展而来的是日益严峻的信息安全挑战。目前印度现已成为全球受网络攻击影响最严重的国家之一，仅在 2021 年印度计算机应急响应小组（ICERT）处理的信息安全事件就多达 20 万件。在《国家网络安全策略（草案）》中，印度政府明确提出"研发的本土化是国家信息安全措施的重要组成部分"。为此，印度政府每年通过政府资助形式，鼓励本国信息企业开展核心技术研发工作，希望借此有效降低印度信息产业发展对西方发达国家的技术依赖。印度信息安全体系构建可归纳为以下三个方面：

一是确保信息安全的技术性措施，包括公共服务系统技术监管。为提升民众对公共信息平台的信任度，印度政府要求各政府部门在信息系统最初设计阶段需要通过第三方机构对包括系统开发机构的能力、服务器安全性等多个招标环节进行安全评估，针对结果给出改进意见，将系统安全隐患在设计之初就加以杜绝。全面梳理本国信息产业供应链。由于高新技术产业核心零部件过于依赖进口不利于印度电子信息产业发展，所以印度政府计划在未来几年内：（1）对高新技术产业供应链进行全面梳理，分析各产业对外依赖程度；（2）加大对关键技术政府投资，突破关键环节技术瓶颈，提升核心零部件自主生产能力；（3）鼓励高校和私人部门投资建立科研中心用于核心技术零部件研发；（4）利用印度在工程软件和信息系统开发方面的先发优势融入全球信息产业供应链，防止发达国家对印度未来可能采取的技术封锁。数字加密技术与安全通信。当前印度政府关于加密技术的研究主要集中在量子密码学和多方计算，其中量子密码学可以确保网络接入客户之间的高度安全通信（如密钥共享、信息共享和特定地址访问），而安全多方计算技术主要研究参与者间协同计算及隐私信息保护问题，其特点包括输入隐私性、计算正确性及去中心化等特性。印度政府希望在以上两个技术领域寻求突破，以达到消除信息传输过程中的非法拦截和防止恶意监听，从而实现维护民众个人数据信息安全保存问题的目标。情报分析与恶意信息阻截。印度政府将非法软件识别、远程监控管理、政府系统入侵检测、代码识别等确保印度"信息系统不受损害"技术视为需优先解决的技术难题，并持续投入大量人力、财力用于上述技术的科研攻关。印度政府还专门成立从事反病毒和反恶意软件的研究工作组，该工作组将定期向印度高新技术企业和各科研院所提供信息安全报告，以便其根据实际情况制定信息安全保护措施。重要信息基础设施防护措施。印度政府通过对关键节点设施采取设备备份的手段，防止网络攻击造成信息通信中断。同时在日常运行中密切监控设备运行情况，及时找出通信基础设施存在的漏洞，通过编制关键基础设备风险清单的方式，对境内通信基础设施现存风险进行统计。数字支付与身份识别技术。为确保国内金融系统稳定运行，印度政府加大在密钥管理、文件保护，云访问安全性的研发投入，并要求各级金融机构建立高效准确的情报共享机制，以此提升印度金融系统抗风险水平。同时印度中央银行定期对数字交易存在的安全漏洞进行披露，便于各金融机构针对自身业务制定修复方案。新技术产业发展。印度《2020 年国家网络安全战略》以五年为目标，对该国现已使用的信息产业相关技术进行包括技术发展瓶颈、技术发展对未来社会发展影响等方面的评估；分析5G、人工智能、量子计算、通信材料等对未来印度发展具有重要影响力的关键技术对国外的依赖程度；为核心技术研发机构提供财政补贴，解决其融资难题。

二是确保信息安全体系建设若干政策措施，包括确立印度信息安全体系建设目标。设置降低由信息安全问题带来的经济损失（预计减少1万亿美元）阈值，根据信息安全体系建设需求调整各政府部门具体职能，增设信息安全指挥中心，不断推进政府、科研机构和企业之间的合作。设立信息安全专项预算。印度政府计划将占GDP中0.25%（2025年该比重将提升到1%）的年度预算用于包括基础设施信息网络建设投入、核心技术研发在内的国内安全网络体系建设项目当中。印度政府还将建立成果考核机制，根据各部门信息安全体系建设情况调整未来预算划拨。调整现有信息安全评估体系。针对未来可能发生的更为复杂的网络攻击方式，印度数据安全委员会（DSCI）计划调整现有信息安全性评估体系，包括细化网络安全工作人员考核机制，缩短技术人员考核周期，确保评估体系可准确反映当前信息安全体系建设情况。突发事件响应机制。建立网络攻击信息共享机制，政府机构将信息安全突发事件特征分享给相关信息技术企业，便于企业有针对性地进行突发事件防御系统的研发。

三是确保信息安全体系建设的系统性措施，包括拓宽信息安全评估范围。印度政府在现有信息安全评估体系的基础上进一步将知识产权保护、智能制造、远程医疗等纳入信息安全评估体系当中，提升具有重大战略和商业利益的关键技术的规范化发展水平。印度政府还将设立信息安全标准制定机构，以提高标准制定准确性。健全信息安全保险体系。网络攻击的增加让越来越多的印度互联网公司选择购买网络保险来降低网络攻击对日常业务带来的损失。印度政府计划在未来几年内大力发展国内网络安全保险市场，同时与国内信息产业运营商、保险公司共同研讨制定国家信息安全基础设施保险体系，开发适用于重要基础设施的网络保险产品。参与信息安全国际合作。印度政府希望发挥印度信息基础产业发展优势吸引外国直接投资，为印度信息技术产业发展带来新动力，同时在学术界、工业界和政府三个层面与西方发达国家建立伙伴关系，以共同开发第三方市场为目标，迅速扩大印度高新技术产业的地区影响力，逐渐提升印度国际地位。

综上，为缩小同发达国家在信息技术领域的差距，印度政府时刻跟踪当前全球先进信息技术先端科技，紧密贴合信息产业发展制定具体发展目标，并根据目标制定相关发展方案。未来印度信息安全体系建设仍将以"产学研"合作作为发展基础，通过结合政府引导力和企业创新能力，建设高水平的信息安全体系。

（三）注重政府信息系统安全改进——日本信息安全体系的构建的特征

日本政府对内主要从以下三个方面提升信息安全水平：大力培养信息技术专业人才用于协助日本政府推进信息安全体系建设；通过同私营部门的技术研发合作降低本国企业对国家信息安全体系的不信任度；加大舆论宣传力度，提升民众信息安全防护意识。在应对外部风险方面，日本政府更为重视与传统合作伙伴特别是美国之间的信息安全合作，通过建立日美网络防御政策研究工作组，日美两国在信息安全领域的交流近年不断加深。

2018年，日本网络战略安全指挥部发布《政府机构信息安全标准措施》，目的在于全面提升政府部门的信息系统管理规范性。日本政府认为，建立一套完善的政府信息系统应做好以下几方面工作：第一，建立信息安全保障机构和完善职责分工体系。相较于企业信息系统，政府信息系统具有数据高度保密和传输网络庞大两个特点，因此为保证政府信息安全性，需要成立专门信息安全保证机构并对其进行职能划分，确保各部门可准确完成各项工作。第二，制定制度标准和措施推广方案。为全面降低信息安全风险，需要根据政府部门的具体职能制定信息保护标准，网络战略安全指挥部成立评估小组对标准进行评估，相关部门可通过评估报告对本部门信息保护标准进行进一步改进。第三，建立突发事件处理机制。由于信息安全突发事件往往会造成政府信息系统大面积瘫痪，所以突发事件处理程序应确保及时有效，《政府机构信息安全标准措施》对信息安全突发事件处理制定了详细步骤。第四，信息系统安全性自检机制。为确保信息安全保障措施准确有效，各部门应通过自检找出现存漏洞和潜在风险点，以便在系统升级过程中加以防范。最后，建立第三方审查机制。委托第三方机构对各政府部门的信息安全保障措施开展独立审查，部门信息安全负责人需要根据第三方评审结果对部门信息安全保障措施提出指导性改进方案。（见表3）

表3 日本政府网络突发事件处理机制

信息安全突发事件防范性措施	指派专人负责处理信息安全突发事件，并通过定期培训方式将紧急处理措施告知各部门工作人员
	信息安全负责人应与日本网络战略安全指挥部和其他政府部门相关技术人员建立情报共享机制，以便各部门在面临网络攻击时及时制定应急响应措施，防止政府信息网络大面积瘫痪
	建立应急通信网络（包括指定紧急联系人、搭建备用通信网络等），防止网络攻击造成信息传输障碍
	通过设立信息安全突发事件档案对已发生信息安全事故进行备案
信息安全突发事件处理	当信息安全保障机构对当前发生的信息安全事件已有相应解决措施时，信息安全负责人可在职责范围允许的前提下自行处理问题
	如该事件无法解决，各机构信息安全负责人应第一时间将事故报告给计算机应急响应小组（CSIRT），计算机应急响应小组快速分析所报告的信息安全事件（包括潜在事件）风险等级，并评估该事件是否会对政府信息系统带来威胁
	CSIRT应向部门信息安全保障机构提供关于紧急措施的指示或建议，防止突发事件对政府信息系统带来的威胁进一步扩散
	CSIRT应向国家网络安全事件准备就绪和战略中心报告事件处理结果。此外，如果CSIRT检测到可能发起的针对政府信息系统的攻击事件，应及时通报各政府机构信息安全保障部门，并向国家网络安全防范和战略中心报告
事后经验总结	信息安全负责人应对信息安全突发事件进行备案，以防止此类事件再次出现

资料来源：日本网络安全战略部。

四、"十四五"期间我国建设高水平信息安全体系的总体思路

借鉴上述国家信息安全体系建设的经验，可大致将"十四五"期间我国构建高水平信息安全体系的总体思路归纳如下：

优化顶层设计是建设高水平信息安全保障体系的核心环节。经过 40 多年的发展和完善，信息技术已深入融入我国经济社会发展的方方面面，成为我国经济社会发展、社会进步和科技创新的重要支撑。在这样的大背景下，仅靠局部政策调整和规则完善已无法满足我国信息安全体系高水平建设的要求，应通过制度规则设计，逐步形成有利于国内信息产业发展和国际信息技术交流的新型信息安全保障体系，为我国实现更大范围、更宽领域、更深层次、更加均衡的全面开放奠定基础。

推动信息产业发展是建设高水平信息安全体系的背后动力。当前我国信息技术产业已发展成为推动国民经济高质量发展的先导性、战略性和基础性产业，但我国信息安全保障体系建设与产业发展存在一定程度的脱节现象。未来我国信息安全体系构建应以信息产业发展为导向，通过制定与产业发展目标契合的信息安全保障体系，为我国高新技术产业发展提供必要保障。

加强区域信息安全合作是抵御外部风险的必要前提。随着全球互联网覆盖面积不断扩大，各国之间的物理边界已被打破，非法势力可借助互联网对我国进行有预谋的数据盗窃、金融欺诈、知识产权盗取等有损我国国家安全的活动。因此需要通过搭建区域信息安全应急平台，促进开展工业信息安全威胁信息共享，在共建"一带一路"信息互联互通建设框架下加强和发展地区信息安全互利合作在我国建立高水平信息安全体系中的重要性将持续提升。

打造安全稳定政府信息系统是维持社会发展稳定的根本保证。政府机构应当建立严密的安全保密管理机制，通过加强信息化的网络安全建设，提高安全防护能力。通过科学的管理和防范，为我国社会稳定运行搭建良好的政务信息环境。

构建安全信息网络是确保关键基础设施不受威胁的必要保障。金融、能源、电力、通信、交通等领域的关键信息基础设施是经济社会运行的神经中枢，是网络安全的重中之重，也是可能遭到攻击的重要目标。必须深入研究，采取有效措施，将关键信息基础设施纳入信息安全体系建设框架下，切实做好国家关键信息基础设施安全防护。

五、建设高水平国家信息安全体系的具体措施

高水平对外开放背景下的国家信息安全体系建设是一个庞大的系统工程，涉及政策制定、产业发展、国际合作、国家治理等诸多方面，只有在法律、政策、技术、财政等方面采取切实可行的有效措施，才能确保信息安全体系建设的高质量发展。未来我国信息安全体系的构建应遵从"1+4+3"原则，即以坚持总体国家安全观，完善国家安全体系为基本要求，围绕共建"一带一路"信息互联互通建设、信息技术产业发展、政府信息安全体系构建、关键基础设施保护四个方面制定任务，最终实现筑牢国家网络安全屏障，提升国家网络安全水平；突破核心技术，提升自主创新能力；坚持多边参与，推进全球互联网治理体系变革三个目标。具体措施如下：

第一，以共建"一带一路"信息互联互通为抓手，搭建地区信息安全合作平台。通过与共建"一带一路"国家开展信息安全成果共享、应急培训和演练等方式，探索工业信息安全应急国际合作的新模式、新动能、新路径。尽快制定网络空间区域合作方案，包括建立信任的安全措施、建立数据流通安全标准、设立"一带一路"地区信息中心等。推动共建"一带一路"地区基础设施互认标准的确立，尽最大可能降低关键设备流通障碍。

第二，做好"十四五"时期我国信息产业发展优先级排序，使我国逐步摆脱对国外技术的依赖。推进产学研一体化机制建设，完善金融、人才、法律保障力度，大力扶持中小科技企业创新，鼓励和支持大中科技企业、科研院所加强合作集中力量攻关信息核心技术，加快推进国产自主可控替代计划，支持网络安全技术的研究开发和应用，推广安全可信的网络产品和服务，保护网络技术知识产权，支持企业、研究机构和高等学校等参与国家网络安全技术创新项目。

第三，建立国家关键基础设施安全保障体系，防止网络攻击造成国民经济运行瘫痪。建立关键基础设施风险清单，对我国涉及能源、交通运输、金融等关系经济社会发展的关键基础设施统计造册，杜绝关键基础设施和

重要领域信息系统的操作系统、服务器、数据库"后门"、"漏洞"隐患和威胁。构建涵盖"发现—防御—响应—处置"于一体的安全保障体系，打造高水准的安全服务保障平台，提升关键信息基础设施整体安全防护能力。

第四，搭建稳定安全的政府信息平台。在信息安全管理体系规范和指导下，通过安全运行管理，规范运行管理、安全监控、事件处理、变更管理过程，及时、准确、快速地处理安全问题，保障业务平台系统和应用系统的稳定可靠运行。建立提前预警、情报共享、妥善处理、事后检查的四阶段信息安全事件响应体系，建立信息安全决策、管理、执行以及监管的机构，明确各级机构的角色与职责，完善信息安全管理与控制的流程，提高网络空间安全的突发事件处理能力。

（执笔人：尹佳音）

我国在政府采购领域推进制度型开放的思路研究

内容提要：近年来，CPTPP 等高标准贸易协定均加入了政府采购条款，开放国内政府采购市场是扩大开放的大势所趋。我国国内法律体系与 WTO《政府采购协议》、CPTPP 等贸易协定仍然存在一定的差异。在推进高水平对外开放的背景下，我国应更加积极主动对接国际经贸规则，多措并举建立公正透明的政府采购体系。

一、我国与多边贸易协定关于政府采购条款的对比分析

政府采购在国际贸易中占据着重要地位，世界各国尤其是发达国家对政府采购愈来愈重视。根据经济合作与发展组织（OECD）的测算，全球政府采购占 GDP 比例高达 10%—15%。早在 1996 年，我国政府就向亚太经合组织（APEC）作出承诺，在 2020 年前对 APEC 成员对等开放国内政府采购市场。2002 年，中国成为 WTO《政府采购协议》（GPA）观察员，并积极向 GPA 规则靠拢。近年来，CPTPP、RCEP 等重要多边协定均包含政府采购章节。我国签订 RCEP 后，日中经济协会事务局向日本贸易振兴协会（JETRO）建议，在中日韩 FTA 中加入政府采购章节。可以看出，建立公平、透明的政府采购体系是全球贸易规则发展的重要趋势，也是世界主要经济体对我国的热切期盼。

（一）我国政府采购的法律文本框架与国际贸易规则存在较大差异

我国各级政府和组织依照《政府采购法》依法进行政府采购。《政府采购法》一共分为九个章节，分别为总则、政府采购当事人、政府采购方式、政府采购程序、政府采购合同、质疑与投诉、监督检查、法律责任、附则等。《政府采购法》的立法初衷可以概括为三个方面：一是规范政府采购行为，提高政府采购资金的使用效率；二是维护国家利益和社会公共利益；三是预防腐败，强化廉政。

GPA 文本一共有 22 条，分别为定义、适用范围、例外、一般原则、发展中国家原则、关于采购制度的信息、公告、参加条件、供应商资格、技术规格和招标文件、时限、谈判、限制性招标、电子反拍、采购信息的透明、信息披露、国内审查程序、适用范围的修改和更正、磋商和争端解决、机构、最后条款。CPTPP 政府采购章节在文本上与 GPA 较为接近，包括定义、适用范围、例外、一般原则、过渡措施、采购程序（采购信息公布、意向采购公告、参加条件、供应商资格、限制性招标、谈判、技术规格、招标文件、时限、招标文件的处理和合同授予、招标后信息、授标后信息）、信息披露、保证采购做法的正当性、国内审查、为中小企业提供便利性、合作、政府采购委员会、进一步谈判等 24 个条款。RCEP 是我国首个签订包含政府采购章节的多边贸易协定，但与 GPA 和 CPTPP 相比，RCEP 的政府采购章节部分的内容更为简单。RCEP 的政府采购章节一共分为八条，分别为目标、范围、原则、透明度、合作、审议、联络点、不适用争端解决等，无论是条款数量还是篇幅长度都较短。各国签订政府采购协议，主要目的可以概括为两方面：一是强调政府采购市场的自由化，规范政府采购国际市场，明确市场参与主体的权利和义务，实现政府采购国际市场自由化；二是强调公平竞争，强化政府采购市场的透明性和公平性，提高政府采购的效率。（见表 1）

（二）我国政府采购适用领域与国际规则要求差别较小

政府采购适用领域可以从采购标的、采购实体、采购方式三个方面入手进行细分。

1. 政府采购适用范围

我国《政府采购法》中明确规定，"本法所称采购，是指以合同方式有偿取得货物、工程和服务的行为，包括购买、租赁、委托、雇佣等。本法所称货物，是指各种形态和种类的物品，包括原材料、燃料、设备、产品等。本法所称工程，是指建设工程，包括建筑物和构筑物的新建、改建、扩建、装修、拆除、修缮等。本法所称服务，是指除货物和工程以外的其他政府采购对象"。

GPA 在充分吸纳各国相关经验的基础上，将政府采购的对象分为货物、工程和服务三类。货物主要包括设施、设备和办公耗材等产品；工程包括基础设施建设、公益性建筑项目、大型办公设施建设；服务包括除了货物和建设之外的其他政府采购项目。

CPTPP 在 GPA 的基础上，进一步将 BOT 和公共工程建设特许经营权合同纳入适应范围。BOT 是 PPP 模式的一种重要形式，是政府与私人投资者之间，为了提供某种公共物品和服务，以特许权为基础形成的伙伴式合作关系，并签订法律文本明确双方权利和义务。这与传统政府采购的定义存在一定的矛盾。传统的政府采购是指政府的购买行为，由政府招标付费。在 BOT 和公共工程建设特许经营权合同的框架下，供应商通过多种方法进行筹资、建设并依法经营，由使用者支付相关费用，协议期满后，供应商依照合同将项目无偿转交给政府或者相关机构。但在实践中，BOT 模式已经广泛应用于公共基础设施领域，因此也被美、英、日等发达国家视为政府采购。

2. 政府采购实体

根据我国《政府采购法》，我国政府采购实体包括各级国家机关、事业单位和团体组织等资金主要来源为国家财政资金的单位组织。在对 GPA 的出价清单中，我国的政府采购实体范围不断扩大，从第一次报价清单中仅包含中央政府，到第五次报价清单中包含中央政府和 19 个次中央政府采购实体。根据 GPA 对政府采购实体的规定，政府采购实体由直接或间接受政府控制的实体或者其他由政府指定的实体组成，主要包括中央政府、地方政府以及根据相关协议进行政府采购的其他采购实体（主要为公共机构）。

CPTPP 与 GPA 的规定相似，在政府采购章节的附件中对政府采购实体进行了详细规定，主要包括中央政府、地方政府以及政府指定的实体。

RCEP 的政府采购实体范围更窄，仅包括中央政府。

表 1　政府采购适用范围对比

	法律文本框架	采购对象	采购实体
政府采购法	总则、政府采购当事人、政府采购方式、政府采购程序、政府采购合同、质疑与投诉、监督检查、法律责任、附则等9个条款	以合同方式有偿取得货物、工程和服务的行为，包括购买、租赁、委托或雇佣	资金来源为国家财政资金的单位组织
GPA	定义、适用范围、例外、一般原则、发展中国家原则、关于采购制度的信息、公告、参加条件、供应商资格、技术规格和招标文件、时限、谈判、限制性招标、电子反拍、采购信息的透明、信息披露、国内审查程序、适用范围的修改和更正、磋商和争端解决、机构、最后条款等22个条款	货物、工程和服务	中央政府、地方政府以及根据相关协议进行政府采购的其他采购实体
CPTPP	定义、适用范围、例外、一般原则、过渡措施、采购程序（采购信息公布、意向采购公告、参加条件、供应商资格、限制性招标、谈判、技术规格、招标文件、时限、招标文件的处理和合同授予、招标后信息、授标后信息）、信息披露、保证采购做法的正当性、国内审查、为中小企业提供便利型、合作、政府采购委员会、进一步谈判等24个条款	货物、工程、服务、BOT	中央政府、地方政府以及根据相关协议进行政府采购的其他采购实体
RCEP	目标、范围、原则、透明度、合作、审议、联络点、不适用争端解决等8个条款	无	无

资料来源：作者整理。

3. 政府采购的方式

《政府采购法》对我国的政府采购方式进行了明确规定，分别为公开招标、邀请招标、竞争性谈判、单一来源采购和询价。GPA 规定了四种方式，分别为公开招标、选择性招标、限制性招标和电子竞拍，公开招标是主要方式。CPTPP 第 15.4 条规定，采购实体应当采取公开招标程序进行采购，除非适用"供应商资格"和"限制性招标"条款。这意味着，公开招标是优先选择方式，限制性招标和选择性招标为特殊形式。

（三）公开招标是政府采购主要方式

《政府采购法》从国内的角度对政府采购过程进行严格规定。采购过程包括预算编制、需求确定、方式选择、项目评审、合同订立和履行。《政府采购法》对公开招标、竞争性谈判、单一来源采购等每种采购方式，从适用情形、采购程序到采购流程中每一个环节、节点的要求等，都有明确而具体的规定。公开招标应作为政府采购的主要采购方式，达到或超过公开招标数额标准的采购项目，必须采用公开招标采购方式，同时为公开招标制定了一整套严密的程序。选择性招标则比公开招标多出了投标报名、资格预审、发出投标邀请书三个环节。

GPA 与 CPTPP 均要求采购过程透明、有效并作出详细规定，RCEP 未对政府采购过程进行详细规定。GPA 第七条规定，采购实体需要在采购公报中公布项目摘要，以便可能的参与实体获取项目信息。CPTPP 取消了该程序，只要求采购实体公布一项采购公告，并规定采购实体应在采购之前预留充分时间提前发布公告，为供应商预留足够的提交投标申请书的时间。GPA 和 CPTPP 都对接受投标文件的期限、采用电子手段的期限和其他特殊情形的期限进行了详细的规定，但 CPTPP 的规定更简单，尽量避免不同供应商提交文件期限不同而导致交易中的不公及效率低下。RCEP 仅仅对政府采购流程进行了原则性规定，认为成员国应努力就政府采购相关事项进行合作，便于更好地理解每一成员国的政府采购制度。

（四）对中小企业提供便利在国内国际具有一定的共识

我国在《政府采购法》和《政府采购促进中小企业发展暂行办法》（以下简称《暂行办法》）中，分别确立了通过政府采购促进中小企业发展的政策。在加入 GPA 的历次谈判中，我国始终不承诺放开"旨在支持中小企业发展和促进民族地区和贫困地区发展的采购"的政策。

GPA 并没有对中小企业例外条款作出明文规定，CPTPP、RCEP 设专门条款为中小企业参加政府采购提供便利。在 GPA 框架下，各成员国以出价清单为基础，所以当所涉采购在门槛价以下或者采购实体不在清单实体范围之内时，采购中所实施的扶持中小企业措施不受协定约束。然而，各国政府采购法扶持的对象必然是国内中小企业，这与非歧视原则相悖。因此，GPA 将中小企业问题列为未来谈判的重点。CPTPP 各成员国认为，中小企业对促进市场的活跃度有重要作用，但却因规模较小在国际贸易中处于弱势地位，促进中小企业参与贸易、确保中小企业和大型企业一样都能从中获益，符合多方共同利益。因此，CPTPP 要求各成员国尽可能采取措施促进中小企业参与政府采购并降低成本。例如，在相关网站中提供采购相关的综合信息、免费提供招标文件、采取电子或其他技术手段进行采购。这一条款认可各国政府采购中对中小企业的政策倾斜，并要求成员国对本国和其他成员国提供同样水平的优惠。RCEP 在第五条款中规定：在可能的情况下，共享包括与涵盖微型企业在内的中小企业相关的最佳实践信息。

二、我国政府采购制度型开放面临的机遇和挑战

与发达国家相比，我国政府采购制度起步较晚，仍然存在开放力度难以满足发达国家诉求、法律定义不明晰、争端解决机制效率较低等问题。但是，政府采购的制度型开放有利于通过提高我国政府采购定价效率，提升我国产业发展质量，促进我国企业"走出去"等。因此，我国应坚定不移地推进政府采购制度型开放。

（一）国内外政府采购制度发展历程

1.政府采购制度的历史悠久，近年来各国的重视程度更高

政府采购制度可以追溯到 18 世纪末的英国。18 世纪 80 年代，英国政府设立了一个专门采购政府必需品的部门，命名为"文具公用局"，并逐渐发展为"物资供应部"。其他西方国家纷纷效仿英国，确立法规并成立相关部门，促进采购过程法治化、规范化、公开化。1985 年，世界银行颁布《国际复兴开发银行贷款和国际开发协会贷款采购指南》，规范贷款国的政府采购过程及贷款资金的有效利用，并采取一系列监管措施。1994 年，《关

于货物、工程及服务采购的示范法》顺利通过，统一了不同国家对政府采购制度的立法原则。《关税与贸易总协定》东京回合首次将政府采购协议纳入到谈判中，《政府采购守则》（以下简称《守则》）应运而生。此后，经过对《守则》的大幅修改，GPA形成了基本的政府采购制度。WTO成员方超过160个，但是GPA成员国仅有40多个，大多数WTO成员方并为加入GPA。尤其是WTO成员方中的发展中国家，缺乏加入GPA的激励机制。因此，GPA更像是"发达经济体俱乐部"。近年来，CPTPP等高水平贸易协定的政府采购标准进一步升级。我国参与的多边贸易协定也开始加入政府采购条款。

2.我国政府采购的发展历史

2001年12月，我国加入WTO，但是并未签署GPA。2002年2月，我国申请并成为GPA观察员，开始参与政府采购委员会的相关活动和工作。2006年12月，我国政府正式向WTO秘书处递交GPA申请书，并在2007年正式递交第一份出价清单。到目前为止，中国已经提交了7份出价清单，包含7个附件。与第一份清单相比，采购实体范围显著扩大、项目门槛价格显著降低。2020年我国签订完成的RCEP中也加入了政府采购条款，虽然条款较少，但是为未来谈判预留了较大空间。

（二）政府采购制度型开放对我国形成的挑战

1.我国在次级中央政府方面与发达国家的分歧逐渐缩小，但是对国有企业是否应该纳入政府采购条款仍然存在较大分歧

《政府采购法》划定采购实体的标准与GPA和CPTPP的标准有所不同。《政府采购法》规定政府采购的实体包括各级国家机关、事业单位、团体组织，但是并没有明确规定是否将国有企业纳入其中。但是，以GPA为代表的国际贸易协定中，采购实体主要指"由直接或基本上受政府控制的实体或者其他由政府指定的实体"。如果按照GPA的标准，国有企业应该纳入政府采购实体范围内。事实上，在中国加入GPA的历次谈判中，国有企业是否应该纳入政府采购实体也是多方交锋的重要议题。在2014年12月向WTO提交的第六份报价清单中，我国已经将国有企业纳入政府采购实体范

围内。但是,《政府采购法》及其实施条例并未对此作出进一步明确修改,确认国有企业的政府采购实体地位。

《政府采购法》对供应商的规定与 GPA 和 CPTPP 存在一定差异。《政府采购法》明确规定,政府采购应当优先采购本国货物、工程和服务。但是,GPA 和 CPTPP 却以非歧视性为原则,推进政府采购市场的自由化,需要东道国对国内和协议成员国提供平等的竞争地位。《政府采购法》第二十三条还规定,采购人可以要求参加政府采购的供应商提供有关资质证明和业绩情况,并根据本法规定的供应商条件和采购项目对供应商的特定要求,对供应商资格进行审查。但是,《政府采购法》并没有对供应商条件、供应商的具体审查程序、审查内容等做具体规定,从而降低了实际可操作性。未来,如果加入 GPA 或者 CPTPP,我国将不得不取消《政府采购法》及其实施条例中对国产供应商的优待政策,并制定更透明的审查流程。

2. 我国相关法律中仍然存在较多不明确的地方,政府采购的制度型开放必将倒逼政府进一步对相关法律条文作出修改

表 2　GPA 采购方式与我国采购方式对比

GPA 采购方式	我国采购方式
公开招标:所有感兴趣的供应商都可以提交投标的采购方式。选择性招标:只有符合参加条件的供应商才能被采购实体邀请参加投标的采购方式(可设供应商常用清单)。限制性招标:采购实体与其选择的一个或数个供应商接触的采购方式。(GPA 文本中规定了具体的 6 种适用情形)	公开招标:数额标准以上邀请招标:①具有特殊性,只能从有限范围的供应商处采购的;②采用公开招标方式的费用占政府采购项目总价值的比例过大的竞争性谈判:①招标后没有供应商投标或者没有合格标的或者重新招标未能成立的;②技术复杂或者性质特殊,不能确定详细规格或者具体要求的;③采用招标所需时间不能满足用户紧急需要的;④不能事先计算出价格总额的单一来源采购:①只能从唯一供应商处采购的;②发生了不可预见的紧急情况不能从其他供应商处采购的;③必须保证原有采购项目一致性或者服务配套的要求,需要继续从原供应商处添购,且添购资金总额不超过原合同采购金额百分之十的。询价:采购的货物规格、标准统一、现货货源充足且价格变化幅度小的政府采购项目国务院政府采购监督管理部门认定的其他采购方式

资料来源:GPA 文本及《政府采购法》。

　　我国对政府采购项目的规定需要进一步明确。《政府采购法》规定的采购对象为，依法制定的集中采购目录以内的或者采购限额标准以上的货物、工程和服务。同时，我国法律虽然对例外条款作出了相关规定，但是内容比较抽象。GPA 和 CPTPP 等贸易协定并没有对集中采购目录进行限制，而且对例外条款进行细致描述。因此，加入 GPA 或者 CPTPP 等贸易协定，我国必将对相关法律条文作出调整。

　　我国政府采购流程的公开透明性有待进一步提高。《政府采购法》虽然规定了以招投标方式采购货物类和服务类政府采购项目的过程，但是内容相对粗略，难以具体指导相关采购过程的实施（见表2）。例如，现有框架下缺少对招标文件中关键内容、评标标准、供应商投标和履约担保方面等要件的要求。GPA 和 CPTPP 在全球尤其是发达国家中，积累了大量实践经验，必然倒逼我国建立更加公开透明的采购流程，为国际供应商进入中国市场建立良好的制度环境。

　　我国政府采购市场的竞争理念与国际贸易协定存在较大差别。《政府采购法》与 GPA、CPTPP 等贸易协定在竞争理念上存在较大差异。具体来看，《政府采购法》第九条规定，政府采购应当有助于实现国家的经济和社会发展政策目标，包括保护环境，扶持不发达地区和少数民族地区，促进中小企业发展等；GPA 第十五条规定，除非政府采购实体因为公共利益而决定不签署合同，否则政府采购实体应该与完全有能力执行合同的投标人签署合同，该标书与其他标书相比性价比最高，或者该投标人的标书可以根据具体评标标准而被认为最具优势。可以看出，我国的政策综合考虑了产业政策和公共目标，而国际贸易协定更加重视价格优势和综合优势。

　　3.我国争端解决机制存在效率较低等问题，与发达国家的诉求仍然有一定差距

　　我国对争端解决机制效率的要求与国际先进水平仍然存在一定差距。根据我国《政府采购法》，对采购人、采购代理机构的回复不满意的，可向同级政府采购监督管理部门投诉，如果对投诉结构不满意的或者未逾期处理的可申请行政复议或者向人民法院提起行政诉讼。在行政复议或者诉讼过程中，我国目前只将此类案件作为普通案件进行处理。从实践经验看，

相关案件的处理需要花费相对较长的时间。但是，GPA 明确规定，为维护商业和其他方面利益，质疑程序一般应及时结束。CPTPP 规定，在申诉得以解决之前，东道国政府应出台快速的临时措施，以保持供应商参加采购的机会。我国寻求加入相关贸易协定，推动政府采购方面的制度型开放，必须修订相关法律法规，提高质疑程序和回应相关问题的及时性。

（三）政府采购制度型开放的积极影响

1. 政府采购的制度型开放有利于提高我国政府采购的定价效率

与西方发达国家相比，我国政府采购工作起步较晚，因此体制机制仍然有待进一步完善。虽然我国已经有《政府采购法》《招标投标法》及一系列配套法律法规，但是全面性和集成性较低，在实施过程中存在较多的堵点和淤点。同时，不可否认的是，政府采购存在一定的寻租空间，定价机制不明确。中国社会科学院 2014 年的《法治蓝皮书》显示，超过 50% 的政府采购物品价格超过市价的 1.5 倍。虽然近年来缺乏相关的报道，但天价采购事件仍然偶尔出现在报端。一旦我国加入相关贸易协定，大批国外供应商涌入我国政府采购市场，供应商结构将发生深刻变化。同时，定价机制不仅受到《政府采购法》制约，还将受到相关国际条约的约束。在多方因素驱动下，国内相关法律体系将进一步与国际接轨，法律法规的科学性、有效性、全面性将进一步增强，采购环节的透明性将进一步增强。

2. 开放国内政府采购市场有助于我国产业高质量发展

学术界详细分析了加拿大、欧盟、日本、韩国、我国香港地区等地加入 GPA 后的产业发展状况，普遍认为开放国内政府采购市场有利于优势产业的进一步发展，并减少弱势产业对政府的过度依赖。从强势产业看，开放政府采购市场带来更充分的市场竞争，有助于进一步挖掘企业创新发展潜力，促进产业创新。从弱势产业看，开放政府采购市场短期内确实会对产业发展形成一定冲击，但我国可以努力争取适合我国国情的过渡期，避免弱势产业形成对政府补贴依赖的预期，推动相关产业发展。（见表3）

表3　开放政府采购市场对各国的影响（单位：%，百万美元）

	中国	美国	欧盟	日本	韩国	俄罗斯
进口	0.93	−0.13	−0.09	1.54	−0.26	−0.12
出口	0.67	−0.03	−0.06	0.93	−0.18	−0.05
福利	1660.2	−2992.8	−923.1	7936.8	−910.7	−238.4

资料来源：袁红英，赵明亮. 由贸易区框架下政府采购市场互惠对等开放风险评估 [J]. 东岳论丛，2020，（06）：69-79，191，192。

3. 国际贸易协定促进我国供应商拓展海外市场

如果我国开放政府采购市场，受益于对等开放原则，发达国家也将放宽对我国的限制，我国厂商的海外市场规模也将扩大。例如，欧盟政府采购支出总额占 GDP 的比例约为 20%，超过门槛价的采购规模占 GDP 的 3% 左右。根据 GTAP 模型测算，如果中国与美国、欧盟、日本、韩国、俄罗斯等国家对等开放政府采购市场，长期将每年提升我国出口 0.93 个百分点，进口 0.67 个百分点，每年带来的福利达 16.6 亿美元，对我国经济的正面影响远大于对美国、欧盟的影响。如果我国与相关国家形成对等开放，依托我国产品高性价比优势，以及近年来不断提升的产品质量，我国企业参与国际竞争、发展海外业务的潜力将进一步被激发。

三、政府采购制度型开放的思路和政策建议

在政府采购领域，应当意识到目前我国国内法律、RCEP 等与以 GPA、CPTPP 为代表的国际高标准仍然存在一定差距，在提升采购市场有效性、节约财政资本、减少道德风险等方面仍然有较大的潜力。但是，当前发达国家在相关领域对我国施压，过快过急签订相关协定将导致一系列问题。尤其是在逆全球化思潮盛行、传统冷战思维有所上升的背景下，应当"先谋而后定"，立足我国发展中国家大国的国情现状，逐步寻求加入 GPA、CPTPP，以及在相关双边贸易协定中加入政府采购条款。

（一）建立跨部门的全国性政府采购管理机构，提高政府采购的中立性

我国政府采购实体缺乏中立性，尚不满足 GPA 要求。在采购环节中，采购部门分散隶属于各政府部门，监管难度较大，寻租空间较大。在争议处理环节中，采购人作为处理供应商质疑的实体，缺乏公正性；采购人在处理供应商质疑时，天然会倾向于自身利益，进而主导整个采购活动，使得质疑效果大打折扣。同时，各级政府财政部门作为受理投诉的实体，缺乏中立性。根据政府采购法第十三条的规定，政府采购监督管理部门是各级人民政府财政部门。财政部门与多数采购单位同属同级人民政府的行政机构。两者天然的"亲近"关系使得政府采购监督管理部门裁决的独立性存疑。在实践中，财政部门是政府采购政策的制定者，参与编制政府采购预算等。从严格意义上来讲，政府采购监督管理部门既是"运动员"，又是"裁判员"，降低了政府采购的效率。

因此，应积极探索调整政府采购法律法规适用范围，专设政府采购管理机构。可成立跨部门的全国性政府采购委员会，由财政部门、发展改革部门、国有资产监督管理部门等组成。提高政府采购专设机构在财政部门中的重要性和独立性，更高效地出台针对性的政策、解决相关问题。

（二）优化政府采购方式及流程，提升政府采购的电子化水平

我国的政府采购法律制度目前存在时间短、经验不足的问题，要适应国际经贸规则的最新变化，需要重点从提升政府采购的电子化水平入手，优化政府采购的方式和流程。目前，我国政府采购电子化的法律不足，除《电子签名法》外，缺乏全国性法律。《政府采购法》也仅仅对电子化采购作出了一些基本要求。电子公开渠道存在平台不统一、发布信息不及时、部分发布信息关键要件不足等问题。我国已经表态要积极加入 CPTPP，并长期致力于加入 GPA 的谈判。因此，我国应主动对接相关贸易协定，结合我国经验，进一步提高电子化的水平，对已建立的政府采购管理交易系统进行相应的调整和优化。

（三）制定合规合理的政府采购政策，实现多重经济社会目标

从国际经验看，虽然都承认国民待遇和非歧视性原则，但是GPA各成员国仍然利用国内立法变相支持国内产品。例如，为应对国际金融危机，2009年美国总统奥巴马签署的经济刺激法案中，明确要求动用政府刺激资金建设的社会公共工程必须使用本土钢铁。因此，在积极对接国际最先进规则的基础上，应借鉴其他国家经验，结合我国政府采购制度和实践特点，优化我国的政府采购政策，特别要注重政策的细化和落实，如针对中小企业的特点和需求，增加价格优惠（在评标时允许中小企业报价高一定百分比）、合同执行后采购实体及时付款、采购实体承担中小企业救济费用等。

（四）灵活调整投诉机制中的质疑程序

参考知识产权巡回法庭的方式，有效防止救济中出现地方保护主义。成立专业、专职的行政机关进行行政裁决，避免采购机构与监督部门出现隶属关系，并设立相关程序保证监管的公开性和公正性。吸收国际先进经验，将间接受到利益损失的供应商纳入到行政裁决的救济范围，把有或者可能有利害关系的供应商纳入保护范围内，进一步规范采购实体的行为。建立磋商机制，在行政裁决启动前为相关实体提供协商的平台，设置缓冲平台，加强谈判、协商、交换意见，化解各方争议。

（五）灵活调整谈判时间，尽力争取特殊与差别待遇

从贸易协定的发展趋势看，开放政府采购市场已经逐步成为发达国家和部分发展中国家的共识。我国经济发展质量不断提升，开放国内政府采购市场的条件也更加成熟。然而，我国仍然是发展中国家，发展不平衡不充分。发达国家对我国开放的诉求与我国现阶段国情存在一定差异。在国际贸易保护主义盛行的背景下，发达国家也难以满足我国的部分诉求。因此，我国必须有理有利有节地开展谈判，将发达国家的诉求分为可以让步、未来可以让步、不能让步三类。对可以让步的条件，通过先紧后松的策略

换取发达国家对我国的让步；对未来可以让步的条件，尽量争取特殊与差别待遇争取让步的时间和空间；对不能让步的条件，做好长期谈判的准备，力争平衡好国内政府采购制度优化调整与国际规则对接。

（执笔人：薛啸岩）

制度型开放问题研究文献综述

内容提要：制度型开放的提出体现了开放内容和开放实践的新境界和新高度，也标志着我国对外开放由商品和要素流动型开放向规则等制度型开放转变。顺应经济全球化发展的趋势，走向制度型开放，是我国主动应对国际经贸规则挑战、自觉推进高水平对外开放的内在逻辑的实际行动。制度型开放顺应从制造业领域开放向服务业领域开放扩展的趋势，注重货物贸易和服务贸易、双边贸易和双向投资的协同开放，要求从制度适配向体系建构转变，形成一整套与开放型经济发展相适应的制度体系和监管模式。从高标准国际经贸规则的接受跟随者向参与贡献者和完善制订者转变，在推动国内制度与国际规则接轨的同时，更加积极主动地参与国际经贸规则制定，对诸如自然人流动、补贴政策、数字贸易、知识产权保护、国有企业、降低关税、扩大外资准入等领域的制度改革提出了更为紧迫的要求，这也是未来我国推进制度型开放面临的主要任务。

早在改革开放初期，解念慈（1988）、季崇威（1984）、马建堂（1989）等学者就对对外开放的理论、对外开放的量化评价方法、对外开放和经济发展之间的关系进行了探讨。随着对外开放水平的不断深入，我国对外贸易、利用外资等对外开放的重点领域的研究不断深入。一部分学者从对外开放战略出发，系统探讨我国对外贸易、对外投资、利用外资乃至发展开放型经济的大战略；一部分学者则集中于研究各个对外开放重点领域的具体政策措施；还有一部分学者从微观主体出发，研究各个微观主体参与开放型经济发展中蕴含的内在规律。党的十九大报告明确提出经济由高速增长阶段转向高质量发展阶段，并提出了推动形成对外开放新格局的重大战略举措。党的二十大明确提出"稳步扩大规划、规制、管理、标准等制度型开放"。各方学者针对对外开放新形势、新问题的研究也不断增多。

一、对外开放理论综述

（一）关于对外开放的基础理论研究

对外开展经济合作的理论一直都是经济学理论的重要组成部分。由于存在国家间的分工，因此出现了绝对比较优势理论、相对比较优势理论、规模经济理论、保护贸易理论、新贸易理论、自由贸易协定理论等一系列国际贸易理论；随着全球化的不断发展，资本的全球流动成为可能，因此出现了垄断优势理论、生命周期理论、国际生产折中理论等国际投资理论以及国际货币一体化、汇率理论等国际金融理论。此外，从系统分析国际贸易、国际投资对整个国民经济体系的影响出发，形成了开放经济的宏观经济学理论。近年来，随着一系列新的跨国经济活动的出现，在国际经济学中也出现了全球价值链理论、新新贸易理论等用于解释新现象的理论。

（二）关于我国对外开放战略的理论研究

早在 20 世纪 80 年代，季崇威（1984）就从解放和发展生产力的角度，对对外开放促进我国经济发展的原理进行了深入剖析，并论证了建立特区、扩大出口等开放战略的正确性。隆国强（2009）将对外开放和自主创新之间的关系进行了深入探讨，论证了对外开放实际上是利用全球资源推进自主创新，从而有效提升全要素生产率的重要手段。张燕生（2008）则突出强调我国对外开放的大国特征，认为对外开放推动经济发展的关键在于引入外来竞争压力，改变经济激励导向，促进我国体制机制转轨。而随着我国经济进入新常态以来，很多学者也开始着手研究新常态下的对外开放理论和战略。毕吉耀（2016）强调，党的十八大以来对外开放要更加积极主动融入全球体系，特别是转换开放合作重点。党的十九大报告对新时代对外开放的重点任务进行了科学深入的表述，为未来进一步完善新时代我国对外开放理论指明了方向。习近平总书记在党的二十大报告中强调："推进高水平对外开放。依托我国超大规模市场优势，以国内大循环吸引全球资源要素，增强国内国际两个市场两种资源联动效应，提升贸易投资合作质量和水平。"部分政府官员和学者也从事了大量的对外开放战略理论研究，如时任国务院副总理汪洋同志就在《人民日报》上撰文对推动形成全面开放新格局进行了深入的解读，阐述了对外开放面临的新形势，并明确了"五个更好结合"等全面对外开放的基本内涵，进一步丰富了党的十九大报告所提及的六大主要任务。吴涧生（2017）则指出，新时代的对外开放是更加积极主动的开放、更加统筹国内国际合作新构架的开放、顶层设计更加清晰的开放，并深入论证了"一带一路"倡议在对外开放中的重要地位。叶辅靖等（2018）则从我国经济发展的新目标出发，论证了改善投资环境、主动扩大进口等重大措施在当前我国对外开放战略中的重要地位。

（三）关于制度型开放的中央文件论述

2013 年 11 月 12 日，中国共产党第十八届中央委员会第三次全体会议通过《中共中央关于全面深化改革若干重大问题的决定》，提出放宽投资准入、加快自由贸易区建设、扩大内陆沿边开放三项构建开放型经济体制的举措。具体包括探索对外商投资实行准入前国民待遇加负面清单的管理模式，坚持世界贸易体制规则，坚持双边、多边、区域次区域开放合作，改革市场准入、海关监管、检验检疫等管理体制，加快环境保护、投资保护、政府采购、电子商务等新议题谈判，形成面向全球的高标准自由贸易区网络等，虽然没有明确提出制度型开放的概念，但已经包含了制度型开放的内容。2014 年 3 月 5 日，习近平总书记在参加十二届全国人大二次会议上海代表团的审议时强调，要牢牢把握国际通行规则，加快形成与国际投资、贸易通行规则相衔接的基本制度体系和监管模式。2014 年 12 月 5 日，习近平总书记在主持中共中央政治局第十九次集体学习时指出，需推进更高水平的对外开放，加快实施自由贸易区战略，加快构建开放型经济新体制，以对外开放的主动赢得经济发展的主动、赢得国际竞争的主动。

党的十九大之后，制度型开放作为新时代对外开放的重心之一，成为中央文件的高频词汇。2018 年中央经济工作会议指出，推动全方位对外开放，要适应新形势、把握新特点，推动由商品和要素流动型开放向规则等制度型开放转变。2019 年 10 月 31 日，中国共产党第十九届中央委员会第四次全体会议通过《关于坚持和完善中国特色社会主义制度推进国家治理体系和治理能力现代化若干重大问题的决定》，强调我国需保护外资合法权益，促进内外资企业公平竞争，健全外商投资准入前国民待遇加负面清单管理制度；推动规则、规制、管理、标准等制度型开放；健全促进对外投资政策和服务体系；加快自由贸易试验区、自由贸易港等对外开放高地建设。2019 年 11 月 19 日，中共中央、国务院出台《推进贸易高质量发展的指导意见》，意见要求贸易高质量发展应以习近平新时代中国特色社会主义思想为指导，坚持新发展理念，坚持推动高质量发展，以供给侧结构性改革为主线，加快推动由商品和要素流动型开放向规则等制度型开放转变，明确制度型开放内涵，并就加快创新驱动，培育贸易竞争新优势、优化贸易结构，提高贸易发展质量和效益、促进均衡协调，推动贸易可持续发展等九个方面提出指导性意见。

（四）关于对外开放向制度型开放转变的相关理论文献综述

推动制度型开放，是我国经济高质量发展的内在要求。全国人大常委会委员于志刚（2019）表示，过去 40 年以商品和要素为主的流动型开放的红利已经释放得比较充分，需要打造以《外商投资法》为基础的稳定、透明、可预期和公平竞争的营商环境，为我国经济高质量发展提供新动力。

推动制度型开放，能够促进国内市场与国际市场深度融合。美国布鲁金森学会的 Jacques（2019）表示，我国制度型开放能够缓解对外资的歧视性待遇、官员腐败、知识产权法律体系不完备、以国家安全为由的审查增多等诸多问题。

推动制度型开放，是我国参与制定国际经贸规则的必由之路。目前，全球产业链、价值链一体化特征日益显著，发达经济体对我国扩大对外开放的要求更加迫切。北京大学王跃民（2019）表示，全球一体化的深化、全球产业链、价值链的发展，使跨国公司的国际生产日益无国界化，客观上要求具有统一的经济制度基础和统一的竞争规则。

建设更高水平的对外开放制度，不仅要建设对标国际高标准的经贸规则，还需要主动参与制定利于我国的全球经贸规则。国际贸易经济合作研究院崔卫杰（2019）建议，在政府采购、国有企业、知识产权、电子商务、竞争等新议题方面，进一步对标国际高标准经贸规则和通行做法，强化制度型开放力度，为我国双边、区域自贸协定和投资协定谈判积累经验，为参与和引领国际规则制定奠定基础。

二、我国对外开放水平文献综述

对外开放度是衡量一国经济开放程度的综合指标，反映一国与世界进行经济交往的程度（胡智，2005）。早在 1950 年日本经济学家小岛清在其《对外贸易论》中就提出了贸易开放度指标，用一国进出口占该国 GDP 的比重衡量，也被称为外贸依存度。但贸易依存度受本国经济发展水平、市场规模、国内消费等因素的影响，并不能完全反映贸易开放度（钱纳里，1998）。国内对贸易开放度的研究也较为丰富，罗龙（1990）提出用出口覆盖率、有形贸易关联度、劳务贸易关联度、部门间分工参与度等指标来衡量一国实物经济部门的开放度和贸易开放度。利用（出口额 /GDP）和（进口额 /GDP）来测算出口和进口依存度的研究也非常多（乔超，1997；陈家勤，2002）。（见表 1）

表 1 贸易开放度测算方法

基于规则的贸易开放度	单一指标	关税率、非关税壁垒
	综合指标	Sanchs&Warner 指标，Edwards 法，世界银行外向指数等
基于结果的贸易开放度	数量比率法	外贸依存度，CTI 指标
	模型法	回归模型法、要素禀赋模型法、引力模型法、Dollars 法

对于资本领域开放程度的测算方法主要有以下几种：一是总量规模法，

用一国资本流入和流出总量占 GDP 的比重来衡量（曲如晓，1997）；二是通过检验一国国内资产的变动是否被其国外净资产的变动相抵消来衡量资本开放程度（王晓春，2001）；三是利用一国储蓄与投资的相关性来衡量资本流动程度；四是，检验一国汇率与利率之间是否存在平价关系等（Haque，1990）。（见表 2）

表 2 资本开放度测算方法

基于规则的贸易开放度	单一指标	资本管制 0-1 指标，资本账户开放时间比例指标
	综合指标	AREEAR 综合指标法、CLCM 法、Quinn 指标、MR 指标、KAOPEN 指标等
基于结果的贸易开放度	数量比率法	Capflow 指标，Capstock 指标
	模型法	储蓄率 - 投资率度量法、利率评价法、IAPM 法等

对于综合对外开放度的研究，Whitman（1996）提出对外开放度应包括贸易开放度和金融开放度两个方面，提出了长期私人资本流量对 GNP 的比率（GLT/GNP）、私人资本总量对 GNP 的比率和资本总量对 GNP 的比率（GCF/GNP）三个能反映资本市场开放度的指标。国内也有许多学者使用综合指标体系来测算对外开放度，李翀（1998）设计了对外贸易比率、对外金融比率和对外投资比率三个指标来构建指标体系；刘朝明和韦海明（2001）采用国际商品贸易开放度、国际投资开放度、国际金融开放度和国际服务贸易开放度四个指标来构建指标体系等。（见表 3）

表 3 综合开放度的测算方法

提出者	指标体系
罗龙（1990）	出口覆盖率
	有形贸易开发度
	无形贸易开发度
	部门间分工参与度
	部门内分工参与度
	资金流动度
曲如晓（1997）	商品贸易额 /GDP
	劳务贸易额 /GDP
	长期投资额 /GDP

提出者	指标体系
解念慈、魏宁（1988）	对外贸易总额 /GNP
	资本的国际流动总额 /GNP
	劳务贸易额 /GNP
李雪芳（1998）	进出口总额 / 国土面积
	非贸易往来 / 国土面积
	长期资本 / 国土面积
李心丹、路林、傅浩（1999）	贸易总额 /GDP
	金融指标
孟夏（1999）	进出口总额 /GDP
	外资流入额 /GDP
谭慧影（2000）	对外贸易比率
	对外融资比率
	对外投资比率
	对外政策开放度
黄繁华（2001）	商品贸易额 /GDP
	服务贸易额 /GDP
	直接贸易额 /GDP
	间接贸易额 /GDP
胡智、刘志雄（2005）	贸易开放度
	实际关税率
	金融开放度
	投资开放度
	生产开放度

三、制度型开放重点领域文献综述

从推进制度型开放的重点任务来看，一是在传统贸易、利用外资、对外投资特别是自然人流动等边境政策领域如何构建新型的管理体制，全面提升贸易投资自由化便利化水平；二是在竞争政策、数字贸易、政府采购、知识产权保护、数字贸易乃至国有企业等边境后领域深化体制机制改革，构建符合经济全球化未来发展需要的体制机制；三是在全球经济治理领域积极参与国际经贸规则的统一和协调，在全球范围内有效减弱制度型开放壁垒，并依托"一带一路"倡议为新领域的体制机制贡献"中国增量"；四是构建新型制度型开放框架下的安全维护体系。因此，国有企业、自然人流动、补贴政策、数字贸易、知识产权保护、降低关税、扩大外资准入成为我国推进制度型开放重点研究课题。

（一）国际组织及国内外学术界关于国有企业相关运行规则的研究综述

1. 国有企业界定

《国际贸易组织宪章（草案）》规定："国营贸易企业应理解为一成员国政府对其经营直接或间接地行使实质性管制措施的任何企业。"从这个最初的对国营贸易企业的国际规则来看，国营贸易企业并非是从所有制的概念上来划分国营企业或国有企业，而是根据相关企业是否被政府实行有效控制而不论这种控制是直接发生还是间接存在。经济合作与发展组织（OECD）于 2005 年出台《OECD 国有企业公司治理指引》，提出国家在企业中持有所有权的最高目标应该是通过高效的资源配置，实现社会价值最大化。

CPTPP 将国有企业定义为："主要从事商业活动的企业，并且满足下述三种条件之一：政府直接拥有 50% 以上的股权；政府通过所有者权益控制 50% 以上的投票权；政府拥有董事会或其他同等管理机构的多数任命权。"USMCA 从中央政府所持有的股权、投票权、任命权、决策权四个方面进行认定，满足四者之一就会被认定为国有企业。

2. 竞争中性规则

波尔森（Lauge. Skovgaard Poulsen）认为，新兴经济体所推行的国家资本主义（state capitalism）对跨国投资市场公平竞争格局造成负面影响，并建议美欧西方国家通过单边、双边投资政策来消除这种影响（Poulsen，2012）。中川淳司认为，美欧等国签署的区域自贸协定应普遍采纳竞争中立制度，规定国有企业同等适用竞争规则，约束和限制缔约方有企业反竞争行为（Junji，2012）。还有学者从市场监管（Speta，2002—2003）、市场准入（Benink& Llewellyn，1995）、税收（Mason& Knoll，2012）等角度探讨竞争中立的实现模式。国内大多数学者分析了竞争中立制度对我国国有企业改革，特别是企业"走出去"的影响（赵学清、温寒，2013；汤婧，2014；沈铭辉，2015）。

3. 国有企业的商业考虑原则

CPTPP 与 USMCA 规定了商业考虑原则：一是缔约方应确保其国有企业在从事商业活动时遵循商业考虑原则，涵盖货物和服务的采购和销售以及投资领域；二是缔约方应确保其国有企业在从事商业活动时遵循非歧视原则，明确将最惠国待遇和国民待遇原则无差别地适用于所有缔约方。

美日欧三方联合声明通过列举市场导向条件判断国有企业是否实现"市场化运营"。具体包括：企业对价格、成本、投入、购销的决定是根据市场信号自由决定和作出的；企业的投资决策是根据市场信号自由决定和作出的；资本、劳动力、技术等要素价格由市场决定；企业或影响企业的资本配置决策是根据市场信号自由决定和作出的；企业实行国际公认的会计准则，包括独立核算；企业适用公司法、破产法；政府对上述企业经营决策没有明显干预。

4. 国有企业的透明度要求

透明度原则是 WTO 框架下最为重要的规则之一，《补贴与反补贴措施协定》（SCM）要求 WTO 成员对属于第 1.1 条且属于第二条范围内的任何专向性补贴进行通报。该要求不仅适用于 WTO 成员中央政府一级，也适用于地方政府一级。国有企业提供或接受的任何专向性补贴都受到透明度和通报要求的限制。

《OECD 国有企业公司治理指引》中要求，所有关于国有企业的实质性事项（如公司的财务和经营结果、公司目标、主要股份所有权和表决权等）应进行及时和准确的披露。世界银行于 2010 年对国有企业披露信息的方式进行了重大变更，从之前的肯定性清单方式转变为披露任何未列入例外清单信息的方式。

（二）国内外学术界关于数字贸易的研究综述

1. 对数字贸易概念及内涵的研究

2013 年 7 月，美国国际贸易委员会在《美国与全球经济中的数字贸易 I》中正式提出了数字贸易定义，即通过互联网传输产品和服务的国内商务和国际贸易活动。2015 年，联合国贸发会议将电子商务定义为在线有形实物商品和无形数字商品的销售和购买行为。2017 年，美国贸易代表办公室发布的《数字贸易的主要障碍》认为，数字贸易不仅包括实物和服务在互联网上的销售，还包括数据流动、在线智能制造等。CPTPP、TTIP、USMCA 等规定的数字贸易内涵不断扩大，不仅涵盖了狭义的网络购物，而且还包括数字产品贸易。

2. 对数字贸易影响的研究

Gonzá lez、Jouanjean（2017）认为，数字贸易不仅改变了我们的贸易方式，同时也对贸易标的物产生了影响。Meltzer（2016）研究发现，数字贸易的出现改变了商品贸易的构成，能够对农产品等低价商品进行贸易。由于新一代信息技术的使用，数字贸易发展过程中会产生数据隐私问题。

3. 对数字贸易规则的研究

有学者认为 WTO 数字贸易相关规则是不完整、过时的，没有针对数字贸易发展中面临的困境和问题探讨出相关的规则（Burri，2012）。张茉楠（2019）认为，数字贸易亟待一个全球性的贸易框架来规范。李杨等人（2016）认为，数字贸易规则"美式模板"对中国形成巨大挑战。中美两国在跨境数据自由流动、数据存储本地化方面存在较大分歧。

（三）国内外学术界关于 WTO 改革背景下补贴政策的研究综述

1. 补贴政策成为 WTO 改革焦点问题

美国自 20 世纪 90 年代起，就启动了对进口我国产品进行反补贴调查。2018 年以来，美欧日贸易部长多次发布联合声明，提出：针对第三国的国有企业补贴所造成的市场扭曲要制定新的贸易规则。2019 年 7 月，美国再次就发展中国家在 WTO 享受更优惠差别待遇发难。

2. 对产业补贴政策效果的研究

大部分学者认为补贴对产业发展起到了积极作用。一是完善制度与法律环境。例如美国《美国复苏和再投资法案》和《制造业促进法案》推进了美国实体经济回归，德国《国家高技术战略 2020》推动"工业 4.0"战略落实到具体实施计划。二是加快实体经济发展的"润滑剂"。

3. 我国产业补贴政策与 WTO 规则的适应性研究

相关研究主要从 WTO 补贴规则角度来讨论我国产业补贴政策的合法性及相应调整的问题，有些从整体角度探讨了我国产业补贴政策与 WTO 补贴规则的相符性问题（贺小勇，2014；欧福永、熊之才，2001），有些则讨论特定政策是否符合 WTO 补贴规则的问题，如对可再生能源的补贴、政策性贷款是否构成专向性补贴（张军旗、魏新亚，2018；张军旗，2014）等。

（四）国内外学术界关于知识产权保护国际规则的研究综述

《与贸易有关的知识产权协定》（TRIPs）是 WTO 成员方处理知识产权纠纷的重要法律依据，也是现行国际贸易中知识产权保护的基础（夏玮，2014）。随着经济技术快速发展，欧美发达国家在与其他国家签订自由贸易协定（FTA）时会加入高于 TRIPs 保护义务的条款，也称 TRIPs-plus。

新一代 FTA 对 TRIPs 进行了更新与强化。《美墨加贸易协定》（USMCA）、《全面与进步跨太平洋伙伴关系协定》（CPTPP）和日欧经济伙伴关系协定（EPA）以及正在谈判的《区域全面经济伙伴关系》（RCEP）所涉及的知识产权条款均有超 TRIPs 的倾向（Willion，2015）。褚童（2019）指出，新一代 FTA 关注在新技术与新经济社会背景下传统版权、商标权与专利权制度的发展，提高了 TRIPs 保护义务的标准与要求，其中以 CPTPP 与 USMCA 的超 TRIPs 特性最为显著，主要体现在延长版权保护期、重视网络环境下的版权保护、降低商标注册限制，扩大商标注册的范围、延长商标保护期、扩大了可授予专利的客体范围等。

新一代 FTA 引入了新的知识产权保护类别并明确其内涵。李俊和崔艳新（2015）指出，软件、遗传基因、商业方法等先后被纳入发达国家知识产权保护范围，实验数据、网络域名、作品形象、数据库、汇编作品、卫星广播、网络传输、技术措施等均对知识产权保护提出需求。

新一代 FTA 的执法程序和法律责任更加严格。石超（2019）指出，新一代 FTA 一是对知识产权民事侵权标准和救济提出了明确的规定，涵盖具体的救济方式、赔偿数额的计算、诉讼费用的承担、侵权工具与货物的处理、法定赔偿、惩罚性赔偿等。二是临时措施和边境措施更加严格，给予缔约方极其宽松的知识产权执法裁量自由。三是扩大执法范围，扩展著作权和商标权领域应纳入行政处罚范畴的违法行为，将侵犯商业秘密纳入刑事范围。

（五）国内外学术界关于促进自然人流动相关规则研究

1. 自然人流动的经济影响

自然人流动既包括以移民为主要形式的长期流动，又包括以自然人跨境提供服务为代表的短期流动。后者主要是在服务贸易的范畴中讨论，WTO（2004）系统梳理了短期自然人流动的经济影响（见表4）。

表4　短期自然人流动的经济影响

影响种类	影响对象	正面影响	负面影响
直接影响	自然人流出国	1. 促进其他类型的服务出口，因为人员流动减少商业中的信息不对称 2. 减少国内劳动力市场的压力 3. 促进人力资本累积和技术转移 4. 促进资金流入（海外收入汇回国内） 5. 为企业管理提供灵活性	高技能人才短期流失（甚至会转化为长期流失，例如人才出国后申请移民），导致本地劳动力生产率下降、税收减少、创新不足、产品或者服务质量下降
	自然人流入国	1. 补充劳动力和人力资本，尤其是高技能劳动力，提升劳动力整体质量 2. 提升企业效率 3. 相对于正式移民，能减少对当地文化的冲击和社会压力 4. 增加税收、本地消费	1. 与本地劳动力形成竞争，导致失业率走高 2. 短期的自然人移动也可能转化为长期移民，可能冲击当地文化，带来社会压力

续表

影响种类	影响对象	正面影响	负面影响
间接影响	货物贸易	1. 需求效应：在国外时有消费母国产品的需求，回国后有消费国外产品的需求 2. 信息效应：自然人流动促进信息传播，促进相关企业发现进出口商机 3. 履约效应：自然人流动有助于增强相关企业的信用，降低不确定	
	其他类型服务贸易	自然人流动和其他类型服务贸易可能存在"互补"关系	
	跨境投资	自然人流动促进商业存在的建设，减少信息不对称，可以获得更多商机，且能增强互信	

资料来源：根据WTO（2004）整理。

2. 目前自然人流动方面存在的问题

有大量研究认为，目前全球跨境自然人流动的开放程度远低于贸易和资本流动的开放度（参见 Freeman，2006；Pritchett，2006；Nonnenmacher，2012；等）。WTO（2004）指出，阻碍自然人流动的障碍主要包括配额控制、必要性检测、国内国外双重征税、资质证明不通用、签证申请烦琐且不透明、要求必须与商业存在关联、非国民待遇、重高素质人才而轻低技能劳动力等。

（六）国内外学术界关于降低关税的文献综述

1. 关税与经济增长研究综述

克鲁格曼（1979）证明了对外贸易所形成的规模经济能够迅速带来大量投资和再投资，规模经济的形成也使得技术创新成本得以摊薄。David Dollar 和 Anne Krueger（2000）通过20世纪80年代16个国家贸易和经济增长数据分析，证实了贸易自由化措施对经济增长的作用。对于较早期韩国经济发展和拉丁美洲经济发展，Anne Krueger（1983、1984）也证明了20世纪60年代韩国经济腾飞以及20世纪70年代拉丁美洲经济奇迹与贸易自由化有关。

2. 关税的进口效应研究综述

学界对关税进口效应的研究主要集中于关税减让给进口国带来的生产者和消费者效应。对于生产者效应，kalina（2014）的研究表明，进口国通过扩大进口可以产生外向的技术溢出；Holmes 和 Schmitz（2010）认为进口自由化带来的进口竞争压力激励本土企业提高生产率；李小平、朱钟棣（2006）计算了国外 R&D 存量通过进口贸易对我国工业部门技术进步产生的影响，认为进口贸易对我国技术进步效应为正；对于消费者效应，Broda 和 Weinstein（2006）通过构建垄断竞争模型，证明了进口增多带来了贸易成本下降以及更多的产品种类。

（七）扩大外资准入文献综述

1. 利用外资与经济增长、国家安全

利用外资对国家安全和产业安全的影响以及外资对国内产业转型升级、经济增长、就业增长等的作用机制等一直是学术界争论的焦点。对于外资对国家经济安全的影响，温耀庆（2001）认为外资在促进东道国经济发展的同时，也获得了东道国的某些资源和控制权，影响甚至威胁国家经济安全。

2. 外资准入管理

对于准入前国民待遇以及负面清单，学界普遍在 2013 年设立上海自贸试验区后才开始有广泛的研究。改革开放后很长时期内，我国都采用准入后国民待遇，外资进入我国市场后，仅在经营阶段享有国民待遇。在进入我国市场前，必须要得到外资主管部门的准入审批。有研究者认为，以审批为主的经济管理方式出现了很多的问题（王新奎，2014）。在多元审批的情况下，部门之间会出现互相争夺审批权、互相推诿的情况，导致审批效率低下（李科珍，2011）。

参考文献

[1] 中国共产党第十八届中央委员会.中共中央关于全面深化改革若干重大问题的决定 [EB/OL].（2013-11-15）[2013-11-15]. http：//www.gov.cn/jrzg/2013-11/15/content_2528179.htm.

[2] 习近平.坚持和完善中国特色社会主义制度推进国家治理体系和治理能力现代化 [J]. 求是，2020（01）.

[3] 中国共产党第十九届中央委员会第四次全体会议.关于坚持和完善中国特色社会主义制度推进国家治理体系和治理能力现代化若干重大问题的决 定 [EB/OL].（2019-11-05）[2019-11-05]. http：//cpc.people.com.cn/n1/2019/1106/c64094-31439558.html.

[4] 中共中央 国务院.推进贸易高质量发展的指导意见 [EB/OL].（2019-11-28）[2019-11-28]. http：//www.mofcom.gov.cn/article/i/jyjl/e/201911/20191102917905.shtml.

[5] 荀克宁.我国制度型对外开放的语境构建与路径探索 [J].山东社会科学，2019（10）：135-137.

[6] 张幼文.中国四十年开放型发展道路：战略节点与理论内涵 [J].当代月刊，2018（09）：46-48.

[7] 綦彦冰.论 WTO 多边贸易体制改革的进展、困境与前景 [D].吉林：吉林大学，2020.

[8] 韩立余.TPP 国有企业规则及其影响 [J].国家行政学院学报，2016（01）.

[9] 王秋雯.国有企业规则在区域贸易谈判平台中的新发展与中国对策 [J].国际贸易，2018（06）.

[10] 张军旗. 我国自由贸易试验区中产业补贴政策调整 [J]. 上海财经大学学报, 2019（01）.

[11] 韩立余. 世贸规则与产业保护 [M]. 北京：北京大学出版社，2014.

[12] 韩立余.《跨太平洋伙伴关系协定》全译本解读 [M]. 北京：北京大学出版社，2018.

[13] 唐宜红等. 全球贸易与投资政策研究报告（2016）——国际贸易与投资新规则的重构 [M]. 北京：人民出版社，2017.

[14] 杜宏巍. 我国知识产权战略面临的挑战与对策 [J]. 宏观经济管理，2020（03）.

[15] 李忠民，周维颖，田仲他. 数字贸易：发展态势、影响及对策 [J]. 国际经济评论，2014（06）.

[16] 马述忠，房超，梁银锋. 数字贸易及其时代价值与研究展望 [J]. 国际贸易问题，2018（10）.

[17] 东艳，张琳. 构建全球数字经济规则 [N]. 光明日报，2019-07-15.

[18] 戴建军. 营造有利于创新型人才引进的体制机制 [N]. 中国经济时报，2019-04-01（005）.

[19] Frédéric W, Joachim P. Investment Policies Relatedto National Security：ASurvey of Country Practices[N]. OECD Working Paper，2016.

[20] U.S. Department of Commerce. Helping the American Economy Grow[J]. STRATEGIC PLAN：2018－2022，2019.

[21] 沈向军. 我国信息安全问题的检视与反思 [N]. 光明日报，2013-08-07.

[22] 余莹. 新一代 FTA 中的国有企业条款：越南的经验与教训 [J]. 湖北第二师范学院学报，2019（12）.

[23] 韩立余. TPP 国有企业规则及其影响 [J]. 国家行政学院学报，2016（01）.

[24] 屠新泉，徐林鹏，杨幸幸. 国有企业相关国际规则的新发展及中国对策 [J]. 亚太经济，2015（02）.

[25] 王秋雯. 国有企业规则在区域贸易谈判平台中的新发展与中国对策 [J]. 国际贸易，2018（06）.

[26] 徐昕. 国有企业国际规则的新发展——内容评述、影响预判、对策研究

[J].上海对外经贸大学学报，2017，24（01）.

[27]韩永文，梁云凤，郭迎锋，等.WTO背景下改革补贴政策研究 [J].全球化，2020（02）.

[28]张军旗.WTO补贴规则背景下我国产业补贴政策的变革 [J].上海政法学院学报（法治论坛），2019（03）.

[29]张军旗.我国自由贸易试验区中产业补贴政策调整 [J].上海财经大学学报，2019（01）.

[30]韩立余.世贸规则与产业保护 [M].北京：北京大学出版社，2014.

[31]邵敏，包群.地方政府补贴企业行为分析：扶持强者还是保护弱者 [J].世界经济文汇，2011（01）.

[32]余明桂.政治联系、寻租与地方政府补贴有效性 [J].经济研究，2010（03）.

[33]周建军.美国产业政策的政治经济学：从产业技术政策到产业组织政策 [J].经济社会体制比较，2017（01）.

[34]余莹.大国竞争视阙下美欧推动的国际产业补贴新规则——中国的立场与对策 [J].中国流通经济，2020（01）.

[35]叶琳.日本经济国际化与经济体制变迁 [D].北京：外交学院，2019.

[36]张健.王剑南."德国问题"回归及其对欧洲一体化的影响 [J].现代国际关系，2010（09）：11-12.

[37]马弘，秦若冰.美国经济的开放结构：兼论后危机时代美国贸易政策转向 [J].当代美国评论，2020（01）：58-62.

[38]张骥.统一后德国的政治文化与对外政策的选择 [J].当代世界与社会主义，2007（06）：73-75.

[39]张雨晴.贸易战下我国知识产权的未来发展探析 [J].现代商贸工业，2020（18）.

[40]何华.知识产权全球治理体系的功能危机与变革创新——基于知识产权国际规则体系的考察 [J].政法论坛，2020（08）.

[41]张明.知识产权全球治理与中国实践：困境、机遇与实现路径 [J].江西社会科学，2020（03）.

［42］易继明，初萌 . 后 TRIPS 时代知识产权国际保护的新发展及我国的应对
　　　[J]. 知识产权，2020（02）.

［43］褚童 . 巨型自由贸易协定框架下国际知识产权规则分析及中国应对方案
　　　[J]. 国际经贸探索，2019（09）.

［44］刘颖 . 后 TRIPS 时代国际知识产权法律制度的"碎片化"[J]. 学术研究，
　　　2019（07）.

［45］陈绍玲 . 建设知识产权强国：我国面临的国际规则挑战及对策 [J]. 南京社
　　　会科学，2016（07）.

［46］李俊，曹艳新 . 新一轮国际知识产权规则重构下的中国选择——以知识产
　　　权强国建设为目标 [J]. 知识产权，2015（12）.

［47］李芳，熊灵 . 中美知识产权争端及其对策分析 [J]. 武汉理工大学学报（社
　　　会科学版），2009（01）.

［48］王晓红，谢兰兰，我国数字贸易与软件出口的发展及展望 [J]. 开放导报，
　　　2019（05）。

［49］夏杰长，加快弥补短板，发展数字贸易 [N]. 经济日报 2019-01-16.

［50］余振：全球数字贸易政策：国别特征、立场分野与发展趋势 [J]. 国外社
　　　会科学，2020（04）.

［51］陈子媛 . 数字贸易战略比较与分析——以美国、欧盟、中国为例 [J]. 武
　　　大国际评论 .

［52］徐金海，周蓉蓉 . 数字贸易规则制定：发展趋势、国际经验与政策建议
　　　[J]. 国际贸易，2019（06）.

［53］张建国 . 引进用好外国人才 [EB/OL].（2018-01-31）[2020-12-03]. http：//
　　　theory.people.com.cn/n1/2018/0131/c40531-29796915.html.

［54］光辉历程——纪念国家外国专家局建局 60 周年系列报道 [J]. 国际人才交
　　　流，2014（04）：36-42+72.

［55］刘相波，谢秋实 . 新中国成立以来海外人才引进政策的历史沿革 [J]//. 北
　　　京人才蓝皮书：北京人才发展报告（2019），北京：社会科学文献出版社，
　　　2020.

［56］戴建军 . 营造有利于创新型人才引进的体制机制 [N]. 中国经济时报，

2019-04-01（005）.

[57] 俞晓秋 . 信息安全是信息化社会国家安全的基石 [J]. 中国信息安全，2014
（02）：118.

[58] 本刊编辑部 . 习近平总书记关于网络安全和信息化工作重要论述综述 [J].
科技新时代，2019（Z1）：30-33.

[59] Cattaneo C，Fiorio C V，Peri G. What Happens to the Careers of European
Workers When Immigrants "Take Their Jobs"？[J]. Journal of Human
Resources，2015，50（03），655-693.

[60] Walmsley T，Winters L. Relaxing the Restrictions on the Temporary
Movement of Natural Persons：A Simulation Analysis[J]. Journal of Economic
Integration，2005，20（04），688-726.

[61] Freeman R. People Flows in Globalization[J]. Journal of Economic
Perspectives，2006，20（02），145-170.

[62] Pritchett L. Let their People Come Breaking the Gridlock on International
Labor Mobility[J]. Washington，DC：Center for Global Development，2006.

[63] 余楠 . TPP 协定胡志明回合谈判的知识产权保护规则博弈——中国知识
产权政策比较与战略思考 [J]. 河北法学，2015（11）.

[64] 夏玮 . 从知识产权协议草案看 TPP 谈判高标准与国际规则制定 [J]. 国际
商务研究，2014（05）.

[65] 顾晨 . 印度尼西亚 "负面清单" 改革之经验 [J]. 法学，2014（09）.

[66] 李钢，白明，李俊，崔卫杰 . 后危机时代中国外贸发展战略之抉择 [J]. 国
际贸易，2010（01）.

[67] 李钢 . 新中国外经贸发展六十年 [J]. 对外经贸实务，2009（10）.

[68] 谢申祥，李长英 . Stackelberg 竞争条件下的最佳福利关税与最大收入关税
[J]. 财经研究，2008（04）.

Workers When Immigrants "Take Their Jobs" ?[J]. Journal of Human Resources, 2015, 50（3）, 655-693.

[75] Borjas G, Grogger J, Hanson G. Substitution between Immigrants, Natives, and Skill Groups. NBER Working Paper available at http：//www.nber.org/ papers/w17461.

[76] Walmsley T, Winters L. Relaxing the Restrictions on the Temporary Movement of Natural Persons：A Simulation Analysis[J]. Journal of Economic Integration, 2005, 20（4）, 688-726.

[77] Freeman R. People Flows in Globalization[J]. Journal of Economic Perspectives, 2006, 20（2）, 145-170.

[78] Pritchett L. Let their People Come Breaking the Gridlock on International Labor Mobility[J]. Washington, DC：Center for Global Development, 2006.

[79] Nonnenmacher S. International Trade Law and Labour Mobility. in Opeskin, B., Perruchoud, R. and Reopath-Cross, J.（eds.）Foundations of International Migration Law. Cambridge：Cambridge University Press, pp. 312-335.

[80] 余楠. TPP 协定胡志明回合谈判的知识产权保护规则博弈——中国知识产权政策比较与战略思考 [J]. 河北法学, 2015（11）.

[81] 夏玮. 从知识产权协议草案看 TPP 谈判高标准与国际规则制定 [J]. 国际商务研究, 2014（05）.

[82] 顾晨. 印度尼西亚"负面清单"改革之经验 [J]. 法学, 2014（09）.

[83] 李钢, 白明, 李俊, 崔卫杰. 后危机时代中国外贸发展战略之抉择 [J]. 国际贸易, 2010（01）.

[84] 李钢. 新中国外经贸发展六十年 [J]. 对外经贸实务, 2009（10）.

[85] 谢申祥, 李长英. Stackelberg 竞争条件下的最佳福利关税与最大收入关税 [J]. 财经研究, 2008（04）.